債権総論

［第2版］

松井 宏興
Matsui Hirooki

［民法講義 4］

成文堂

第 2 版　は し が き

　2017 年 5 月に成立し，同年 6 月に公布された改正民法は，2020 年 4 月から施行されることになった。債権法を中心とするこの改正は，長い時間をかけて議論されてきたこともあって，改正点は，大きなものから小さいものまで含めて多岐に及んでいる。それらについてここで 1 つ 1 つ取り上げることはできないが，本書が対象としている債権総論の領域で主なものをあげれば，次のとおりである。①特定物の保管義務である善管注意義務の内容の変更（400 条），②法定利率の年 5 ％の固定利率から変動利率への変更（404 条），③履行不能の規定の新設（412 条の 2），④受領遅滞の効果の明確化（413 条），⑤履行遅滞中または受領遅滞中の履行不能の規定の新設（413 条の 2），⑥履行の強制の方法に関する規定の民事執行法への移転（414 条），⑦債務不履行における債務者の帰責事由の判断基準と過失責任主義の否定（415 条），⑧代償請求権の規定の新設（422 条の 2），⑨特に詐害行為取消権に関する規定の詳細化（424 条以下），⑩連帯債権の規定の新設（432 条以下），⑪連帯債務の絶対的効力事由の削減（438 条以下），⑫事業債務の個人保証の特則の新設（465 条の 6 以下），⑬債権譲渡における債務者の異議をとどめない承諾の削除（468 条），⑭債務引受の規定の新設（470 条以下），⑮債権の準占有者および受取証書の持参人に対する弁済規定の削除と表見受領権者に対する弁済規定の新設（478 条），⑯弁済による代位の規定の変更（499 条以下），⑰有価証券の譲渡などに関する規定の新設（520 条の 2 以下）など。

　このような債権総論全体に及ぶ多様な改正が行われたために，当然のことながら，本書もこの改正に合わせて全面的な書き直しを余儀なくされた。しかし，筆者は，改正における議論を十分にフォローしていないために，どこまで正確に改正の内容を伝えているかは自信がない。思わぬ間違いを犯しているかもしれない。本書を読まれた方々の忌憚のない御意見や御批判を頂戴して，本書をより良いものにしていきたい。

　最後になったが，この『第 2 版』の出版に当たっても，成文堂編集部の飯

村晃弘氏のお世話になった。ここに記して，謝意を述べたい。

2019 年 9 月

松 井 宏 興

初 版 は し が き

2007年に前著『担保物権法』を出版した時の「はしがき」で，引き続いて債権総論の執筆を予定していると書いて以来，足掛け7年の年数がたってしまったが，ようやく債権総論の教科書を書き上げることができた。このような時間がかかった最大の理由は，しばらく他の民法科目の授業の準備などで債権総論の勉強をしていない間に，債権総論における民法理論について，かつて著者の学んだり勉強したりしたものと異なる新しい理論が主張されており，それらを自分なりに消化するのに時間がかかったことである。そして，この間，著者の勤務している関西学院大学法科大学院の執行部の一員になったり，法科大学院の入試業務に携わったりして，なかなかまとまった時間を作ることができなかったこともあげられる。本書の一部は法科大学院での講義ノートを基にしているので，執筆に取りかかった当初はそれほど時間はかからないものと軽く考えていたが，途中で執筆が中断したりして予想外の時間を要することになってしまった。

周知のように，現在債権法の改正作業が進行中であり，「民法（債権関係）の改正に関する中間試案」が法務省から公表されている。本来ならば，本書でも関係する箇所でこの改正試案の内容について触れておくべきであるが，著者の不勉強のためにこのような作業は見送らざるを得なかった。

本書は法科大学院生を対象にしているが，内容的には学部学生にも十分理解できるように，もっぱら判例・通説に従って平易に書いたつもりである。そして，前著と同様に，読者の理解の一助として，簡単な設例を随所に採り入れている。特に債権総論における理論は抽象的であり，債権総論を学ぼうとする者にとって理解が困難な場合が多いように思われる。そのため，本書では必要に応じて簡単な例を設けることによって，債権総論の理解に少しでも役立つことができるようにした。この設例を念頭に置いて本書を読むようにしていけば，債権総論の理解が進むものと考えられる。また，本書を教科書に使用する場合でも，この設例を使って授業を進めることも考えられる。

　これも前著と同様であるが，本書も所々に＊印を入れて，一定の事項の説明などをしている。これは，本文の説明を補充するためや本文で取り上げると内容が詳しくなりすぎると考えられものを分けて説明するためのものである。したがって，本書を読まれる学生や本書を教科書として使用される方は，この部分を適宜飛ばして読まれたり講義されても結構である。また，本書の章立ては，民法典第3編債権第1章総則の5つの節の順番どおりにはなっていない。債権総論の構成をどのようなものにするかはずいぶん頭を悩ましたところであり，執筆の途中で何回か変更した。そして，最終的には，「債権の消滅」と「多数当事者間の債権関係」の順序を入れ替えるだけにした。それは，著者の勤務している法科大学院の授業では債権総論に続けて担保物権を取り扱うので，債権の成立，効力および消滅を先に説明して，債権担保に係わる債権譲渡と多数当事者の債権関係の説明を後回しにしたからである。このような構成によって債権総論の理解がどれだけ深まるかは定かではないが，少しでも理解の助けになるならば幸いである。なお，本書を使用する際には民法典の順番に従って読んでいかれてもいささかも不都合はない。

　以上のような著者の意図が十分達成されているかは，本書を読まれた方々の判断に委ねざるを得ないところである。また，なにぶん急いで書き上げたこともあって，本書の内容について思わぬ間違いを犯しているかも知れない。本書を使用された方々からの忌憚のない御意見や御批判を頂戴して，本書をより良いものにしていきたいと考えている。

　最後になったが，本書の出版に当たっては，成文堂編集部取締役土子三男氏と編集部飯村晃弘氏のお世話になった。ここに記して，謝意を述べたい。

2013年5月

松 井 宏 興

凡　例

1　判例集・法律雑誌の略語

民録	大審院民事判決録
民集	大審院・最高裁判所民事判例集
高民集	高等裁判所民事判例集
下民集	下級裁判所民事裁判例集
新聞	法律新聞
判時	判例時報
判タ	判例タイムズ
百選Ⅰ・Ⅱ・Ⅲ	民法判例百選Ⅰ・Ⅱ・Ⅲ（判例百選で取り上げられている判例は，学習の便宜を考えて百選の版数と事件番号を引用した）

2　法令名の略記

本文カッコ内の法令の引用に関しては，民法については条文番号のみを記した。それ以外の法令は，有斐閣六法全書の法令名略語に従った。なお，本文中の民法の条文番号は，特に断わりのない限り，平成29（2017）年改正民法の条文番号である。

【参考文献】

1　教科書・体系書

淡路剛久『債権総論』（有斐閣，2002年）

内田貴『民法Ⅲ債権総論・担保物権［第3版］』（東京大学出版会，2005年）

梅謙次郎『民法要義巻之三債権編』（大正元年復刻版）（有斐閣，1984年）

近江幸治『民法講義Ⅳ債権総論（第3版補訂）』（成文堂，2009年）

於保不二雄『債権総論〔新版〕』（有斐閣，1972年）

大村敦志『基本民法Ⅲ債権総論・担保物権［第2版］』（有斐閣，2005年）

大村敦志＝道垣内弘人編『解説民法（債権法）改正のポイント』（有斐閣，2017年）

奥田昌道『債権総論〔増補版〕』（悠々社，1992年）

甲斐道太郎編『現代民法講義4債権総論〔第2版〕』（法律文化社，2001年）

加藤雅信『新民法体系Ⅲ債権総論』（有斐閣，2005年）

川井健『民法概論3（債権総論）〔第2版〕』（有斐閣，2005年）

北川善太郎『債権総論〔民法要綱Ⅲ〕［第3版］』（有斐閣，2004年）

潮見佳男『新債権総論Ⅰ』（信山社，2017年）

潮見佳男『新債権総論Ⅱ』（信山社，2017年）

潮見佳男『**プラクティス民法　債権総論**［第 5 版］』（信山社，2018 年）

潮見佳男『民法（債権関係）改正法の**概要**』（金融財政事情研究会，2017 年）

清水元『**プログレッシブ民法**［債権総論］』（成文堂，2010 年）

鈴木禄弥『**債権法講義四訂版**』（創文社，2001 年）

円谷峻『**債権総論**［第 2 判］』（成文堂，2010 年）

中田裕康『債権総論第三版』（岩波書店，2013 年）

中田裕康＝**大村敦志他**『**講義債権法改正**』（商事法務，2017 年）

中舎寛樹『**債権法—債権総論・契約**』（日本評論社，2018 年）

林良平（安永正昭補訂）＝**石田**喜久夫＝**高木**多喜男『**債権総論**〔第 3 版〕』（青林書院，
1996 年）

平井宜雄『**債権総論第 2 版**』（弘文堂，1994 年）

平野裕之『**債権総論**』（日本評論社，2017 年）

前田達明『**口述債権総論第 3 版**』（成文堂，1993 年）

松井宏興『**物権法**』（成文堂，2017 年）

松井宏興『**担保物権法**［第 2 版］』（成文堂，2019 年）

柚木馨＝**高木**多喜男『**判例債権法総論**〔補訂版〕』（有斐閣，1971 年）

我妻栄『**新訂債権総論**（民法講義Ⅳ）』（岩波書店，1964 年）

渡辺達徳＝**野澤**正充『**債権総論**』（弘文堂，2007 年）

2　注釈書

我妻栄＝有泉亨＝清水誠＝田山輝明『**我妻・有泉コンメンタール民法**（第 5 版）』（日本
評論社，2018 年）

奥田昌道**編**『**注釈民法（10）**債権（1）（債権の目的・効力）』（有斐閣，1987 年）

奥田昌道**編**『**新版注釈民法（10）**Ⅰ債権（1）（債権の目的・効力（1））』（有斐閣，2003
年）

西村信雄**編**『**注釈民法（11）**債権（2）（多数当事者の債権・債権譲渡）』（有斐閣，1965
年）

3　その他

星野英一**編集代表**『**民法講座 4 債権総論**』（有斐閣，1985 年）

星野英一**編集代表**『**民法講座 5 契約**』（有斐閣，1985 年）

星野英一**編集代表**『**民法講座別巻 1**』（有斐閣，1990 年）

星野英一**編集代表**『**民法講座別巻 2**』（有斐閣，1990 年）

椿寿夫**編**『**講座・現代契約と現代債権の展望 1 債権総論（1）**』（日本評論社，1990 年）

椿寿夫**編**『**講座・現代契約と現代債権の展望 2 債権総論（2）**』（日本評論社，1991 年）

（以上の文献を引用する場合は，それぞれゴシック体の部分で引用する。）

目　次

第1章　債権法序論

第2章　債権の目的

第 3 章　債権の効力

第 4 章　責任財産の保全

第 7 章 多数当事者の債権関係

第1章　債権法序論

第1節　債権の意義と性質

1.1　債権の意義

> **【設例 I -1】**　Kは，Vとの間でその所有のパソコンを10万円で買い受ける契約を結んだ。代金の支払いとパソコンの引渡しは5日後にVの自宅で行われることが約束されていた。この場合において，買主Kと売主Vは，それぞれどのような権利を有し，義務を負うか。

1.1.1　債権とは何か

　債権法が対象としている**債権**とは，特定の人が特定の人に対して一定の行為を請求できる権利をいい，人の人に対する権利（対人権）ととらえることができる*。**【設例 I -1】**でいえば，買主Kと売主Vとの間で成立したパソコンの売買契約によって，KにはVに対してパソコンの引渡しを請求する権利が発生し，VにはKに対して売買代金の支払いを請求する権利が発生する（図1参照）。これらのKやVに発生する権利が債権である。そして，このような一定の行為を請求できる者，すなわち債権を有している者を**債権者**，請求の相手方，すなわち一定の行為をすべき法的義務（債務）を負っている者を**債務者**という。**【設例 I -1】**でいえば，パソコンの引渡しに関しては，Kが債権者，Vが債務者となり，売買代金の支払いに関しては，逆にVが債権者，Kが債務者となる。

　債権者は，債権に基づいて一定の行為を債務者に請求できるが，請求の対象（これを**債権の目的**または**債権の客体**という）となるのは，債務者の一定の行為であり，これを**給付**（または**給付行為**）という。**【設例 I -1】**のKV間の売買でいえば，Kの債権の目的はVのパソコンの引渡行為であり，Vの債権の目

的は K の売買代金の支払行為である。もっとも，債権の目的となるのは，このような債務者の積極的な行為（作為）に限られず，消極的な作為（不作為）でもよい（例えば，一定レベル以上の騒音を出さないというような債務。債権の目的については→**第2章**参照）。

(図1)

＊債権の定義について，本文で述べたように，「特定の人が特定の人に対して一定の行為を請求できる権利」であるとして，**請求力**（または**請求権能**）に着眼する伝統的な見解が現在でも支配的である[1]。しかし，この請求力に加えて**給付保持力**（または**給付保持権能**）も債権の内容と考えるべきことが主張され[2]，例えば「特定の人が特定の人に対して一定の行為を請求し，その行為の結果をその者との関係で適法に保持できる権利」というように，債権を定義する見解が現在次第に有力になっている[3]。しかし，本書は伝統的な定義に従っている。

1.1.2 債権と請求権

　債権は，債権者が債務者に対して一定の行為を請求できる権利であるから，請求権の一種である。しかし，債権の内容は請求力につきるわけではなく，給付保持力や攫取力（かくしゅりょく）（または**攫取権能**）といった権能を含み（これらの権能については→**第3章第1節**参照），他方では，物権に基づく請求権（物権的請求権）や親族法上の請求権（夫婦の同居・協力・扶助請求権〔752条〕など）も存在するので，単純に債権は請求権であるということはできない。もっとも，請求権という用語が債権と同じ意味で使われることがある（724条など）[4]。

---

1) 星野・4頁，平井・1頁，甲斐編・1頁，淡路・1頁，3頁，内田・11頁，近江・2頁，川井・1頁など。
2) 於保・6頁。
3) 奥田・3頁，林＝石田＝高木・3頁以下，加藤・3頁，平野・2頁など。

1.2　債権の法的性質――物権との対比

　民法典は，財産権として，債権のほかに物権を規定している。物権とは，特定の物を直接的かつ排他的に支配できる権利，すなわち人の物に対する権利をいう。そして，この物権の性質と対比することによって債権の性質をより明確にすることができるので，以下では物権の性質と比較しながら債権の性質を述べていくことにする（物権の意義と性質については→松井・物権1頁以下参照）。

1.2.1　直接性の欠如

　権利の内容を実現するために他人の行為を必要とするかどうかについて，物権と債権とで違いが見られる。すなわち，物権では，他人の行為を介在しないで権利者自ら物を支配することによって権利の内容を実現することができ，これを**物権の直接性**という。これに対し，債権では，常に債務者という他人の行為（給付）がなされることによってのみ権利の内容が実現される。賃貸借契約における賃借権のように，最終的には物の支配を内容とする債権であっても，債務者である賃貸人の引渡行為がなされて初めて目的物の支配が可能となる（債務不履行における履行の強制によって，権利の内容が強制的に実現される場合は別である。履行の強制については→**第3章第2節**参照）。このことから**債権には直接性がない**といわれている。このような物権と債権との差違は，権利の対象（客体）が物か人の行為かという違いによるものである。

1.2.2　平等性

　物権は物を直接に支配できる権利であるから，同一物の上に内容の衝突する物権は複数成立することができない。その結果，ある物の上に先に成立した物権は，内容の衝突する物権が後にその同一物の上に成立することを排斥できる。これを**物権の排他性**という。もっとも，今日では，物権の排他性は登記や引渡しといった物権変動の公示手段（対抗要件）（177条・178条参照）の

4）　請求権という用語が具体的にどのような場面で使われているかについては，奥田・10頁以下参照。

具備と結びついていることに注意する必要がある（物権変動の対抗要件については→松井・物権61頁以下，127頁以下参照）。したがって，**【設例 I -1】**でいえば，Vとの売買契約によってKがパソコンについて所有権を取得して引渡しを受けると，もはやK以外の者がそのパソコンについてVから所有権を取得することはできなくなる（ただし例外的に，所有者でなくなったVからパソコンを買い受けた者が即時取得〔192条〕によって所有権を取得することがある。即時取得についても→松井・物権134頁以下参照）。

　これに対し，債務者の行為を請求する債権は，行為をしようとする債務者の意思に基づいて実現される権利であるから排他性がなく，同一内容の債権が複数併存することが可能である。同一の日時に異なる場所で講演する債務がその例である（もっとも，この例の場合，実際に実現されるのは複数ある債務のうちの1つであり，実現されなかった他の債務は債務不履行の問題として処理される。債務不履行については→**第3章第3節**参照）。このように債権には排他性がないことから，同一の債務者に対する複数の債権者は，債権の成立の先後やその内容の如何に関係なくすべて平等に扱われる。その結果，債務者の責任財産がすべての債権者に弁済するのに十分でない場合には，各債権者は債権額に応じた比例配分によって弁済を受けることになる。これを**債権者平等の原則**という。

1.2.3　相対性

　物権は誰に対しても主張できる権利であり，権利者以外のすべての者が物権を侵害してはならない義務（不可侵義務）を負う。これを**物権の絶対性**（または**絶対効**）という。これに対し，債権は債務者に対してのみ主張できる権利であり，債務者のみが債権を侵害しない義務（履行義務）を負う。これを**債権の相対性**（または**相対効**）という。

　物権と債権にはこのような違いがあることから，かつては，物権が侵害されたときは，物権を有する者は，物権的請求権によってその侵害を排除することができ，また，侵害者に故意・過失があれば不法行為として損害賠償を請求できるのに対し，債権については，債務者以外の第三者によって侵害されることはあり得ないから，債権に基づく侵害の排除は認められず，また，

債権侵害が不法行為になることもないと解されていた。

　しかし今日では，第三者の債権侵害による不法行為の成立が認められているし，また，不動産賃借権による妨害排除請求権も認められているので（→**第3章第6節**参照），物権の絶対性・債権の相対性という特徴はそれほど重要なものではなくなっている。もっとも，不法行為の成立の判断に当たっては物権と債権の違いが考慮されており，さらに不動産賃借権以外の債権について妨害排除請求権が問題となることはないので，物権と債権との間に上述のような基本的な違いがあることは否定できないと考えられる。

1.2.4　譲渡性の有無

　物権は，物に対する権利であることから，譲渡性が認められている。債権も，原則として譲渡性が認められている（466条1項本文）。しかし，債権は，人に対する権利であることから，譲渡性が制限されたり，当事者の譲渡の禁止や制限の特約が認められている（466条1項ただし書・2項）（債権譲渡については→**第6章第1節**参照）。例えば，他人の土地を利用する権利であっても，物権である地上権や永小作権（272条参照）では譲渡性が認められているのに対し，債権である賃借権では譲渡性が制限されている（612条）。

第2節　債権法の意義と内容

2.1　債権法の意義

2.1.1　財貨移転秩序に関する法としての債権法

　第1節で述べてきた債権を対象とする民法の分野を債権法というが，この債権法は，**財貨移転秩序**に関する法ととらえることができる。【設例 I -1】で取り上げた KV 間のパソコンの売買契約を例に述べると，この売買契約によって買主 K にはパソコンの引渡しを求める債権が発生し，売主 V には売買代金の支払いを求める債権が発生する。そして，これらの債権が実現（履行）されることによって，これまで売主 V に帰属していたパソコンや買

主Kに帰属していた金銭の一定額（売買代金額）といった財貨がそれぞれ相手方KやVに移転することになる。このようなことから，債権法は財貨移転秩序に関わる法であるということができる。

　これに対し，もう1つの財産権である物権を対象とする民法の分野を物権法というが，この物権法は，**財貨帰属秩序**に関する法ととらえることができる。例えば，【設例I-1】における売買の目的物であるパソコンについては，もともとVが所有権という物権を持っていたが，このことはそのパソコンがVに帰属し，しかも，Vによって法令の制限内で自由に使用・収益・処分されるという支配に服していたことを意味していた（206条参照）。そして，売買によってKがこのパソコンの所有権を取得したということは，今度はそれがKに帰属し，Kによる自由な使用・収益・処分という支配に服することを意味する。

2.1.2　債権法の意義

　上述の財貨移転秩序を規律する債権法とは，形式的には民法典の第3編「債権」（399条〜724条）をいう（**形式的意義における債権法**）。しかし，実質的には債権関係を規律する法規全体を意味する。したがって，この**実質的意義における債権法**は，民法典の第3編を中心としつつ，それ以外の編（例えば，第1編第2章「人」，第3章「法人」，第5章「法律行為」，第6章「時効」など）や債権に関する特別法（例えば，利息制限法，供託法，身元保証ニ関スル法律，借地借家法，失火責任ニ関スル法律，自動車損害賠償保障法，製造物責任法，国家賠償法など）をすべて含む。

2.2 　債権法の内容と特色

2.2.1　債権法の内容

　債権法の中心部分を占める民法典の第3編債権は，「総則」（399条以下）・「契約」（521条以下）・「事務管理」（697条以下）・「不当利得」（703条以下）・「不法行為」（709条以下）の5章から成り立っている。

　総則は，およそ債権一般に共通に適用される通則的規定を集めたものであ

り，「債権の目的」(399 条以下)・「債権の効力」(412 条以下)・「多数当事者の債権及び債務」(427 条以下)・「債権の譲渡」(466 条以下)・「債務の引受け」(470 条以下)・「債権の消滅」(473 条以下)・「有価証券」(520 条の 2 以下) の 7 節から構成されている。この総則とそれに関する特別法を対象とする学問分野が講学上**債権総論**と呼ばれ，いわば債権の一般理論を扱っている。

　次に，契約・事務管理・不当利得・不法行為は，それぞれが債権の発生原因に当たるものであり，これらとそれに関する特別法を対象とする学問分野は**債権各論**と呼ばれている。

2.2.2　債権法の特色

(1)　任意法規制

　契約法を中心とする債権法は，原則として任意法規である。物権と異なり，債権には排他性がないので第三者に影響を与えることが少なく，そのため，契約自由の原則などの当事者の意思を尊重するシステムがとられている。しかし，借地借家法などの特別法では，条文の強行法規化が見られる。

(2)　普遍性

　物権法や親族・相続法は，各国それぞれの歴史的特色や地域的特色を持っているのに対して，債権法，とりわけ契約法は，商品取引の合理性から普遍性が強い。ことに国際取引の発達につれて契約法 (動産売買契約法など) は国際的に統一される傾向にある[5]。

(3)　信義則の支配

　債権法では信義則 (**信義誠実の原則**) の支配が強い。債権債務関係は当事者の信頼関係の上に成り立つものであるからである。この信義則は，民法 1 条 2 項において民法の基本原則として定められているが，債権法において強く働く原理である (信義則については，民法総則の教科書・参考書の説明に譲る)。

---

5)　契約法の国際的な統一化の動きおよびオランダやドイツなど諸外国における債権法の現代化の動きの概括的な説明については，中田・8 頁以下参照。

第3節 債権総論の内容と本書の構成

3.1 債権総論の内容

　本書は債権総論を取り扱うが，この債権総論は，民法典の第3編債権の第1章「総則」を中心的な対象とするものである。そこで，あらかじめこの債権総則を構成している7つの節の概略を述べて，債権総論が取り扱う全体像を簡単に示しておきたい。

3.1.1 債権の目的

　民法典は，第1節「債権の目的」において，給付内容の違いに着目していくつかの種類の債権を取り上げ，債権の種類ごとに内容的な規律を定めている。その種類として，特定物債権・種類債権・金銭債権・利息債権・選択債権があげられているが，これら以外にもいくつかの種類の債権がある。

3.1.2 債権の効力

　発生した債権が弁済などによって消滅するのが本来のあるべき形である。しかし，常にこのあるべき形をとるとは限らず，債務者が債務を任意に履行しない場合が生じる。このような場合には，債権者は，裁判所に訴えて債権の内容を強制的に実現してもらうことができる。これを**履行の強制**（414条）という。また，債務者が債務を任意に履行しない場合，債権者は，**債務不履行による損害賠償**（415条）を求めることもできる。

　1.2.3で述べたように，債権は債務者に対してのみ主張でき，債務者以外の第三者に対しては主張できないのが原則である（債権の相対性）。ところが，債権（特に金銭債権）の最終的な引当になるのは債務者の有する財産（**責任財産**または**一般財産**）であることから，この責任財産を充実したりその不当な減少を防止したりするために，換言すれば債務者の責任財産の保全のために，債権者に債務者の有する権利を代わって行使したり債務者の行った行為を取り消したりすることが認められている。このような債権者の権限を**債権者代位**

権（423 条以下）および**詐害行為取消権（債権者取消権）**（424 条以下）という。
　第2節「債権の効力」では，以上に述べたことに関する規定が置かれている。

3.1.3　多数当事者の債権関係

　債権・債務には，債権者・債務者がともに1人であるものが多いが，債権者または債務者が複数いるものも存在する。このような場合を**多数当事者の債権関係**というが，第3節「多数当事者の債権及び債務」は，この例として，分割債権関係（427 条）・不可分債権関係（428 条以下）・連帯債権（432 条以下）・連帯債務（436 条以下）・保証債務（446 条以下）の5つを定めている。

3.1.4　債権譲渡・債務引受

　第4節「債権の譲渡」は，債権の譲渡について定めている。これは債権者の交代に当たるものである。そして，平成 29（2017）年改正民法（以下では「改正民法」という）は，新たに債務者の交代に当たる「債務引受け」を第5節に規定した。このほか，契約当事者の地位が移転する**契約上の地位の移転**と呼ばれるものも講学上認められている。そして，改正民法は，不動産賃貸人の地位の移転を定めている（605 条の2・605 条の3）。

3.1.5　債権の消滅

　第6節「債権の消滅」は，種々の債権の消滅原因を定めている。それらの中で最も通常の消滅原因は「弁済」（473 条以下）である。これ以外の消滅原因として，「代物弁済」（482 条）・「供託」（494 条以下）・「相殺」（505 条以下）・「更改」（513 条以下）・「免除」（519 条）・「混同」（520 条）がある。

3.1.6　有価証券

　改正前の民法には，第4節「債権譲渡」の規定の中に，指名債権の譲渡のほかに指図債権・記名式所持人払債権・無記名債権といった証券の債権の譲渡についての規定が置かれていた（旧 469 条以下）。それとは別に，総則の「物」の規定の中には，無記名債権を動産とみなすという規定が置かれてい

た。また，商法には有価証券の譲渡や喪失に関する規定があった（商旧517条以下）。改正民法は，これらを統合して一本化することとし，債権総則の最後に第7節「有価証券」（520条の2以下）を設けて有価証券に関する一般規定を新設するとともに，上記の規定を削除した。

3.2 本書の構成

　債権総論の教科書の構成として，以上に述べた債権総則の7つの節の順序に従う方式もあるが，本書は，学習のための教育的配慮からそれとは異なる構成をとることにした[6]。すなわち，多少便宜的なところはあるが，上記6つのうち多数当事者の債権関係と債権譲渡・債務引受・有価証券は，機能的には債権の回収を図るためのものととらえることができる。そこで，これらを除いたもの，すなわち債権の目的（**第2章**），．債務不履行を中心とした債権の効力（**第3章**），債権者代位権と詐害行為取消権（**第4章**）および債権の消滅（**第5章**）を，先に取り上げて説明し，その後で債権の回収に関わる制度として，債権譲渡・債務引受・有価証券（契約上の地位の譲渡を含む。**第6章**）および多数当事者の債権関係（**第7章**）を取り上げる。

6）　椿寿夫「債権総論という講学分野は，どのような未来像が考えられるか」椿編・展望（1）3頁以下は，教育的配慮から債権総論の教科書の構成を検討する。

第2章　債権の目的

第1節　序　説

1.1　債権の目的

1.1.1　債権の目的の意義

(1)　意　義

すでに述べたように，債権は特定の人（債権者）が特定の人（債務者）に対して一定の行為（給付または給付行為）を請求できる権利と定義されている。このことから，**債権の目的**は，請求の対象（客体）である債務者のなすべき一定の行為をいい，**債権の内容**とも呼ばれる。例えば，第1章冒頭の【設例 I-1】におけるパソコンの売買でいえば，買主Kの債権の目的は売主Vのパソコンの引渡行為であり，売主Vの債権の目的は買主Kの代金支払行為である（以上のことについては→**第1章 1.1.1** も参照）。

なお，債権の目的と債権の目的物は区別されなければならない。債権の目的物は，債務者のなすべき一定の行為が物の引渡行為である場合におけるその引き渡すべき物をいう。上の例でいえば，Kの債権の目的物はパソコンであり，Vの債権の目的物は金銭（売買代金）である。そして，民法も，条文上債権の目的と債権の目的物を区別している（例えば402条1項本文とただし書）。

(2)　債権の発生原因

債権の発生原因は，民法第3編「債権」の第2章以下の各章で規定されているが，大きくは次のものに分けることができる。

(ア)　法律行為

債権は，法律行為とくに契約によって発生する。例えば，上述の例のような売買契約における買主の目的物引渡債権や売主の代金債権などである。契約によって発生する債権（約定債権）の内容は契約の内容やその解釈によって定まる。

(イ) 法律の規定　債権は，法律の規定によっても発生する。例えば，不法行為（709条以下）による損害賠償請求権（債権）である。このほか，事務管理（697条以下）や不当利得（703条以下）によっても債権が発生する。法律の規定によって発生する債権（法定債権）の内容は，法律の規定の解釈によって定まる。

> ＊信義則　債権の発生原因として信義則（1条2項）も考えられる。すなわち，契約関係にはないが，一定の社会的接触関係にある者の間で信義則上の義務が発生し，それに違反した場合に，損害賠償請求権が発生することがある。例えば，国と公務員のような契約関係にない者の間でも，一方が他方の安全を配慮すべき義務（安全配慮義務）が認められ，この義務に違反した場合には損害賠償義務が肯定され（最判昭50・2・25民集29巻2号143頁［百選Ⅱ8版-2］→**第3章 3.2.4**参照），また，契約の交渉を開始した後に，その交渉を一方的に破棄した者に対して，「契約準備段階における信義則上の注意義務違反を理由とする損害賠償責任」が肯定されることがある（最判昭59・9・18判時1137号51頁［百選Ⅱ8版-3]）[1]。

1.1.2　債権の目的の要件

　債権が有効に発生するためには，債権の目的である給付（債権の内容）が一定の要件を満たしていることが必要であるとされる。すなわち，給付の適法性・実現可能性・特定性の3つである。債権が契約によって生じる場合には，契約に応じて債権の内容は様々であるので，これらの要件の充足を検討する必要性が出てくる。これに対し，債権が事務管理・不当利得・不法行為によって生じる場合には，通常は金銭債権であるので，これらの要件の充足はとくに問題にならない。なお，これら3つの要件は，民法総則で法律行為の有効要件として論じられるものと同じであり，また契約法で契約の有効要件として論じられるものと同じである。

(1) 給付の適法性

　給付の内容は法律上適法であり，社会的に妥当なものでなければならない。例えば，売買による麻薬の引渡しのように，給付の内容が違法であった

---

1)　中田・21頁。

り，公序良俗 (90条) に反する場合には，そのような売買は無効であり，麻薬を引き渡すという内容の債権も生じない。

(2)　給付の実現可能性

(ア)　**不能の態様**　給付の内容は，実現可能なものでなければならない。給付の内容が実現不可能といっても，その主な態様には次のようなものがある[2]。

(a)　**原始的不能・後発的不能**　原始的不能は，法律行為 (契約締結) 時においてすでに給付が実現不可能であることをいい，後発的不能は，法律行為 (契約締結) 後に給付が実現不可能になることをいう。例えば，神戸の六甲山にある別荘の売買契約を結んだが，その前日に落雷で別荘が全焼してしまった場合が原始的不能であり，売買契約締結の1週間後に落雷で別荘が全焼してしまった場合が後発的不能である。

(b)　**客観的不能・主観的不能**　客観的不能は，すべての人にとって給付の実現が不可能なことをいい，主観的不能は，当該債務者にとって給付の実現が不可能なことをいう。例えば，不老不死の薬を引き渡すというのが客観的不能であり，他人の物の売買 (561条) において売主 (債務者) が目的物の所有権を取得して買主 (債権者) に移転することができない場合が主観的不能に当たる。後者の場合，当該債務者には給付が不可能であっても，目的物を所有しているその他人が所有権を譲渡することは可能であるからである。

(c)　**全部不能・一部不能**　全部不能は給付の全部が実現不可能な場合をいい，一部不能は給付の一部だけが実現不可能な場合をいう。例えば，先に挙げた六甲山にある別荘の売買の例で，落雷によって別荘全部が焼失した場合が全部不能であり，離れ座敷だけが焼けた場合が一部不能である。一部不能では，それによって給付全体が価値を失う場合を除いて，残部について債権が有効に成立する。

(イ)　**原始的不能と後発的不能の効果**　以上のような給付の不能について，とくに議論のあるのが原始的不能と後発的不能の場合である。

---

2)　不能の態様について，詳細は前田・24頁以下参照。

> 【設例Ⅱ-1】 絵画の収集家であるⅤは，大阪の自宅に有名な画家Ａの描いた
> 絵甲を所蔵していたが，東京の骨董商Ｋに懇願されてそれを売却することに
> した。そして，Ⅴは別の用向きで東京に赴いた際にＫとの間で甲の売買契約
> を結んだが，その前日に隣家からの出火で大阪の自宅の一部が焼け，甲も焼
> 失してしまった。ＫⅤ間の売買契約はどうなるか。また，契約締結の翌日に甲
> が焼失した場合には，ＫⅤ間の売買契約はどうなるか。

　ＫⅤ間で売買契約が結ばれる前日に甲が焼失した場合は，契約成立時にお
いてはもはや甲の引渡しをすることは不可能であるから，原始的不能とな
り，契約締結後に甲が焼失した場合は，契約成立後の引渡しの不能であるか
ら，後発的不能に当たる。そして，伝統的な考え方によれば，原始的不能の
場合には，契約は無効となり，債権は成立しないと解されていた。

　しかし，改正民法は，原始的に不能な給付を目的とする契約であっても無
効にはならないことを前提として，履行の不能によって生じた損害の賠償を
415 条により請求することを妨げられないとした（412 条の 2 第 2 項）。この場
合の損害賠償は，債務不履行を理由とする損害賠償である。このほか，債権
者による契約の解除（542 条 1 項 1 号・2 項 1 号）や代償請求権（422 条の 2 →**第 3
章 4.6.3** 参照）などが，原始的不能の効果として考えられる[3]。そして，**【設例
Ⅱ-1】**の場合，甲の焼失についてⅤに 415 条の帰責事由がなければ危険負
担の問題となり（536 条。危険負担について，詳細は契約法の教科書・参考書の説明に
譲る），Ｋは，反対給付の履行（代金支払い）を拒むことができる（536 条 1 項）。

　後発的不能の場合には，契約は有効であり，債権も有効に成立する。そし
て，不能につきⅤに帰責事由があればⅤの債務不履行責任が問題となり
（415 条），Ⅴに帰責事由がなければ危険負担が問題となる（536 条）。

　以上のことから，改正民法では原始的不能も後発的不能も同じように扱わ
れており，両者を区別する意味はないといえよう。

(3) 給付の確定性

　給付の内容は，確定していなければならない。給付の内容が確定していな
ければ，債務者はどのような給付をすべきか判断できないし，裁判所も債権

---

3 ）　潮見・概要 62 頁，大村＝道垣内編・107 頁以下。

の強制的実現に助力できないからである。ただし，給付の内容は契約成立時に確定している必要はなく，後に何らかの方法で確定できればよい。民法の中にはそのための補充規定が設けられている（401条・406条・416条・417条など）。

(4) 給付の経済的価値

給付の内容が金銭的価値のないものであっても，債権の目的にすることができる（399条）。すなわち，法律上保護を受けるに値するものであれば，金銭的価値を有しないものでも債権の目的になることができる。このような債権であっても，任意に履行されないときには，裁判所によって強制的に実現できるし（414条），また債権者が被った損害を金銭に評価して，債務者に賠償の支払いを命じることができるからである（417条）。

＊裁判例の中には，寺の僧侶が依頼者のために念仏供養をする旨の契約の効力について，念仏供養を一心に行う旨の契約は，内心の作用に関わるものであるから法律上の効力は生じないが，称名念仏（仏の名を唱えること）をして故人を供養する旨の契約は，外形上の行為に関するものであるから法律上有効であるとしたものがある（東京地判大2頃新聞986号25頁—称名念仏事件）。

1.2 債権の種類

民法第3編第1章の債権総則では，第1節「債権の目的」において，給付の内容に着目して，①特定物債権，②種類債権，③金銭債権，④利息債権および⑤選択債権の5つを定めている（400条〜411条）。しかし，債権の種類はこれに尽きるものではなく，さらに次のようなものがある。

1.2.1 作為債務・不作為債務

作為債務は，債務者の積極的な行為（作為）を給付の内容とする債務をいう。すなわち，債務者がある行為を積極的に行うことを内容とする債務である。作為債務は，物の引渡しを内容とする与える債務と依頼人の肖像画を描く画家の債務などのような労務の提供を内容とする為す債務に分けられる。これに対し，**不作為債務**は，債務者の消極的な行為（不作為）を給付の内容

とする債務をいう。例えば，日照や眺望の確保のために契約によって南側の土地所有者が一定の高さの建物を建てないという債務を負った場合のように，債務者が一定の行為を行わないことを内容とする債務である。両者の違いは不履行の場合の履行強制の方法において現れる（→**第3章第2節**参照）。

1.2.2　与える債務・為す債務

　これは，作為債務の内容による区別である。**与える債務**は，売主の目的物移転債務や買主の代金支払債務などのような物の引渡しを内容とする債務をいう。物の引渡しには，占有だけを移転する場合と財産権と占有を移転する場合が含まれる。これに対し，**為す債務**は，物の引渡し以外の作為を内容とする債務をいう。与える債務では，物の引渡し自体が重要であり，債務者の引渡行為自体にはあまり重点が置かれていないのに対し，為す債務では，債務者の行為自体が重要であるとされている。両者の違いも履行強制の方法において現れる。

1.2.3　可分債務・不可分債務

　これは，給付の本質や価値を損なわずに，給付を分割して実現できるかどうかによる区別である。例えば，100万円の金額の支払いや米10キログラムの引渡しなどは可分給付であり，このような可分給付を内容とする債務が**可分債務**である。これに対し，1頭の競走馬や1台の自動車の引渡しなどは不可分給付であり，**不可分債務**とは，このような不可分給付を内容とする債務をいう。給付が可分か不可分かは，給付の性質によって決まる。可分債務と不可分債務の区別は，債権者または債務者が複数いる場合に問題となる（427条以下→**第7章**参照）。

1.2.4　結果債務・手段債務

　結果債務・手段債務という分類は，フランスの判例・学説に由来するものである。**結果債務**とは，例えば売主の目的物引渡債務や建築請負人の建物を建てて引き渡す債務などのような，一定の結果の実現を内容とする債務をいう。結果が実現されなければ，債務者は，原則として債務不履行責任を負う

ことになる（債務不履行については→**第 3 章第 3 節**参照）。これに対し，**手段債務**とは，一定の結果の実現に向けて努力を尽くすことを内容とする債務をいい，この債務においては結果が実現されることは必ずしも重要ではない。医者の診療債務がその例である。医者は，必要な注意を払って患者を診察し治療に努めなければならないが，患者の病気が治らなかったからといって直ちに責任を負うわけではない。両者を区別する意義は，債務不履行による損害賠償を請求する際の要件（帰責事由の存在）の主張立証責任の負担に違いが生じると解されている*。

＊債務不履行による損害賠償を請求するための要件である債務者の帰責事由（415 条）について，その主張立証責任は債務者にあると解されている。すなわち，債権者が債務不履行の事実を主張立証すると，債務者は，自己に帰責事由がないことを主張立証できない限り損害賠償責任を負う。したがって，結果債務については，一定の結果の実現が約束されているので，債権者がその結果が実現されていないこと（債務不履行の事実）を主張立証すれば，債務者は，自己に帰責事由がないことを主張立証しなければ免責されない。これに対し，手段債務，例えば医者の診療債務では，医者は一定の注意義務を尽くして患者の治療に当たるという義務を負うだけであるので，医者の債務不履行による損害賠償を請求する患者（債権者）は，債務不履行の事実として診療行為のどの点に医者の注意義務違反があったのかを主張立証しなければならない。しかし，それは，債権者が債務者の帰責事由を主張立証するのと同じことになる。

＊＊一時的（一回的）給付・回帰的（反復的）給付・継続的給付　　これは，給付の実現の態様の違いによる分類である。一時的給付とは，自動車 1 台の引渡しのように物を一度に給付する場合をいう。回帰的給付とは，新聞や牛乳の配達などのように，同種の物を繰り返し給付する場合をいう。そして，継続的給付とは，土地・建物の賃貸や電気・ガス・水道水の供給のように，一定期間給付が継続して行われる場合をいう。回帰的給付と継続的給付については，債権者・債務者間に継続的な関係が生じるので，信義則（1 条 2 項）の支配する程度が強くなるとされ，契約解除の効力も一時的給付の場合と区別される（620 条・630 条・652 条・684 条参照）。

第2節 特定物債権・種類債権

2.1 特定物債権

2.1.1 意　義

特定物債権とは，特定物の引渡しを目的とする債権をいう（400条）。特定債権とも呼ばれる（特定債権という用語は，債権者代位権〔423条〕において金銭債権以外の特定の債権〔例えば登記請求権や不動産賃借権〕を指す意味で使われることがあり〔→**第4章 1.2.1** 参照〕，混同を防ぐために，以下では特定物債権という表現を用いる）。特定物とは，具体的な取引において，当事者が物の個性に着目して「この物」と定めて合意した物をいう。例えば絵画，土地，中古車などは通常特定物とされる。絵画はその作品しか存在しないし，土地は位置や形状によって価値が異なり，中古車は走行距離や傷みの程度がそれぞれ異なるので，当事者は取引に際してその個性に着目するのが通常と考えられるからである。そして，特定物債権は，債権成立の時から特定物と定まっている場合だけでなく，後述する種類債権や選択債権も目的物が特定した時から特定物債権と同様に扱われる。

2.1.2 善管注意義務
(1) 意　義

特定物債権について，債務者は，「引渡しをするまで，契約その他の債権の発生原因及び取引上の社会通念に照して定まる善良な管理者の注意をもって」目的物を保存（保管）しなければならない（400条）。この「善良な管理者の注意」を**善管注意**といい，これまでは，債務者と同じ職業や社会的経済的地位・立場にある合理的な人が払うべき注意，言い換えれば債務者と同じ職業や社会的経済的地位・立場にある平均人の能力を基準とした注意と定義されてきた。しかし，改正民法400条は，「善良な管理者の注意」の内容が発生原因である契約などから切り離されて抽象的に定まるものではないことを明らかにするために，それは「契約その他の債権の発生原因及び取引上の通

念に照らして定まる」と規定している[4]。したがって，改正民法の「善良な
管理者の注意」の内容は，従来のそれとは異なっているといえよう。この善
良な管理者の注意を払うべき義務を**善管注意義務**といい，この注意義務が民
法上要求される注意義務の原則である*。

　これに対し，「自己の財産に対するのと同一の注意」(413 条 1 項・659 条)，
「自己のためにするのと同一の注意」(827 条)，「固有財産におけるのと同一
の注意」(918 条 1 項) などと呼ばれる注意がある。これは，人が自分の財産
の保存に際して払う注意をいう。注意義務の程度は，善管注意義務の方がこ
の注意義務よりも高い。

> **＊重過失**　　善管注意義務を著しく怠ることを重過失といい，重過失でないと
> 行為者に不利な法的効果を発生させないという，責任軽減のために用いられ
> ることがある (95 条 3 項・520 条の 10・698 条，失火の責任に関する法律，国賠 1
> 条 2 項など)。

(2)　善管注意義務を負う時期

　債務者が善管注意義務を負う時期は，現実に引渡しをする時までである
(400 条)。他方，改正前の民法では，特定物の引渡しを目的とする債権につ
いては，「その引渡しをすべき時」(＝債務の履行期) の現状で引き渡さなけれ
ばならない (現状引渡義務) と規定されていた (旧 483 条)。しかし，改正民法
は，483 条を「債権の目的が特定物の引渡しである場合において，契約その
他の債権の発生原因及び取引上の社会通念に照らしてその引渡しをすべき時
の品質を定めることができないときは，弁済をする者は，その引渡しをすべ
き時の現状でその物を引き渡さなければならない」と変更した。このような
変更は，旧 483 条を特定物債権においては目的物の品質や性状は問題になら
ず現状で引き渡せば足りるといういわゆる特定物ドグマの根拠規定と理解さ
れないためのものである。そして，変更された 483 条の反対解釈として，
「契約その他の債権の発生原因及び取引上の社会通念に照らしてその引渡し
をすべき物の品質を定めることができ」るときは，特定物であってもその品

---

4)　大村＝道垣内編・396 頁。

質を備えた物の引渡しを義務づけられるのであり，初めから品質に適合して
いなかった場合であろうと契約後に損傷した場合であろうと，定められた品
質に合致していないものを引き渡せば，引渡義務の不履行になる[5]。

2.1.3　目的物引渡義務

特定物の引渡しとは，特定物の占有を移転することをいい，現実の引渡し
（182条1項）だけでなく，簡易の引渡し（182条2項），占有改定（183条），指
図による占有移転（184条）も含む。引渡しには，占有だけを移転する場合
のほかに（例えば使用貸借〔593条〕や賃貸借〔601条〕における貸主の引渡義務と借
主の返還義務），占有とともに所有権を移転する場合もある（例えば贈与〔549
条〕における贈与者の引渡義務や売買〔555条〕における売主の引渡義務）。特定物の
引渡場所は，別段の意思表示（特約）がなければ，債権の発生した時にその
物が存在した場所である（484条1項）。

2.1.4　その他

特定物については，以上に述べたことのほかに，特定物売買における所有
権移転時期，危険負担（536条）などが問題となる。

2.2　種類債権

2.2.1　意　義

種類債権とは，一定の種類に属する物の一定量の引渡しを目的とする債権
であり（401条1項），その目的物を種類物または不特定物という。引き渡す
べき物を種類と数量のみによって定めた場合が種類債権である。例えば，注
文主の酒屋に対する一定銘柄の350mlの缶ビール1ダースの引渡債権や買
主の電気店に対する一定の機種のノートパソコン1台の引渡債権などであ
る。種類債権においては，引き渡される物の個性は重要視されず，一定の種
類に属する物の一定量であればどれでもよいとされるところに特色がある。

5）　平野・18頁。

このことから，種類債権では，債務者が引渡しを予定していた物が種類債権の特定（→ **2.2.3** 参照）までに滅失・損傷しただけでは債務不履行にはならず，それと同種の物が市場に存在する限り，債務者は新たに同種の物を調達する義務（調達義務）がある。

2.2.2　目的物の品質

　種類債権の目的物について品質の違いがある場合，どの品質の物を引き渡すべきか問題となる。これについては 401 条 1 項に定めがあり，第 1 に，法律行為の性質または当事者の意思（合意）によって決まる。法律行為の性質によって決まるというのは，例えば消費貸借（587 条）や消費寄託（666 条 1 項）において，返還すべき物の品質は最初に受け取った物の品質と同一でなければならないとされている場合である。また，当事者の意思によるというのは，契約時または契約後に当事者が明示または黙示の合意で品質を定めた場合をいう。第 2 は，法律行為の性質や当事者の意思によって品質が決まらない場合には，債務者は中等の品質の物を給付しなければならない。何が中等の品質であるかは一概にはいえず，取引上の観念や社会通念および信義則によって決定される。杉材の品質が特上・上・中・並・下の 5 等級に分かれている場合に，中間の上・中・並が中等の品質に当たるとした古い裁判例がある（大判大 5・10・7 民録 22 輯 1853 頁）。

2.2.3　種類債権の特定

(1)　意　義

　種類債権では，目的物が種類と数量によって抽象的に定まっているにすぎない。したがって，債務者が現実に引渡しをするためには，引き渡すべき物が具体的に特定される必要がある。そして，この特定された物が引き渡されることになる。このことから，債務者の引き渡すべき物が特定され，それ以後種類債権が特定された物の引渡しを目的とする債権に転換することを**種類債権の特定**（集中）という。当初は種類債権であったものが，これ以後は特定物債権と同じような状況になる。

(2) 特定の事由

種類債権の特定が生じる事由として，次のものがある。

(ア) 当事者の合意 第1に，債権者と債務者の合意である。これには，債権者と債務者の合意によって給付すべき物を特定した場合がある。さらに，債権者と債務者の合意で債権者または第三者に給付すべき物を指定する権利（指定権）が与えられ，これに基づいて指定された場合である。以上のような合意は，401条2項には規定されていないが，契約自由の原則から当然に認められる。

(イ) 債権者の同意を得た債務者の指定 第2に，債務者が債権者の同意を得て給付すべき物を指定した場合である（401条2項後段）。債権者と債務者が合意をして指定した場合ではなく，債権者が債務者に指定権を与え，それに基づいて債務者が指定した場合と解されている（通説）。

(ウ) 債務者の行為 第3に，債務者が物の給付に必要な行為を完了した場合である（401条2項前段）。物の給付に必要な行為の完了とは，債務者が物の引渡しのために必要な行為をすべて行ったことをいう。どのような行為をすれば必要な行為を完了したことになるのかは，債務の履行形態に応じて以下のように解されている。

(a) 持参債務の場合

【設例Ⅱ-2】 Aは，酒屋Bにビール中ビン1ダースを電話で注文し，自宅に配達してもらうことにした。ところが，Bの従業員Cがビール1ダースをバイクでAの自宅に配達する途中でDの運転する乗用車と衝突し，Cのバイクは大破して積んでいたビール瓶は全部割れてしまった。この場合において，Bは，同じ種類の別のビールを1ダースAに引き渡さなければならないか。

持参債務とは，債務者が債権者の住所に目的物を持参して引き渡すべき債務をいう。種類物の引渡債務や金銭の支払債務は，特約がない限り，持参債務になる（484条1項）。持参債務の場合には，債務者が債権者の住所に目的物を持参して，債権者がいつでも受け取れる状態にしないと，種類債権の特定は生じない。すなわち，債権者の住所での現実の提供（493条本文→**第5章 2.2.3**(1)参照）が必要であり，債務者が郵便や鉄道などの運送機関に託して債

権者に向けて発送しただけでは特定は生じない（大判大 8・12・25 民録 25 輯 2400 頁―鱈不着事件［百選 II 初版-1]）。

【設例 II-2】では，種類物であるビール中ビン 1 ダースの引渡債務は持参債務であり，目的物が A の自宅に持参されて，A が受け取れる状態になっていないので，種類債権の特定はまだ生じていない。したがって，B には同じ種類の別のビールを 1 ダース引き渡す債務がまだ存続していることになる。

(b)　取立債務の場合

> 【設例 II-3】　【設例 II-2】において，A は注文したビール中ビン 1 ダースを酒屋 B にまで受け取りに行く約束であった。ところが，約束の日に酒屋が火事で全焼し，店に置いてあった酒類は全部駄目になってしまった。この場合において，B は，同じ種類の別のビールを 1 ダース A に引き渡さなければならないか。

【設例 II-3】のような，債権者 A が債務者 B の住所に来て目的物を受け取る債務を，**取立債務**という。取立債務については，①債務者が引き渡すべき目的物を他の物と分離して，債権者が取りに来ればいつでも引き渡すことができる状態にし，②そのことを債権者に通知すれば，種類債権の特定が生じると解されている*。引渡期日が定まっている場合には，通知を要せず，債務者が目的物を分離して引渡しの準備をしておれば，期日以降に特定が認められる[6]。したがって，【設例 II-3】の場合，法律論としては，酒屋が焼失する前に，B が注文を受けた種類の中ビンビールの中から 1 ダースを分離して A にいつでも引き渡せる状態にしておれば，特定が生じているので，B は同じ種類の別のビールを 1 ダース引き渡す債務を負わないことになる。そして，酒屋の全焼について B に帰責事由があれば B の債務不履行責任が問題となり，帰責事由がなければ危険負担の問題となる（→(3)(イ)参照）。

> ＊取立債務における特定のための行為と 493 条ただし書の定める「口頭の提供」，すなわち「弁済の準備をしたことを通知してその受領の催告」をするこ

6)　平野・24 頁。

とは区別され，前者は種類債権の特定のための行為であり，後者は債務者に
債務不履行責任を免れさせるための行為であるので（492 条参照），前者は目的
物の分離を必要とし，後者は目的物の分離を要しないとされている[7]。例え
ば，漁業用タールの売買で，売主指定の場所で引き渡す約定があり，売主が
引渡場所を指定し，必要な人夫の配置などの引渡しの準備作業をしただけで
は，口頭の提供はあったとしても種類債権の特定は生じていないとした判例
がある（最判昭 30・10・18 民集 9 巻 11 号 1642 頁［百選Ⅱ 8 版-1］）。

(c)　**送付債務の場合**　　**送付債務**とは，債権者または債務者の住所以外の
第三地に目的物を送付すべき債務をいう。第三地が履行の場所と定められて
いるときは，持参債務と同様に，その場所での現実の提供が必要とされる。
第三地が履行地ではなく，債権者の要請によって債務者が好意で第三地に送
る場合には，債務者が目的物を分離して第三地へ発送することによって，特
定が生じる。

(3)　**特定の効果**

種類債権の特定以後は，種類債権は特定された物を引き渡すという内容の
ものになる（401 条 2 項）。このことから，特定によって次のような効果が生
じる。

(ア)　**善管注意義務の発生**　　債務者は，現実に引渡しをなすまで善管注意
を払って，その物を保管する義務を負う（400 条）。

(イ)　**目的物滅失による免責と危険負担**　　種類債権の特定以後は，債務者
は特定された物を引き渡す債務を負うので，その物が滅失すると引渡債務を
免れる。もはや同種・同量の物を調達して引き渡す債務を負わない。しか
し，物の滅失について債務者に帰責事由があれば，債務者は履行不能による
債務不履行責任として損害賠償義務を負う。これに対し，債務者に帰責事由
がなければ，債務者は損害賠償義務を負わないが，双務契約では債権者にも
帰責事由がないときには，債権者は反対給付の履行を拒むことができる（536
条 1 項）。種類物の売買でいえば，目的物の引渡債務を負う売主に滅失につい
て帰責事由がなければ，売主は損害賠償債務を免れるが，引渡債務の債権者

7）　我妻・32 頁以下，奥田・44 頁，前田・44 頁，林＝石田＝高木・41 頁以下など。

に当たる買主にも帰責事由がなければ，買主は代金支払債務の履行を拒むことができる。

(ウ) **所有権の移転**　　特約がなければ，特定した時に目的物の所有権が移転すると解されている（最判昭 35・6・24 民集 14 巻 8 号 1528 頁。売買における所有権移転の時期については→松井・物権 57 頁以下参照）。

(4)　債務者の変更権

> **【設例Ⅱ-4】**　A は電気店 B から X 社製の新型のプリンターを 1 台購入し，自宅に届けられたプリンターを使用したところ，内部に不具合があるためか印刷が不鮮明であった。そこで，A が B に修理を求めたのに対し，B は，修理の代わりに欠陥のない新品の提供を申し出た。このような B の申出は認められるか。

種類債権の特定については，さらに，債務者は一度特定した目的物を他の同種・同量の物に変更することができるかということが問題なる。本来の特定物であれば，債務者が他の物を引き渡すことは認められないが，種類物であれば，もともと他の同種・同量の物を引き渡すことが可能である。そこで，債権者にとくに不利益がない限り，信義則によって債務者に特定した目的物を他の同種・同量の物に変更して引き渡す権利（**変更権**）が認められている（判例〔大判大 12・7・7 民集 16 巻 1120 頁〕・通説）。これによって，債務者に帰責事由があり，債務不履行による損害賠償責任を負う場合であっても，債務者は，他の物を引き渡すことによって責任を免れることができる[8]。

2.2.4　制限種類債権

種類債権の 1 種として，**制限（限定）種類債権**がある。これは，種類と数量のほかに一定の制限を加えて，目的物の範囲をさらに限定している債権である。例えば，A 社の倉庫内にある新潟産の米 100 キロの引渡債権がこれに当たる。新潟産の米という種類と 100 キロという数量のほかに，A 社の倉庫内という所在場所によってさらに目的物の範囲を限定しているわけであ

---

8)　中田・42 頁。

る。

通常の種類債権と比較して，制限種類債権には次のような違いがあるとされている。

(1)　履行不能の成否

通常の種類債権では，特定以前に目的物が滅失しても，履行の不能にはならず，債務者は他から調達して引き渡す義務を負う。これに対し，制限種類債権では，特定以前であっても，その制限された範囲内の物（上記の例でいえば，A 社倉庫内の新潟産米）が全部滅失すれば履行の不能になり，債務者は，可能であったとしても，もはや他から同種の物を調達して引き渡す義務を負わない。あとは，滅失について債務者に帰責事由があるか否かによって，債務不履行または危険負担の問題となる。

(2)　目的物の品質

種類債権では，引き渡すべき目的物の品質は 401 条 1 項によって定まるが，制限種類債権では，上記の例でいえば，A 社の倉庫内の新潟産米であればどれでもよいので，目的物の品質は問題にならない（通説）。これに対し，制限種類債権であっても，合意または取引通念上の品質を備えた物を引き渡すべきであるとする見解もある[9]。

(3)　目的物の保管義務

通常の種類債権であれば，特定以前は債務者には保管義務はなく，特定以後は目的物の保管について善管注意義務が生じる（400 条）。これに対し，制限種類債権であれば，特定前であっても保管義務を負うという見解がある。すなわち，下級審判例であるが，札幌高判函館支判昭 37・5・29（高民集 15 巻 4 号 282 頁―前掲最判昭 30・10・18 の差戻審）は，保管について「自己の財産と同一の注意義務」を負うとする。学説では善管注意義務を負うとするものもある[10]。

---

9)　平野・20 頁。
10)　北川・22 頁，平野・21 頁。

第3節　金銭債権・利息債権

3.1　金銭債権

> **【設例Ⅱ-5】** Aは，友人Bから彼が2年間ほど使っていた高級一眼レフのデジタル・カメラを10万円で譲って貰うことにした。この場合，Aは代金を1万円札10枚で支払わなければならないか。

3.1.1　意　義

　金銭債権とは，一定額の金銭の支払いを目的とする債権をいう（金額債権ともいう）。**【設例Ⅱ-5】** の AB 間のデジタル・カメラの売買における代金債権のほか，賃貸借における賃料債権や金銭消費貸借における貸金債権などがその例である。ここでいう金銭は，法律（通貨の単位及び貨幣の発行等に関する法律，日本銀行法）によって強制通用力（金銭債権の弁済としてその受領を強制されること）を与えられた貨幣，すなわち**通貨**をいう。法貨とも呼ばれる。わが国では，狭義の貨幣（硬貨）と日本銀行券（紙幣）が通貨である（通貨2条3項）。金銭債権は，種類債権の一種ともいえるが，支払われる貨幣の種類は問題にならず，目的物の個性は完全に失われており，貨幣価値が本質的内容となる点で，通常の種類債権とは性質を異にしている[11]。そして，種類債権における目的物の特定も生じないし，履行の不能も考えられない（通説）。

3.1.2　金銭債権の弁済方法

(1)　通貨による支払い

　金銭債権では，債務者がどのような通貨で支払うかは，原則として債務者の任意の選択に委ねられている（402条1項本文）。これが金銭債権の弁済方法の原則である。したがって，**【設例Ⅱ-5】** の場合，Aは，10万円を支払うの

---

11)　我妻・35頁，中田・46頁。

に，1万円札10枚で支払うか，1万円札5枚，5000円札5枚および1000円札25枚で支払うかは，Aの自由である（日銀46条2項）。ただし，狭義の貨幣（硬貨）は額面価格の20倍までしか強制通用力を認められていないので（通貨7条），10万円を500円硬貨200個で支払っても，債権者は受取りを拒絶することができる。これに対し，日本銀行券は無制限に通用する（日銀46条2項）。

(2)　特定種類の通貨による支払い

特定種類の通貨で支払うという合意があれば，それに従う（402条1項ただし書）。例えば，【設例Ⅱ-5】において1万円札10枚で10万円支払うという約束をした場合である。このように，特定種類の通貨で一定額を支払う金銭債権を相対的金種債権という。そして，この相対的金種債権において，合意された特定種類の通貨が弁済期に強制通用力を失っている場合には，債務者は支払債務を免れるのではなく，他の種類の通貨で弁済しなければならない（402条2項）。

(3)　外国通貨による支払い

金銭債権は，指定があれば，2万ユーロというように一定額の外国通貨で支払うことができる（外国金額債権。402条3項）。これについても402条1項と2項が準用される（同条3項）。したがって，原則としてその国の各種の通貨で支払うことができるが，合意があれば，その国の特定種類の通貨で支払うこともできる（相対的外国金種債権）。そして，後者の場合には，合意された特定種類の通貨が弁済期に強制通用力を失っているときには，その国の他の種類の通貨で弁済しなければならない。さらに，外国通貨で債権額が指定された場合には，債務者は日本の通貨で弁済することができる（403条）。債権者も，債務者に対してその外国通貨または日本通貨のいずれによっても請求することができる（最判昭和50・7・15民集29巻6号1029頁）。日本通貨で支払う場合は，履行地における外国為替相場で日本通貨に換算して支払わなければならない（同条）。どの時点の為替相場を基準とすべきかについては，債務者が現実に弁済する時の為替相場を基準とすべきであるが，債権者が日本通貨による請求を裁判上行った場合は，事実審の口頭弁論終結時の為替相場が基準になる（前掲昭和50・7・15）。

3.1.3　貨幣価値の変動と金銭債権

インフレーションによって貨幣価値が下落しても，金銭債権は影響を受けないのが原則である。貨幣価値の下落によって貨幣の購買力は下がるが，原則として契約締結時に合意された金額を支払えば，債務の本旨に従った履行になる（名目主義）。しかし，貨幣価値の下落が極端な場合には，信義則による事情変更の原則を適用して，法律関係の内容を改訂したり法律関係を解消したりすることが認められている（特に第1次大戦後のドイツのインフレ期において事情変更の原則の適用が問題となった）。わが国でも第2次大戦後のインフレ期において大戦前の金銭債権を弁済する際に問題となったことがあり，最高裁は，抽象論としては事情変更の原則の適用の可能性を肯定したが，結論的には否定した（最判昭36・6・20民集15巻6号1602頁）。

3.2　利息債権

【設例Ⅱ-6】　Sは，叔父Gから2年後に返済する約束で，200万円を利率年15%で借り受けた。

3.2.1　意　義

(1)　利息債権と利息

利息債権とは，利息の支払いを目的とする債権をいう。利息は，金銭などの元本の使用の対価（法定果実〔88条2項〕）として，元本とその使用期間に応じて一定の率（利率）によって計算される（元本×使用期間×利率）金銭その他の代替物である。【設例Ⅱ-6】において，SがGから借り受けた200万円が元本であり，1年後と2年後に発生する各30万円が利息である。そして，GがSに対して各30万円の支払いを求める債権が利息債権に当たる。また，2年後に元本200万円の返還を求めるGの債権を**元本債権**という。利息債権は，元本債権の存在を前提として発生するが，元本債権とは別個のものである。

＊利息と遅延損害金　　利息と遅延損害金は，いずれもある金額に一定の率を乗じて計算される点で，類似している。しかし，利息は元本使用の対価（法定果実）であるが，遅延損害金は，金銭債務の不履行（履行遅滞）における損害賠償金であり（419条1項→**第3章 4.3.1**(2)参照），両者の法的性質は異なる。金銭債務が履行遅滞になった時以降は，利息は発生せず，遅延損害金だけが発生する。遅延損害金の意味で遅延利息という言葉が使われることがある。

(2)　基本権たる利息債権と支分権たる利息債権

　利息債権は基本権たる利息債権と支分権たる利息債権に分けて考えられている[12]。**基本権たる利息債権**は，元本に対して一定期間の経過後に一定額の利息を発生させることを内容とする利息債権である。【設例Ⅱ-6】でいえば，1年経過ごとに30万円という利息を発生させる債権が基本権たる利息債権である。これに対し，**支分権たる利息債権**は，基本権たる利息債権に基づいて一定期間の経過後に現実に発生した利息の支払いを目的とする具体的な利息債権である。【設例Ⅱ-6】でいえば，それぞれ1年経過ごとに現実に発生した利息30万円の支払いを求める債権が支分権たる利息債権である。

　この2つの利息債権の違いは，元本債権に対する付従性の違いにある。すなわち，基本権たる利息債権は，元本債権に付従し，元本債権が消滅すれば消滅する。また，元本債権が譲渡されれば，これに随伴して譲受人に移転する。これに対し，支分権たる利息債権は，元本債権から独立して存在し，元本債権が弁済によって消滅しても，利息が支払われない限り残存する。さらに，元本債権が譲渡されても随伴しないし，元本債権とは独立して消滅時効にかかる。

3.2.2　約定利率・法定利率と単利・重利

(1)　約定利率・法定利率

　(ア)　**約定利率**　　利息は，当事者の合意によって発生する。この利息を**約定利息**という。例えば，民法では，金銭の貸借で利息を支払うかどうかは当事者の合意に委ねられており，利息を支払う旨の合意がない限り，金銭の貸

---

12)　近江・39頁以下，平野・31頁は，この区別について批判的。

借は無利息となる。したがって,【設例Ⅱ-6】の場合, GS 間で合意がなけれ
ば, S は年利息 30 万円を支払わなくてもよい。そして, 利息の支払いの合
意がある場合において利率が約定されておれば, この利率によって利息が計
算される。このような当事者によって約定された利率を**約定利率**という
(【設例Ⅱ-6】の利率年 15% がこれに当たる)。

　(ｲ)　**法定利率**　　法律の規定で定められた利率を**法定利率**という。改正前
の民法が定める法定利率は年 5 分 (民事法定利率。旧 404 条), 商法が定める法
定利率は年 6 分 (商事法定利率。商旧 514 条) の固定利率であった。しかし, 改
正民法により改正民法施行当初の 3 年は年 3 % とされるが (404 条 2 項), そ
の後は一定の基準により 3 年ごとに定められる変動利率によることとなった
(同条 3 項以下)。そして, 商法旧 514 条は削除された。また, 別段の合意がな
いときは, 法定利率による利息を生ずべき債権の成立後に法定利率に変動が
あっても,「その利息が生じた最初の時点における法定利率による」ことに
なっており (同条 1 項), 法定利率が変動しても途中から新たな利率によるこ
とにはならない。「利息が生じた最初の時点」とは, 利息債権が生じた最初
の時点をいい, 利息支払義務の履行期をいうのではない。

　法定利率は, 利息が法律の規定に基づいて発生する場合 (**法定利息**。442 条
2 項・545 条 2 項・650 条 1 項・704 条など) や, 利息の支払いは合意されたが利率
は約定されなかった場合に用いられる。さらに, 法定利率は, 利息だけでな
く, 遅延損害金の計算についても基準とされる (419 条 1 項本文)。特に不法行
為によって損害を賠償する場合, 債務者は, 損害賠償金のほかに法定利率に
よる遅延損害金を支払わなければならない。

　(2)　**単利・重利**
　利息の算定方法として, 単利と重利がある。**単利**は, 当初の元本について
のみ利息を付けることであり, **重利** (**複利**) は, 弁済期に達した利息を元本
に組み入れて元本の一部とし, これに利息を付けることである。重利には,
当事者の合意によって行われる約定重利と, 法律の規定によって生じる法定
重利とがある。法定重利は, 通常民法 405 条が定める場合をいう。民法 405
条によれば, ①利息支払いが 1 年分以上延滞し, ②債権者が催告しても債務
者が利息を支払わない場合に, 債権者は, 延滞利息を元本に組み入れること

ができる。これは，①と②の要件が備わったときに，債権者が元本組入れの意思表示（元本組入権〔形成権〕）をすれば，延滞利息が元本に組み入れられることを定めたものであり，自動的に延滞利息が元本に組み入れられることを認めたものではない[13]。

3.2.3　利息の規制

> **【設例Ⅱ-7】**　**【設例Ⅱ-6】**において，SがGから利率年20％の約束で200万円を借り受けた場合，Sは年40万円の利息を支払わなければならないか。

(1)　法律による規制

約定利息は，契約自由の原則に基づいて当事者の合意で自由に決められるのが原則である。しかし，当事者の合意による利息の取得を無制限に認めると，経済的に苦しい状態にある人たちにとって著しく不利となり，高利によってその人たちの生活や家庭が壊されることになりかねない。そこで，法律によって利息が規制されている。利息を規制する基本的な法律は，①利息制限法，②出資取締法（出資の受入れ，預り金及び金利等の取締に関する法律）および③貸金業法である。①利息制限法は，法律の制限を超えた部分の利息契約を無効とする民事法規であり，②出資取締法は，法律の制限を超えた利息契約について刑罰を科す刑罰法規であり，③貸金業法は，貸金業務の適正化を図るために貸金業の規制を行う行政法規である。そして，①利息制限法と②出資取締法は，貸金業者や銀行などの金融機関が行う営業的金銭消費貸借を含むすべての金銭消費貸借を対象としている。

(2)　すべての金銭消費貸借に対する規制

(ア)　**利息の制限**　　利息制限法は金銭消費貸借における利息の契約に適用される（利息1条）。そして，利息が，元本10万円未満の場合には年2割（20％），元本10万円以上100万円未満の場合には年1割8分（18％），元本100万円以上の場合には年1割5分（15％）の利率により計算した金額を超

---

13)　近江・41頁。

えるときは，その超過部分は無効とされる（利息1条）*。【設例Ⅱ-7】の場合，元本は 200 万円であり，利息制限法による制限利率は 15％となるので，S は利息として年 30 万円を支払えばよい。

また，利息について刑事上の制限を課している出資取締法によれば，年 109.5％（1日あたり 0.3％）を超える割合による利息の契約をした場合，貸主は，5 年以下の懲役または 1000 万円以下の罰金に処せられるか，これらを併科される（出資取締 5 条 1 項）。ここに，民法上無効であるが，刑罰は科されないという「グレーゾーン」が生じることになる。

＊制限超過利息の取扱い　(1)　平成 18 (2006) 年改正前の利息制限法は，1 条 1 項で元本額に応じた利率の上限を定めるとともに，同条 2 項で超過部分を任意に支払ったときは，債務者はその返還を請求することができないと規定していた。この規定は，昭和 29 (1954) 年制定の旧利息制限法が超過利息を「裁判上無効」としており，その意味については，債権者は裁判所に訴えて超過利息を請求することはできないが，債務者が裁判外で任意に支払ったときは，債務者はその返還を請求することができないと解されていたことを受け継ぐものであった[14]。しかし，現実には，経済的に逼迫した状態にある人が融資を受けることが多く，これらの人は，金融業者の定めた高い利息をやむを得ず了承して返済することを考慮すると，この規定の妥当性には大いに疑問が持たれた。
　(2)　そこで，まず最大判昭 39・11・18 民集 18 巻 9 号 1868 頁 [百選Ⅱ初版-3] は，超過部分の利息が元本に充当されることを肯定した。例えば，200 万円を利率年 20％で 2 年後返済の約束で借りた場合，利息制限法による制限利息は 30 万円である。ところが，1 年後に債務者が任意に利息 40 万円を支払った場合，債務者は 1 条 2 項によって超過部分 10 万円は返還請求できない。しかし，昭和 39 年の大法廷判決によれば，支払った 40 万円のうち 30 万円は利息の支払いに，残りの 10 万円は元本の支払いに充当されるので，元本額は 190 万円になり，2 年目の利息額は 28 万 5000 円（190 万円×15％）になる。
　(3)　次に，このような超過部分の利息の元本への充当が行われ続けると，計算上元本が完済されたことになり，それにもかかわらず利息が支払われ続けたときには，その返還が認められるかどうかが問題となった。この問題について，最大判昭 43・11・13 民集 22 巻 12 号 2526 頁 [百選Ⅱ 5 版補-56] は，債務者が任意に超過利息の支払いを継続し，超過部分を元本に充当すると計算上元本が完済となったとき，その後に支払われた金額は債務が存在し

---

14)　前田・59 頁，渡辺＝野澤・26 頁。

ないのに弁済として払われたものであるから，利息制限法の適用はなく，不当利得の返還請求ができるとして，過払い利息の返還請求を肯定した。これは債務者が超過利息を払い続けた場合であるが，超過利息と元本が一度に支払われて債務が完済された場合にも，同様に過払い利息の返還が認められるかどうかが，さらに問題となった。これについては，最判昭44・11・25民集23巻11号2137頁が超過利息と元本を一括して支払った場合の過払い利息を不当利得として返還請求できるとした。

　(4)　以上のような一連の最高裁判決によって，利息制限法1条2項の規定は実質上空文化されてしまったが，平成18年の改正によって，同条2項は削除された。その結果，超過利息を支払った場合の超過部分の返還請求が無条件に可能となった。

　(イ)　**利息の天引き**　　**利息の天引き**とは，貸付金額からあらかじめ利息額を差し引いて金銭を交付し，期日に貸付金全額の弁済を受けることをいう。例えば，100万円を1年の期間貸し付けるに際してあらかじめ利息額20万円を差し引いて80万円を交付し，期日に100万円の弁済を受ける場合である。しかし，これを実質的に見ると，年利率は25%（20万÷80万）となり，利息制限法1条の制限利率を超える。そこで，利息制限法2条は，天引額が債務者の受領額を元本として1条の利率で計算した金額を超えるときは，その超過額は元本の支払いに充てたものとみなすと規定した。したがって，前例の場合，受領額80万円の制限利率は18%であるので，制限利息は14万4000円（80万円×18%）となり，超過額5万6000円（20万円−14万4000円）は元本の支払いに充てたものとみなされる。1年後には，94万4000円を返済すればよい。

　(ウ)　**みなし利息**　　金銭消費貸借に関して債権者の受ける元本以外の金銭は，契約締結費用（例えば契約書作成費用や抵当権設定の登記費用など）および債務弁済費用（例えば支払いの督促費用や強制執行費用など）を除いて，いかなる名目のものであっても利息とみなされる（利息3条）。

　(エ)　**賠償額予定の制限**　　金銭消費貸借上の債務の不履行による賠償額（遅延損害金）の予定については，その賠償額の元本に対する割合が利息制限法1条の規定する率の1.46倍を超えるときは，その超過部分は無効とされる（利息4条1項）*。例えば，100万円の金銭消費貸借において賠償額の予定

を年25％と定めた場合，この率は利息制限法1条の定める率の1.46倍を超えるので（15％×1.46＝21.9％），その超過部分に当たる3.1％（25％−21.9％），すなわち3万1000円は無効となる。また，出資取締法は，賠償額の予定についても刑事上の制限を課している（出資取締5条1項括弧書）。

> ＊平成18年改正前の利息制限法4条2項は，賠償額の予定についても，同1条2項と同様に，債務者が超過部分を任意に支払ったときにはその返還を請求できないとしていた。しかし，(ア)で述べた一連の最高裁判決によって，制限超過利息の場合と同様に，超過部分の元本充当および過払い賠償金の返還請求が肯定されようになり，平成18年の改正によって4条2項は削除された。

(3) 営業的金銭消費貸借に対する規制

　債権者が業として行う金銭消費貸借（営業的金銭消費貸借）においては，貸付が反復して行われることが多く，また，小口に分割して規制を免れることを防ぐために，元本額の合算についての規定が設けられている（利息5条）。賠償額の予定については，賠償額の元本に対する割合が年20％を超えるときは，その超過部分は無効とされる（利息7条1項）。そして，出資取締法は，年20％を超える割合による利息の契約をした場合，貸主に5年以下の懲役または1000万円以下の罰金あるいはこれらを併科している（出資取締5条2項）。さらに，年109.5％（1日あたり0.3％）を超える割合による利息の契約をした場合には，貸主に10年以下の懲役または3000万円以下の罰金あるいはこれらを併科している（出資取締5条3項）。この結果，元本10万円以上100万円未満の場合と元本100万円以上の場合の利息（利息1条2号・3号）について，民法上無効であるが，刑罰は科されないという「グレーゾーン」が生じることになる。

> ＊貸金業法　平成18年改正前の貸金業規制法は，債務者が利息制限法を超えて出資取締法旧5条2項の年29.2％までの利息を任意に支払った場合，貸金業者が契約時に旧貸金業法の定める書面を交付しており，かつ返済の都度受取証書を交付しているときは，利息制限法1条1項の規定にかかわらず，「有効な利息の債務の弁済とみなす」と定めていた（「みなし弁済」。貸金業旧43条）。その結果，貸金業者との金銭消費貸借に関して，(1)の(ア)で述べた制限超

過部分の利息の元本充当および利息の返還請求を認めた一連の最高裁判例法理は意義を失うことになった。しかし，この規定に対する批判が強く，最高裁も，「みなし弁済」の要件である任意性や書面性を厳格に解釈し，「みなし弁済」が認められる場合を限定的に捉える判断を示すに至った（最判平 11・1・21 民集 53 巻 1 号 98 頁，最判平 16・2・20 民集 58 巻 2 号 380 頁，最判平 17・12・15 民集 59 巻 10 号 2899 頁，最判平 18・1・13 民集 60 巻 1 号 1 頁など）[15]。そして，平成 20（2008）年の改正によって旧 43 条は削除された。

第 4 節　選択債権

4.1 意　義

【設例 II-8】　大学を卒業した甥 B の就職が決まったので，A が，就職祝いとして，新型のパソコンかデジタル・カメラを買って，B にそのどちらかを贈与したい旨を述べたところ，B は，喜んでこの申込みを承諾した。この場合，贈与による B の債権は，パソコンとデジタル・カメラのいずれの引渡しを目的とするものになるか。

4.1.1　選択債権の意義

選択債権とは，数個の給付の中から選択によって決まる 1 個の給付を目的とする債権をいう。【設例 II-8】の B の債権は，パソコンの引渡しとデジタル・カメラの引渡しという数個の給付の中から選択によって決まるどちらかの引渡しを目的とする債権であり，選択債権である。複数の給付は，選択されるべき個性があれば，どのような組合わせでもよい。例えば，甲不動産と乙不動産のどちらかの引渡しというような，特定物給付と特定物給付の組合せや，【設例 II-8】のパソコンとデジタル・カメラのいずれかの引渡しというような，不特定物給付と不特定物給付の組合せでもよく，甲不動産の引渡しと金 1000 万円の贈与というような，特定物給付と金銭給付の組合せでもよい。

15)　一連の最高裁の紹介については，清水・37 頁以下参照。

4.1.2　選択債権の発生

選択債権は当事者の法律行為，特に贈与，売買，貸借などの契約によって発生する。さらに，法律の規定によっても発生する（117条1項・196条2項・299条2項・391条・461条1項・608条2項など）。

4.2　選択債権の特定

4.2.1　特定の必要性

（1）　選択権

選択債権における給付は，数個の給付の中からの選択によって決まるので，給付を選択によって具体的に特定することが必要となる。【設例 II-8】でいえば，Bの債権はパソコンの引渡しとデジタル・カメラの引渡しのどちらを目的とするものなのかを，選択によって特定しなければならない。この選択によって給付を特定する権限を**選択権**という。

誰が選択権を持つかは，当事者の合意によって決めることができる。民法は，第三者が選択権を持つことも想定している（409条）。そして，誰が選択権を持つか明らかでない場合について，補充的に債務者が選択権を有すると定めている（406条）。

（2）　選択権の移転

選択権者が選択権を行使しない場合には，選択権は移転する。すなわち，①債権者または債務者に選択権がある場合には，債権が弁済期にあり，選択権を有しない相手方が相当の期間を定めて催告しても，選択権者がその期間内に選択をしないときは，選択権は相手方に移転する（408条）。②第三者に選択権がある場合には，その第三者が選択をすることができず，または選択をする意思を有しないときは，選択権は債務者に移転する（409条2項）。

4.2.2　特定の方法

（1）　選択による特定

まず，選択債権は，選択権の行使によって特定する。選択権の行使は，①債権者または債務者が選択権を有するときは，相手方に対する意思表示によ

って行い（407条1項），②第三者が選択権を有するときは，債権者または債務者に対する意思表示によってする（409条1項）。そして，債権者または債務者による選択の意思表示が相手方に到達して効力を生じた後は，相手方の承諾を得なければ撤回することができない（407条2項）。第三者による選択の意思表示については，債権者・債務者双方の承諾がなければ撤回することができないと解されている（通説）。

　選択権は形成権であり，選択の意思表示が到達すると直ちに効力が生じる。すなわち，選択された給付が債権発生の時にさかのぼってその債権の目的であったことになる（選択の遡及効。411条本文）*。【設例Ⅱ-8】でいえば，選択権が贈与を約束したA（債務者）にあり，Aがパソコンの引渡しを選択したとすると，贈与契約によるBの債権は，債権発生の時（AB間の贈与契約成立の時）からパソコンの引渡しを目的とするものであったことになる。

　＊411条ただし書は，第三者の権利を保護するために，同条本文の選択の遡及効を制限している。しかし，この規定は無用の規定と解されている（通説）。例えば，XがYに甲または乙土地を譲渡するという内容の選択債権が発生した後に，XがZに甲土地を譲渡し，その後XY間で甲土地が選択された場合，YZのどちらが甲土地を取得できるかは，411条ただし書ではなく177条によって決まる。

(2)　給付不能による特定

　数個の中のある給付が初めから不能である場合（原始的不能）または後に不能となった場合（後発的不能）において，その不能が選択権を有する者の過失によるときは，残りの給付が債権の目的になる（410条）。改正民法では，原始的不能であれ後発的不能であれ，履行不能により債権は消滅しないのが原則とされたので，選択債権については，給付の「不能が選択権を有する者の過失による」ときに，その給付は消滅して残りの給付に特定されるとしたのである。その反対解釈として，不能が選択権を有しない債権者または債務者の過失による場合は，特定は生じない。すなわち，①債務者が選択権を有するときは，債務者は不能となった給付を選択して，履行不能として債務を免れることができ，②債権者が選択権を有するときは，債権者は不能となった

給付を選択して，債務者の帰責事由による履行不能として損害賠償を請求することができる。

> ＊任意債権　　**任意債権**とは，特定の給付を目的とする債権であるが，債権者または債務者が他の給付に代えることのできる債権をいう。この本来の給付を他の給付に代えることのできる債権者または債務者の権利を代用権または補充権という。例えば，本来は土地の給付を目的とする債権であるが，時価による金銭の支払いに代えることができることを合意された場合である。また，外国通貨で債権額が指定された金銭債権（403条）は任意債権であり，債権者は，債務者に対して外国通貨または日本通貨のいずれによっても請求することができる（前掲最判昭50・7・15）。任意債権は，本来の給付が特定していて他の給付は補充的にすぎない点で，選択債権と区別される。

第3章 債権の効力

第1節 序 説

1.1 債権の効力概観

第3章では，債権が債務者または第三者に対してどのような効力を持っているのかということが検討される。この債権の効力として，次の3つのものがあげられる。

第1に，債務者に対する関係では，債権実現のために債務者に対してどのような効力が債権に認められるかということが問題となる。この債権実現のために債務者に対して認められる債権の効力を**債権の対内的効力**という。具体的には，①債務者に任意の履行を請求する場合に関わる効力として請求力と給付保持力があげられ，②債務者が任意に履行しない場合には履行の強制と損害賠償の請求が問題となるが，これに関わる効力として訴求力と執行力があげられる。

第2に，第三者との関係では，第三者による違法な債権実現の妨害から債権を保護するためにどのような効力が認められるかということが問題となる。この第三者による違法な債権侵害に対する保護のために債権に認められる効力を**債権の対外的効力**という。具体的には，①債権侵害による不法行為に基づく損害賠償の請求と，②債権侵害に対する債権に基づく妨害排除の請求があげられる。

そして，第3に，債務者の一般財産（責任財産）の維持・充実を図るための効力があげられる。金銭債権は当然のこととして，それ以外の債権も債務不履行の場合には損害賠償債権という金銭債権に転化する。そして，これらの債権が満足を得るためには，現行法上は，債務者の一般財産を差し押さえて売却し，その代金から弁済を受けるという方法をとることになる。したが

って，債権の満足を最終的に保障するものは，債務者の資力，すなわち一般財産なのである。この債務者の一般財産は，最終的に債務について責任を負うという意味で**責任財産**と呼ばれる。そこで，この責任財産が債務者によって維持・充実されない場合に，債務者に代わって債権者に責任財産の維持・充実を図る権限（権能）を認める必要が出てくる。この権限が債権者代位権（423条以下）と詐害行為取消権（424条以下）である。そして，この債務者の責任財産の維持・充実を図るための効力を**債権の保全的効力**という。

　第3章では，以上に述べた3つの効力のうち，第1の債権の対内的効力と第2の債権の対外的効力を取り上げ，第3の債権の保全的効力は**第4章**で扱うことにする。

1.2　債権の実現

1.2.1　債務者による任意の履行

　債務者が債務を任意に履行すれば，債権の目的である本来の給付内容がそのまま実現される（給付内容の実現）。また，債務者が任意に履行しない場合には，債権者は本来の給付の請求をあきらめて損害賠償（塡補賠償）を請求することができる。そして，債務者がこの損害賠償債務を任意に履行すれば，これによっても債権が実現される。この場合には本来の給付内容は実現されないが，それと同一の経済的価値が実現される（給付価値の実現）。なお，本来の給付内容の請求と損害賠償（遅延賠償）の請求の両方を行うことができる場合もある（例えば履行遅滞→ **3.2.2**(2)参照）。

　1.1 で述べたように，債務者の任意の履行と関係する債権の効力が**請求力**と**給付保持力**である。請求力は，債権者が債務者に対して給付を請求することができる効力であり，給付保持力は，債権者が債務者のなした給付を受領して適法に保持することができる効力であり，この給付保持力によって債権者の受領した給付は不当利得にならず返還を求められないことになる。債権は債権者が債務者に対して一定の給付を請求することができる権利であり，債務者が債務の本旨に従って給付を実行することによって債権の内容が実現される。したがって，債権者が債務者に対して給付を請求することができる

請求力と債務者のなした給付を受領して適法に保持することができる給付保持力は，債権の最小限の効力である。

1.2.2 国家機関による債権の実現

債務者が本来の債務や損害賠償債務を任意に履行しない場合，債権者は国家機関（裁判所）に訴えて，債権を強制的に実現してもらうことになる。この国家機関による債権の実現のためには，①判決手続と②強制執行手続が必要とされる。

①の判決手続を経て出される判決は，債務者に対して債務の履行を命じる裁判所の命令であり，この判決に基づいて債務者が任意に履行すれば債権が実現される（給付内容の実現）。そして，債権者が裁判所に訴えて判決を得，それによって債務者に履行を請求することができる効力を**訴求力**という*。しかし，判決が出たにもかかわらず，債務者がなお履行しないときには，②の強制執行手続をとることになる。そして，強制執行手続によって，債権者は国家機関の手を借りて，債務者の意思とは無関係に債権の内容を強制的に実現させることができる。このように，履行を命じる判決が出たにもかかわらず，債務者がなお履行しないときに，債権者が強制執行の手続をとることによって債権の内容を実現することができる効力を**執行力**という。この執行力には2つの種類がある。その1つは貫徹力である。これは，物の引渡しなど債権の内容をそのまま実現させる効力である。他の1つは摑取力である。これは，金銭債権において，債権者が債務者の責任財産を差し押え競売にかけて金銭に変え，それから支払いを受けることができる効力をいう。

＊訴求力は，債務者に請求することができる効力であるという意味で請求力と共通するので，両者を合わせて（広義の）請求力ということもある。また，訴求力は，債権を強制的に実現するための効力であるという意味で執行力と共通するので，両者を合わせて強制力ということもある[1]。

1）中田・62頁。

1.3　特殊な効力の債権

1.2 で述べた請求力・給付保持力・訴求力・執行力を備えたものが完全な債権である。しかし，債権の中にはそれらの一部が欠けているものがある。いわゆる自然債務（不完全債務）と呼ばれるものである。

1.3.1　自然債務

(1)　意　義

自然債務とは，債務者が任意に履行するときは有効な弁済になるが，債務者が履行しないときには，債権者から裁判所に訴えて履行を請求することができない債務をいう。すなわち，請求力と給付保持力はあるが，訴求力を欠く（したがって執行力も欠く）債務（債権）である。

(2)　自然債務の例

自然債務の例として，次のようなものが考えられている。

(ア)　合意による自然債務

【設例Ⅲ-1】　Aは，バーで親しくなったホステスBの歓心を得るために，将来Bが独立して店を持つときには500万円の援助をすることを約束した。その後，Bは店をやめて独立の準備を始め，Aに500万円を請求したが，Aは支払いを拒絶した。そこで，Bは支払いを求めてAを訴えたが，このようなBの訴えは認められるか。

【設例Ⅲ-1】のようなケースについて，判例は，Aの約束は，Bに「裁判上の請求権を付与する趣旨」に出たものではなく，「諾約者（A）が自ら進んで之を履行するときは債務の弁済たることを失はざらむも要約者（B）に於て之が履行を強要することを得ざる特殊の債務関係を生ずるものと解す」べきであるとした（大判昭10・4・25新聞3835号5頁—カフェー丸玉事件［百選Ⅱ初版-5]）。判例の見解によれば，Aの約束はBに裁判上の請求権を与えるものでないから，Bの債権は訴求力を欠くが，Aが任意に履行するときは有効な弁済となるので，請求力と給付保持力を有することになる。そこで，学説では一般に，この判例は合意による自然債務を認めたものと理解されている。

しかし他方では，【設例Ⅲ-1】のような事件では，契約不成立または心裡留保（93条）の問題として解決すべきであるとする見解も有力である[2]。

　(イ)　不訴求特約のある債務　これは，債務者が任意に履行しない場合には裁判上の請求をしないという特約（不訴求特約）のある債務である。

　(ウ)　法律上訴求できない債務　例えば，①消滅時効が援用された債務（145条），②公序良俗に反する契約による債務（90条）などがある。これらの債務については，債権者は訴求できないが，債務者が任意に履行すればもはや返還を請求できないので，自然債務と解されている。

> ＊自然債務という概念の要否　　上記(ア)～(ウ)の債務は性質の異なるものであるのでそれぞれ個別に検討すべきであるとして，それらをひとまとめにして自然債務と呼ぶことを疑問視する見解がある。例えば，裁判外で請求することは，(ア)・(イ)・(ウ)①については認められるが，(ウ)②については認められない，また，債務者が返還請求できないのは，(ア)と(イ)については給付保持力によるといえるが，(ウ)①では履行がなされれば時効援用の撤回があったと解することができ，(ウ)②では不法原因給付（708条）という別の制度によるものということができるとする。他方，自然債務という概念を，訴求はできないが任意に履行されれば債務が消滅するという種類の債務を表現するものとして用いることは差し支えないとする見解もある。

1.3.2　責任なき債務

(1)　債務と責任

　債務とは，債権に基づいて債務者が行うべき給付義務をいう。すなわち，債権の内容である給付を行うべき債務者の法的義務が債務である。他方，**責任**とは，債務者の一般財産が債権の引当になっていることをいう。すなわち，債務が履行されない場合に債務者の一般財産によって強制的に債権の内容を実現すること（債務者の一般財産が債権の摑取力の対象になること）を責任という。例えば，売買により買主は売主に対して代金の支払いという給付を行うべき義務を負うが，この買主の代金支払いという給付義務が債務である。もし買主が代金支払債務を履行しない場合には，売主は代金債権に基づいて買主の一般財産を差し押さえて売却にかけ，その代金から売買代金の弁済を

2）　奥田・92頁，潮見・総論Ⅰ360頁，中田・65頁。

受けることによって，債務者の一般財産により強制的に債権の内容を実現することができる。これが責任である。そして，通常は債務と責任は結合しており，債務者が債務を負担するとともに，責任をも負う。しかし，この債務と責任が分離することがある。それが「責任なき債務」と「債務なき責任」といわれるものである。

(2) **責任なき債務**

　責任なき債務とは，債務不履行の場合に債務者の一般財産への強制執行ができない債務（摑取力を欠く債務）をいう。例えば，債権者と債務者との間で強制執行をしない特約（不執行特約）が結ばれた場合である。責任なき債務については，債務不履行の場合，債権者は裁判所に訴えを提起して履行を命じる判決を得ることはできるが，判決が出たにもかかわらず債務者が任意に履行しないときには，強制執行によって債権の内容を実現することができない。判例（大判大15・2・24民集5巻235頁，最判平5・11・11民集47巻9号5255頁）も，不執行特約は有効であり，この特約に反して債権者が強制執行をかけることはできないとしている。そして，この特約に違反して強制執行がなされたときは，請求異議の訴えによってその排除が求められる（最決平18・9・11民集60巻7号2622頁）。

(3) **債務なき責任**

　債務なき責任とは，責任を負うが債務は負担しないことをいう。例えば，物上保証人や抵当不動産の第三取得者は，自己の特定の財産によって他人の債務について責任を負う状態にあるが，自らは債務を負担していない。このような物上保証人や第三取得者の責任を債務なき責任という。

第 2 節 履行の強制

2.1 意 義

2.1.1 履行の強制の意義

　債務者が任意に債務を履行しない場合，**1.2.2** で述べたように，債権者は訴えを提起して債務の履行を命ずる判決を得（債権の訴求力），この判決に基づいて債権内容の強制的実現を申し立てることになる（債権の執行力）。すなわち，債権者の申立によって裁判所が強制的に債権の内容を実現させることが認められている。この裁判所による債権内容の強制的実現を**履行の強制**という。改正民法は，「債務者が任意に債務を履行しないときは，債権者は，民事執行法その他強制執行の手続に関する法令の規定に従い，直接強制，代替執行，間接強制その他の方法による履行の強制を裁判所に請求することができる。ただし，債務の性質がこれを許さないときは，この限りでない」と規定するにとどめ（414 条 1 項），詳細は民事執行法などの手続法に委ねている。以下では，履行の強制の方法について簡単に説明を行い，詳細は民事執行法の講義に譲る。

2.1.2 債務名義

　債権者が履行の強制（強制執行）を申し立てるためには，債務名義と呼ばれるものが必要とされる。**債務名義**は，債権の存在を確認した公的な文書であり，履行の強制の基礎となるものである。裁判所によって債権内容を強制的に実現して貰うためには，その前提として，債権者に債権があること，すなわち債権内容の強制的実現を申し立てることができる権利が債権者にあることが明らかになっていなければならない。そのため，債権者に履行の強制を根拠づける債権があることを公的に確認して貰うことが必要となる。この債権の存在を公的に確認した文書が債務名義である。債務名義の種類については民事執行法 22 条に規定があり，その代表的なものとして，①確定判決（民執 22 条 1 号），②仮執行宣言付き判決（同条 2 号），③執行証書（同条 5 号）

などがある。

2.2　履行の強制の方法

　履行の強制の方法として民法 414 条 1 項が定めているものは,「直接強制,代替執行, 間接強制その他の方法」である。

2.2.1　直接強制・代替執行・間接強制
(1)　直接強制
　直接強制は, 債務者の意思にかかわらず, 裁判所が債権の内容そのものを直接的・強制的に実現する方法である。直接強制は, 金銭の支払債務や物の引渡債務などの与える債務に適した強制方法である (→ **2.2.2** (1)~(3)参照)。
(2)　代替執行
　代替執行は, 債務者以外の者 (債権者または特定の第三者) に債権の内容を実現させて, その費用を裁判所が債務者から取り立てる方法である (民執171条)。代替執行は, 作為債務のうち, 債務者以外の者が債務者に代わって行っても債権の内容が実現されるもの (代替的作為債務) について許される。例えば, 自動車を修理する債務は, その修理業者でなくても, 他の修理業者でも実現が可能であるから, 代替執行が可能である。しかし, 有名な画家が絵を描く債務は, その画家本人が行わなければ, 債権内容が実現できないので, 代替執行にはなじまない。また, 代替的不作為債務についても, 代替執行は可能である (民執171 条→ **2.2.2** (5)参照)。
(3)　間接強制
　間接強制は, 債務の履行がなされない場合に裁判所が債務者に一定額の金銭の支払義務を課し, これによって債務者を心理的に圧迫して, 間接的に債権の内容を実現させる方法である (民執172 条)。しかし, 債務者の意思を強制したのでは債権の目的を達成できない場合には (例えば, 前述の有名な画家が絵を描く債務), 間接強制は許されない。この場合には, 債権者は債務不履行による損害賠償の請求で満足するほかない。

＊**間接強制の補充性の放棄**　平成 15 (2003) 年の民事執行法改正までは，間接強制は履行の強制の最後の手段としてとらえられていた。すなわち，直接強制や代替執行が可能であれば，それらによるべきであり，間接強制はそれらが利用できない場合に許されるとされていた（間接強制の補充性）。それは，間接強制は債務者に心理的圧迫を加え，人格尊重の面で他の強制手段よりも好ましくないという考え方によるものであった。しかし，平成15年の民事執行法改正において間接強制の補充性が放棄され，債権者の申立てがあるときは，直接強制や代替執行が可能であっても，間接強制の方法をとることが認められるにいたった（民執173条1項）。すなわち，直接強制が可能な物の引渡債務や代替執行の可能な代替的作為債務の強制手段として，間接強制が可能とされたのである。直接強制よりも間接強制が人格の尊厳を害するとはいえないことや，間接強制は，その性質上直接強制や代替執行が可能な債務についても併用することができ，運用によっては効率的であることなどが，その理由である。

(4)　履行の強制の要件

　伝統的な見解によれば，第1に，履行の強制は債権の効力である執行力によるものであり，第2に，債務を履行するのは債務者として当然のことであり，履行されない以上債務者に帰責事由がなくても債権者は強制的に債務内容を実現することができ，第3に，履行の強制が認められないのは，債務の性質がそれに適さない場合，または債務の履行が不能になった場合である。これらのことから，履行の強制の要件として，①債権が存在すること，②債権が履行期にあること，③履行が可能であること，④債務の性質が履行の強制に適さないものでないこと，という4つがあげられる。そして，履行の強制の要件として，債務が履行されないことについて債務者に帰責事由のあることは必要とされない。

(5)　履行の強制と損害賠償の請求

　履行の強制は損害賠償の請求を妨げない (414条2項)。すなわち，履行の強制の請求と損害賠償の請求は択一的な関係に立たず，履行の強制が行われてもなお損害がある場合には，債権者は，債務不履行の要件に従って損害賠償を請求することができる。

2.2.2　各種債務の履行の強制

(1)　金銭債務

　金銭債務の履行の強制は直接強制によるが，扶養義務等にかかる金銭債権（例えば両親が離婚した子の父に対する扶養請求権）については間接強制も認められる（民執167条の15・167条の16）。金銭債務の直接強制は，まず①債務者が債務に対応する現金を有している場合には，執行官がこれを差し押さえて債権者に交付する方法で行われる（民執122条以下。動産執行の一種）。次に②債務者が現金を有しない場合には，ⓐ動産については執行官が差し押さえ，これを売却して現金化した後，債権者に支払われ（同条以下），ⓑ不動産については執行裁判所が差し押さえ，これを競売して現金化した後，債権者に支払われる（強制競売）（民執45条以下。不動産執行の方法として，強制競売のほかに強制管理もある〔民執43条・93条以下〕）。さらに③債務者が金銭債権（例えば売掛代金債権や貸金債権）を有する場合には，執行裁判所がこれを差し押さえて，債権者が第三債務者（債務者の債務者）から直接債権を取り立てることなどが行われる（民執143条以下。債権執行）。

(2)　不動産の引渡債務

　不動産の引渡債務の履行の強制については，債権者は，直接強制または間接強制を選択することができる（民執173条1項）。不動産の引渡債務の直接強制は，執行官が債務者の不動産に対する占有を解いて不動産を債権者に引き渡し，債権者に占有を取得させる方法で行われる（民執168条1項。なお，目的不動産を第三者が占有している場合については，民執170条参照）。

(3)　動産の引渡債務

　動産の引渡債務の履行の強制についても，債権者は，直接強制または間接強制を選択できる（民執173条1項）。動産の引渡債務の直接強制は，執行官が債務者から動産を取り上げて債権者に引き渡し，債権者に占有を取得させる方法で行われる（民執169条。なお，目的動産を第三者が占有している場合については，民執170条参照）。

(4)　意思表示をすべき債務

　債務者が意思表示をすべき債務について，債権者にとって必要なのは，債務者が意思表示をすること自体ではなくて，意思表示によって生じる法律効

果である。したがって，債務者に現実に意思表示をさせることは必要でない。そこで，意思表示をすべき債務については，意思表示を命ずる判決その他の裁判や和解などがあれば，裁判や和解などをもって債務者の意思表示に代えることができ，裁判の確定時や和解などの成立時に債務者が意思表示をしたものとみなされる（民執177条）。

> ＊例えば，売買の申込みに対して承諾すべき債務については，承諾を命じる判決が確定した時に売買契約が成立する。また，債権譲渡の通知（意思表示ではなく観念の通知）（467条→**第6章1.2.2**参照）については，通知を命じる確定判決を債務者に送付することによって通知があったものとされる（民執177条の類推適用）（大判昭15・12・20民集19巻2215頁）。なお，例えば不動産の売買において売主（登記義務者）が所有権移転登記に協力しないときは，買主（登記権利者）は，売主を相手に登記手続を求める訴えを提起し，これを命ずる確定判決によって単独で登記申請をすることができるが（不登63条1項），これは不動産登記法上の制度であり，民事執行法177条に基づくものではないと解されている。

(5)　不作為債務

不作為を目的とする債務の履行の強制には次の方法がある。

①不作為債務に違反する行為が行われる場合　　債権者は間接強制によってこれをやめさせることができる。例えば，隣地所有者間の契約によって一方の土地所有者が高層建物を建築しないという債務を負担したが，これに違反して建築工事を開始した場合には，執行裁判所は，間接強制の方法で，違反行為をやめるまで一定額の金銭を債権者に支払うことを命じることができる（民執172条）。

②不作為債務の違反によって一定の有形の結果が生じた場合　　代替執行（民執171条1項2号）または間接強制（民執172条）によってこの有形の結果を除去することができる。例えば，前例の不作為債務違反の建築工事によって建物の一部が出来上がっている場合，代替執行または間接強制によって出来上がっている建物の一部を除去することができる。

③不作為債務の違反行為を防止するために，「将来のため適当な処分をすること」を裁判所に求めること（民執171条1項2号）　　例えば，不作為債

の違反に備えて債務者にあらかじめ損害の担保を提供させること（保証や担保物権の設定，一定金額の供託など）を裁判所に求めることがあげられる。

(6)　問題となるケース

(ア)　**幼児の引渡し**　　夫婦の別居や離婚に際して，幼児の引渡しをめぐる紛争が生じることがあり，親権者の意思に反して幼児を支配下に置く者に対し，幼児の引渡義務の履行を強制する方法が問題となる。これについては，直接強制と間接強制のどちらによるべきか見解が分かれていたが，民事執行法は，改正によって①執行裁判所が決定によって執行官に子の引渡しを実施させる方法（直接強制）と②間接強制の２つを規定した（民執174条）。なお，人身保護法による人身保護手続（人保2条・16条3項）による解決が図られることもあるが，判例は，別居中の夫婦間において人身保護手続が安易に利用されることを防ぐために，要件を厳格に解している（最判平5・10・19民集47巻8号5099頁，最判平6・4・26民集48巻3号992頁）（この問題について，詳細は家族法の教科書や参考書の説明に譲る）。

(イ)　**謝罪広告**　　他人の名誉を毀損した者に対して謝罪広告が命じられることがある（723条）。この謝罪広告をなすべき義務の履行の強制の方法として，代替執行が認められている。すなわち，名誉毀損をした者に対し新聞紙上に謝罪広告を出すべき判決が下された場合，債務者がこれに従わないときは，債権者は，代替執行によって債務者の費用負担で新聞社に謝罪広告の掲載を依頼することができるとされている（大決昭10・12・16民集14巻2044頁）。しかし，謝罪広告義務について代替執行による履行の強制を認めることは，債務者の意思に反して謝罪させることになり，憲法19条により保証されている思想・良心の自由に反しないかということが問題となった。これについて，判例は，「単に事態の真相を告白し陳謝の意を表明するに止まる程度のもの」であれば，代替執行が許されるとしている（最大判昭31・7・4民集10巻7号785頁）。これに対し，謝罪広告義務の履行の強制については，債務者の人格の尊重の観点から疑問視する学説もある（この問題について，詳細は不法行為法の教科書や参考書の説明に譲る）。

第3節　債務不履行

3.1　債務不履行の意義

> 【設例Ⅲ-2】　3月1日にAは友人Bに自己が使用していた軽自動車を売却する契約を結び，3月15日に代金30万円がBからAに支払われた。そして，自動車の引渡しは4月1日に行われる約束であった。

　債務不履行とは，債務者が債務の本旨に従った履行をしないことをいう（415条1項本文参照）。そして，債務の本旨に従った履行とは，履行の目的物・場所・時期などが債務の内容に適合した履行であることをいう。このような債務不履行としてどのようなものが考えられるかを，【設例Ⅲ-2】に即して述べれば，次のような場合がある。①引渡期日を過ぎた4月15日にAが軽自動車引き渡した場合（履行が遅れた場合），②契約成立後目的物の軽自動車が交通事故で大破したために，自動車の引渡しができなくなった場合（履行が不可能である場合），③4月1日に引渡しがなされたが，軽自動車のエンジンに欠陥があった場合（履行期に履行がなされたが不完全であった場合）などである。

　このような債務の本旨に従った履行がされない場合にBがとることができる法律上の手段として，①Aが自動車を引き渡さない場合において，ⓐBがどうしてもAから自動車を手に入れたいときは，履行の強制（414条1項）と損害賠償の請求（414条2項・415条1項）があり，ⓑBがAから自動車を購入することをやめるときには，契約の解除（541条）と損害賠償の請求（545条4項・415条1項）がある。また，②自動車の引渡しが不可能な場合には，契約の解除（542条1項1号）と損害賠償の請求（545条4項・415条2項1号）がある。

　これらの法律手段の中の損害賠償請求については，債務者の免責事由が定められており，「債務の不履行が…債務者の責めに帰することができない事由によるものであるとき」（債務不履行について債務者に帰責事由がないとき）は，

債権者は損害賠償を請求することができないとされている（415条1項ただし書）。したがって，【設例Ⅲ-2】においてAが債務の本旨に従った履行をしない場合であっても（軽自動車の引渡しが行われないあるいは軽自動車の引渡しが不可能などの場合），債務の本旨に従った履行がなされないことについてAに帰責事由がなければ損害賠償を請求することができない。言い換えれば，債権者が損害賠償を請求することができるためには，債務不履行のほかに債務者に帰責事由があることが必要とされる。損害賠償の請求は債務不履行の効果と解されているが，債務不履行がこのような効果を生じるためには，単に債務の本旨に従った履行がなされないことだけでなく，さらに債務者の帰責事由の存在が必要とされるのである*。

　そして，この**第3節**では，損害賠償の請求や契約の解除という効果を生じる債務不履行の態様が取り上げられ，次の**第4節**では，債務不履行の重要な効果である損害賠償責任が検討される（契約から生じた債務の不履行の場合には，契約の解除が問題となるが，これについては通常契約法で扱われるのでそれに譲る）。

> ＊履行の強制については，債務者の帰責事由は必要でなく，また契約の解除についても，改正民法では債務者の帰責事由は必要とされなくなった。
> ＊＊履行請求権　　債権には請求力という債権者が債務者に対して給付を請求することができる基本的な効力があり，履行請求権はこの基本的な効力から生じる本来的な権能であると解するのが従来の伝統的な立場であった。このような立場では，履行請求権は債務不履行の効果である損害賠償請求権や解除権とは次元を異にするものであった。しかし，近年では，履行請求権は債務不履行が生じた場合に債権者に与えられる救済手段の1つであるという考え方が強く主張されるようになってきた。これによれば，履行請求権は，債務不履行の効果の1つとして法によって債権者に認められたものであり，損害賠償請求権や解除権と同じ次元のものであると位置づけられる[3]。

3）　潮見・プラクティス64頁以下，中田・57頁。

3.2 債務不履行の態様

3.2.1 債務不履行の3つの態様

　民法415条1項本文は，債務不履行の場合として，債務者が「債務の本旨に従った履行をしないとき」と「債務の履行が不能であるとき」をあげている。したがって，条文では2つの態様しか存在しないが，これまで債務不履行の態様として履行遅滞・履行不能・不完全履行の3つが考えられていた。

　①履行遅滞　　**履行遅滞**とは，債務の履行が可能であるのに，履行期を過ぎても債務が履行されないことをいう。例えば，【設例Ⅲ-2】において，軽自動車の引渡しが可能であるのに，履行期の4月1日を過ぎても売主Aが買主Bに軽自動車を引き渡さない場合である。

　②履行不能　　**履行不能**とは，契約その他の債務の発生原因および取引上の社会通念に照らして債務の履行が不可能であることをいう（412条の2第1項）。例えば，【設例Ⅲ-2】において，売買契約締結後に目的物のAの軽自動車が交通事故によって大破したために，引渡しが不可能になった場合である。なお，原始的不能概念は放棄されたので，契約締結前にすでに履行が不可能であっても債権は成立し，履行できないことが履行不能となる。

　③不完全履行　　**不完全履行**とは，履行期に債務の履行が一応なされたが，履行が不完全であることをいう。このような場合として，第1に給付された目的物に瑕疵がある場合（例えば，【設例Ⅲ-2】において，期日の4月1日にAからBに軽自動車が引き渡されたが，エンジン・トラブルが続出した場合），第2に履行の方法が不完全である場合（例えば，運送品を乱暴に運送したために一部を壊してしまった場合），第3に履行の際に必要な注意を怠る場合（例えば，注文の家具を注文者の室内に運ぶ際に不注意から部屋の壁にきづを付けた場合）があげられる（通説）。

　しかし，上述したように不完全履行とされるものには種々の場合が含まれており，これらを不完全履行という態様にひとまとめにすることには疑問があり，以下では「その他の債務不履行」という表現に変えることにする[4]。

---

4) 表現は，中舎・90頁による。

＊**3 類型に対する批判**[5]　　債務不履行を履行遅滞・履行不能・不完全履行の 3 つに分類する判例・通説に対して，次のような批判が出されている。すなわち，これらの 3 類型はドイツの学説を継受したものであるが，ドイツ民法と日本民法とでは債務不履行の規定に構造上の違いがあり，ドイツ民法では履行遅滞と履行不能の 2 類型だけが規定されていたことから，ドイツの学説によって第 3 の不完全履行という類型が創り出された。しかし，日本民法では，損害賠償に関する改正前の旧 415 条も解除に関する旧 541 条も，文言上は履行遅滞と不完全履行を区別していない。そのため，債務不履行の態様を 3 類型に分けることが，日本民法の解釈論として適合していないのではないかという批判である。このような批判を前提として，今日では，①すべての債務不履行を 415 条の「債務の本旨に従った履行をしない」ことと一元的に考える一元説や，②債務不履行を履行不能とそれ以外の債務不履行に二分して考える二分説などが，有力に主張されている。

3.2.2　履行遅滞

(1)　履行遅滞の意義・要件

　履行遅滞とは，債務の履行が可能であるのに，履行期を過ぎても債務が履行されないことをいう。そして，履行遅滞の要件として，①債務の履行が可能であること，②履行期を過ぎても履行しないこと，③履行しないことが違法であることの 3 つがあげられる。履行遅滞の効果として，履行の強制を求めたり契約の解除（契約から生じた債務の履行遅滞の場合）をするためには①〜③の要件だけで足りるが，損害賠償の請求をするためには，さらに④履行しないことについて債務者に帰責事由があることを必要とする。

　㋐　**履行が可能なこと**　　履行が可能であるにもかかわらず履行期を過ぎた場合でなければ，履行遅滞の問題にはならない。契約成立時に履行が不能な場合（原始的不能）や，契約成立後に履行が不能になった場合（後発的不能）には，履行不能や危険負担（債権が双務契約によって生じた場合）の問題になる。なお，この要件は，履行遅滞では当然のことなので，近年では要件としてあげられなくなっている。

5）　内田・111 頁，中田・96 頁以下，潮見・プラクティス 59 頁以下，平野・81 頁以下，中舎・89 頁以下など。

(イ)　**履行期を過ぎても履行しないこと**　　履行遅滞が問題となるために
は，債務の履行期が到来していることが必要である。履行期とは，履行すべ
き時期のことであり，履行した時のことではない。そして，履行期との関係
でいつから遅滞になるのかについて，民法は3つの原則を定めている (412
条)。

(a)　**確定期限**　　債務の履行について確定期限があるときは，その期限の
到来した時から遅滞になる (412条1項)。確定期限とは，いつ期限が到来す
るかが確定しているものをいい，確定期限については，その期限の到来した
時が履行期となるので，その時から遅滞になる。例えば，【設例Ⅲ-2】では，
車の引渡期日の4月1日が確定期限であり，この期限の到来する4月1日が
履行期である。もっとも，取立債務については，期限の到来だけでは足り
ず，その期限に債務の取立てという債権者の協力があって初めて履行遅滞の
問題になる。例えば，家主が毎月末日に来月分の家賃を借家人の所へ取りに
来るという約束の場合，家主が月末に取立てに来なければ，借家人は家賃を
支払わないまま月末を過ぎても履行遅滞の責任を負わない。

(b)　**不確定期限**　　債務の履行について不確定期限があるときは，債務者
は，期限の到来した後に履行の請求を受けた時または期限の到来したことを
知った時のいずれか早い時から遅滞になる (412条2項)。不確定期限とは，
期限は将来必ず到来するが，それがいつ到来するか不確定なものをいう。例
えば，【設例Ⅲ-2】において，車の引渡日を建築中のBの自宅が完成した日
とした場合，Bの自宅の完成日が不確定期限に当たる。そして，Bの自宅の
完成後にAが車の引渡しの請求を受けた時またはAがBの自宅の完成を知
った時のいずれか早い時が履行期となるので，その時から遅滞になる。この
場合，Bの自宅の完成日という期限の到来によってBは車の引渡しを請求
することができるが (135条1項)，期限の到来を知らないAに遅滞の責任を
負わせるのは妥当ではないので，Aが請求を受けた時または期限の到来を
知った時のいずれか早い時から責任を負わせることにしたのである。

(c)　**履行期の定めのない場合**　(i)　**原　則**　　債務の履行について期限を
定めなかったときは，債務者は，履行の請求を受けた時から遅滞になる
(412条3項)。履行期の定めがない場合は，債務は発生すると同時に履行期に

ある。そして，債権者はいつでも請求することができるので，債務者が債権者から請求を受けた時から遅滞になる。債権者の請求（催告）は，どの債務についての請求なのか分からなければならない。しかし，債務の同一性が判断できれば，請求に示された債務の金額や数量が過大または過小であっても，請求としての効力を生じる。また，請求は何らかの方法で債務者に到達すれば効力を生じる。なお，契約上の債務については，履行期が明示的に定められていなくても，契約の解釈によって定まることが多い。

　(ii)　**例　外**　　履行期の定めのない債務について，債務者が履行の請求を受けた時から遅滞になるという原則に対して，次のような例外がある。

　①返還時期を定めなかった消費貸借による返還債務　　貸主は相当の期間を定めて返還の催告をしなければならないので（591条1項），相当の期間の経過した時から遅滞になる。

　②不法行為による損害賠償債務　　不法行為による損害賠償債務は，債権者（被害者側）の請求を待たずに不法行為と同時に遅滞になる（最判昭37・9・4民集16巻9号1834頁）。不法行為と相当因果関係に立つ損害である弁護士費用についても同様に解されている（最判昭58・9・6民集37巻7号901頁）。通説も判例を支持している。

　(ウ)　**履行しないことが違法であること**　　履行期に履行しないことについて債務者側に正当な事由があれば，履行遅滞にならない。例えば，債務者が留置権（295条）や同時履行の抗弁権（533条）などを有している場合である。

　(2)　**履行遅滞の効果**

　(ア)　**履行の請求・契約の解除**　　履行遅滞の場合には，債権者は履行の強制を求めることができる。また，契約に基づく債務の履行遅滞であれば，債権者は，一定の要件に従って（541条）または一定の場合に（542条1項2号〜5号・2項2号）契約を解除することもできる。

　(イ)　**損害賠償の請求**　　債権者は履行が遅れたことによる損害の賠償（遅延賠償）を請求することができる（415条1項本文）。ただし，履行の遅れたことが債務者の責めに帰することができない事由による場合には，損害賠償を請求することができない（同項ただし書）。そして，遅延賠償を請求する場合には，併せて本来の債務の履行を請求することができる。さらに債権者は，

一定の場合に債務の履行に代わる損害賠償（塡補賠償）を請求することができる（415条2項2・3号→**4.3.1**(3)参照）。

3.2.3　履行不能

(1)　履行不能の意義・要件

　履行不能とは，契約その他の債務の発生原因および取引上の社会通念に照らして履行が不可能であることをいう（412条の2第1項）。履行不能の要件として，①履行の不能なこと，②履行の不能なことが違法であることの2つがあげられる。履行不能の効果として損害賠償請求をするためには，さらに③履行不能について債務者に帰責事由があることが必要である。なお，原始的不能概念は放棄されたので，契約成立前に不能であっても債権は成立し，履行できないことは履行不能になる。

　(ア)　**履行の不能**　(a)　**不能の態様**　　履行の不能は物理的不能に限られない。履行が不能かどうかは，契約その他の債務の発生原因および取引上の社会通念に照らして判断されるべきである。不能の態様として，次のようなものがある。

　①物理的不能　　目的物の滅失によって履行が物理的に不可能な場合である。例えば，売買目的物である建物が焼失した場合である。

　②取引通念上の不能　　物理的には履行は不可能ではないが，取引通念上不可能と判断される場合である。例えば，売主Aが不動産を二重に売却し，一方の買主Bに所有権移転登記を済ませた場合には，他方の買主Cに対する売主Aの登記・引渡債務は不能になる（最判昭35・4・21民集14巻6号930頁）。

　③法律の規定による不能　　法律の規定によって履行が不可能となる場合である。例えば，売買目的物の譲渡が法律によって禁止された場合（タバコの専売制の施行に伴ってタバコの私人間の売買が禁止された場合〔大判明39・10・29民録12輯1358頁〕）があげられる。

　(b)　**金銭債務と履行不能**　　金銭債務については，履行不能は問題にならない。例えば，支払いのために用意していた現金が盗まれたり，火災で焼失したりしても，債務者は支払債務を免れない。世の中から金銭がなくならな

い以上，取引通念上支払債務は依然として履行が可能であるからである。

　(イ)　**履行の不能が違法なこと**　　履行不能では，この要件はまれにしか問題にならない。例えば，他人の動物の保管者が緊急避難 (720条2項) としてこの動物を殺した場合，動物の返還債務の不能について違法性がないことから，保管者の債務不履行責任は生じない。

　(2)　**履行不能の効果**

　履行不能の場合には，債務者に履行を求めることは意味がない。したがって，債権者は債務の履行に代わる損害の賠償 (塡補賠償) を請求することができる (415条2項1号)。ただし，履行不能が債務者の責めに帰することができない事由による場合には，損害賠償を請求することができない (同条1項ただし書)。なお，債務者が履行遅滞に陥っている間に履行不能になった場合には，遅滞について債務者に帰責事由があれば，不能について帰責事由がなくても，債務者の帰責事由による履行不能とみなされ (413条の2第1項)，履行不能による損害賠償請求が認められる。債務が契約に基づくものであるときには，債権者は契約を解除することができる (542条1項1号・2項1号)。

3.2.4　その他の債務不履行

　(1)　**態　様**

　その他の債務不履行の態様は様々であるが，次のように整理することができる[6]。もっとも，以下の整理は一応のものに過ぎず，実際には分類の困難な場合もある。

　(a)　**給付の不完全**　　例えば，売買によって引き渡された自動車に欠陥があり，エンジンがかからない場合や，鶏の売買で病気のかかった鶏が引き渡された場合などのように，給付された物に瑕疵があった場合，あるいは土地価格の鑑定が不完全であったために，鑑定の依頼者が高額な土地を購入した場合のように，為す債務における履行の方法が不完全であった場合があげられる。

　(b)　**付随義務違反**　　これは，債務者の給付義務に付随する義務に違反し

---

6)　中舎・93頁以下の整理を参考にした。

た場合である。債務の本旨に従った履行といえるためには，単に給付をするだけでなく，例えば給付について適切な説明をする義務（説明義務）がある場合などがある。また，労働契約では，使用者には賃金支払義務だけでなく，労働者の安全に配慮する義務（安全配慮義務）があると解されている*。

(c) 保護義務違反　　近年，履行に際して債権者・債務者はお互いに相手方の生命・身体・財産（完全性利益）を侵害しないように配慮・保護すべき義務（保護義務）を負っていると解されている。そして，債務の履行に伴ってこの義務違反が生じたために，債権者の生命・身体・財産に損害（拡大損害）を与えた場合が保護義務違反に該当する。例えば，引き渡された自動車のブレーキに欠陥があり，そのため事故によって買主が負傷した場合，病気にかかった鶏が引き渡されたために，買主の飼っていた健康な鶏にまで病気が伝染した場合，さらに売主が売却した家具の搬入に際して買主の部屋の調度品を壊した場合などである。

(2) 効　果

(ア) 追完が可能な場合　　不完全な給付を完全なものにすることを追完というが，給付の目的物に瑕疵がある場合（(1)(a)）には，債権者は改めて完全な給付を請求することができる。この債権者の瑕疵のない完全な給付を請求することができる権利を**追完請求権**という。追完請求権の内容は，瑕疵のない物の引渡請求（**代物請求**）または瑕疵の除去の請求（**修補請求**）である。なお，債務者は完全な給付をすべき義務を負っているので，債権者の追完請求は，不完全な給付が債務者の帰責事由に基づくかどうかを問わず認められると解されている[7]。

追完されれば，債権者は遅延損害を請求できるが，債務者が追完義務を履行しない場合や追完できなかった場合には，追完は不能となり，次の追完が不能な場合と同じ扱いになる。

(イ) 追完が不能な場合　　付随義務違反（(1)(b)）や保護義務違反（(1)(c)）の場合または為す債務の不完全な給付の場合（(1)(a)）には，債権者は改めて完全な給付を請求しても意味がない（追完不能）。これらの場合には，債権者は

---

7)　奥田・160頁，近江・83頁など。

生じた損害について損害賠償を請求するしかない。

＊安全配慮義務　　今日では，債務者の本来の給付義務のほかに，これに付随
　した義務が信義則上種々認められており，この義務の違反が判例・学説上議
　論されている。以下では，その最も重要なものとして，安全配慮義務につい
　て説明する。
　　(1)　意　義　　**安全配慮義務**とは，雇用・労働契約などにおいて使用者（債
　権者）が被用者（債務者）の生命・身体・健康を危険から保護するよう配慮す
　る義務をいう。安全配慮義務は民法が明文でもって規定しているものではな
　いが，判例が公務員の公務災害における損害賠償請求の根拠として認め，現
　在では労働災害一般においても認められている。安全配慮義務に関するリー
　ディング・ケースは，最判昭50・2・25民集29巻2号143頁（百選Ⅱ8版-2)
　である。これは，自衛隊員が基地内の車両整備工場で作業中に同僚隊員の運
　転する大型自動車にひかれて即死したので，両親が国に対し不法行為に基づ
　く損害賠償を請求したところ，損害賠償請求権の消滅時効期間（旧724条）が
　経過していたので，安全配慮義務違反が主張されたという事件に関するもの
　である。そして，最高裁は，安全配慮義務違反の主張を認めて，次のように判
　示した。すなわち，国と国家公務員との間において，国の義務は給与支払義
　務にとどまらず，「国は，公務員に対し，国が公務遂行のために設置すべき場
　所，施設もしくは器具等の設置管理又は公務員が国もしくは上司の指示のも
　とに遂行する公務の管理にあたって，公務員の生命及び健康等を危険から保
　護するよう配慮すべき義務（以下「安全配慮義務」という。）を負っているもの
　と解すべきである」。そして，この安全配慮義務は，「ある法律関係に基づい
　て特別な社会的接触の関係に入った当事者間において，当該法律関係の付随
　義務として当事者の一方又は双方が相手方に対して信義則上負う義務として
　一般的に認められるべきもの」である。
　　安全配慮義務で問題となっているのは，生命・身体・健康という人にとっ
　て最も重要な法益であることから，安全配慮義務は，付随義務とは異なる保護
　義務としてとらえるべきであるとする学説がある。本書では，既に述べたよ
　うに，安全配慮義務違反を付随義務違反としてその他の債務不履行の態様の1
　つととらえている。
　　(2)　適用範囲　　安全配慮義務は，本来雇用・労働関係にある当事者間に
　適用されるものであるが，前記昭和50年最高裁判決は，安全配慮義務を信義
　則上の付随義務ととらえ，「ある法律関係に基づいて特別な社会的接触の関係
　に入った当事者間」において認められるとしている。したがって，安全配慮
　義務は，雇用・労働契約だけでなく，請負契約や委任契約などにおいても発

生する。さらに，学校と児童・生徒らとの関係においても，安全配慮義務は，学校側が児童・生徒らの生命・身体などを危険から保護する義務という意味で問題となる。また，判例によれば，安全配慮義務は，必ずしも契約の存在を前提とせず，「特別な社会的接触の関係」に基づいて発生すると解されることから，下請業者の従業員が作業現場の安全確保の不備によって労働事故に遭った場合について，元請業者の安全配慮義務違反が肯定されることもある（最判平3・4・11判時1391号3頁［百選II4版-4]）。

　(3)　安全配慮義務違反に関する判例理論　　安全配慮義務は，判例によって認められた概念であり，その内容も判例の蓄積によって明らかにされてきている。

　①安全配慮義務違反に基づく損害賠償請求権の消滅時効期間は，民法旧167条1項（改正民法166条1項2号）による10年とされる（前掲最判昭50・2・25［百選II8版-2]）。判例は，安全配慮義務違反を契約上の債務不履行と同視しているといえる。

　②安全配慮義務違反による損害賠償債務は，期限の定めのない債務であり，民法412条3項により債務者が債権者から履行の請求を受けた時から遅滞に陥る（最判昭55・12・18民集34巻7号888頁）。

　③使用者の安全配慮義務違反によって死亡した被用者の両親は，使用者との間で雇用契約またはこれに準ずる法律関係が存在しないので，遺族固有の慰謝料請求権を取得しない（前掲最判昭55・12・18）。したがって，両親が取得できるのは，死亡した被用者から相続した分だけである。

　④安全配慮義務違反を理由とする損害賠償請求訴訟において，「右義務の内容を特定し，かつ，義務違反に該当する事実を主張・立証する責任」は，安全配慮義務違反を主張する原告にあるとされる（最判昭56・2・16民集35巻1号56頁［百選II2版-3]）。

　⑤使用者の安全配慮義務は，その履行補助者が法令に基づいて当然に負うべき通常の注意義務まで含まない。例えば，A社所有の車を従業員Bが運転し，他の従業員Cが同乗していた場合に，Bのスピード違反により事故が起こりCが死傷したとしても，Aの安全配慮義務は，Bの運転上の注意義務まで及ばない。Aの安全配慮義務は，車両を整備してその安全性を確保し，運転に適任の者を選任して必要な運転上の注意を与えることで尽きるとされる（最判昭58・5・27民集37巻4号477頁［百選II5版補-3]―自衛隊員による自衛隊車両の運転事故の事案）。

　⑥第三者が引き起こした事故についても，被災従業員の雇用主である会社に安全配慮義務違反による損害賠償責任が認められることがある（最判昭59・4・10民集38巻6号557頁―宿直していた見習い従業員が侵入した盗賊に殺害され

た事案）。

3.2.5　債務者の帰責事由

(1)　債務者の免責事由

　民法改正前では，帰責事由は債務者の故意・過失または信義則上これと同視すべき事由と解されていた。そして，改正前の民法では，債務者の帰責事由は履行不能についてのみ明文の規定があった（旧415条後段）。しかし，民法は一般に過失責任主義をとっていること（709条参照）や，履行不能と履行遅滞・不完全履行を区別する理由がないことから，履行遅滞や不完全履行についても債務者の帰責事由が必要と解されていた。これに対し，改正民法は，債務不履行全般について債務者の帰責事由を規定するとともに，債務不履行が債務者の責めに帰することができない事由による（債務不履行について債務者に帰責事由がない）ときには，債権者は，損害賠償の請求をすることができないと規定した（415条1項ただし書）。これによって，帰責事由の存在が債務不履行の成立要件ではなく，帰責事由の不存在が債務者の不履行責任を免ずる免責事由であることが明確になった。

(2)　帰責事由の判断

　改正民法では，帰責事由は契約その他の債務の発生原因および取引上の社会通念に照らして判断すべきものとされている（415条1項ただし書）。したがって，債務の発生原因が契約である場合には，帰責事由が認められるか否かは契約の内容に即して判断されることになる。また，「取引上の社会通念」という表現は，帰責事由が当事者の主観的意思だけで決まるのではなく，当該契約の性質，契約をした目的，契約締結に至る経緯その他の事情をも考慮して定まることがありうることを示すためのものであるとされている[8]。このようなことから，改正民法の債務不履行では過失責任主義が否定され[9]，帰責事由を「債務者の故意・過失または信義則上これと同視すべき事由」と解する従来の見解はとられていない。

---

8)　潮見・プラクティス97頁以下。
9)　潮見・概要68頁。

(3)　履行補助者
(ア)　民法改正前　(a)　意　義

> 【設例Ⅲ-3】　大学を卒業したAは，自宅のある大阪から就職先のある東京へ
> 引っ越すために，運送業を営んでいるBとの間で荷物の運送契約を結んだ。
> そして，Bの従業員Cは，小型トラックでAの荷物を運んでいる途中で不注
> 意のため事故を起こし，荷物の一部が壊れてしまった。この場合，BとCの
> どちらが債務不履行責任を負うことになるか。

　(1)で述べたように，民法改正前では，帰責事由は債務者の故意・過失また
は信義則上これと同視すべき事由と解されていた。そして，「信義則上これ
（債務者の故意・過失）と同視すべき事由」として，最も重要なのは履行補助者
の故意・過失であるとされていた。

　履行補助者とは，【設例Ⅲ-3】におけるBの被用者Cのような，債務者が
債務の履行のために使用する者をいう。履行補助者は，一時的に使用される
者と継続的に使用される者とを区別されず，また独立の企業者も含まれる。
そして，履行補助者は，①債務者が自分の手足として使用する「真の意味の
履行補助者」（例えば【設例Ⅲ-3】の運送業者Bの従業員C）と，②債務者に代わ
って履行の全部または一部を行う「履行代行者・履行代用者」とに区別され
る。

　(b)　**履行補助者の故意・過失と債務者の責任**　　民法改正前の通説によれ
ば，履行補助者の故意・過失によって債務が履行されなかった場合に，債務
者本人が債務不履行責任を負うかどうかについては，次のように考えられて
いた。

　①真の意味の履行補助者　　債務者が真の意味の履行補助者を使用するこ
とは常に許されるが，この履行補助者の故意・過失によって債務が履行され
なかった場合には，債務者は常に責任を負う。

　②履行代行者（履行代用者）　　履行代行者については，次の3つの場合に
分けて考えられていた。ⓐ規定上（104条・625条2項・旧658条1項・旧1016条
1項など）または契約上履行代行者の使用が許されない場合，債務者が履行
代行者を使用すること自体が債務不履行となるので，債務が履行されなかっ

たことについて履行代行者に故意・過失がなくても，債務者は責任を負う。⑥規定上（104条・旧106条・625条2項・旧658条1項・旧1016条1項など）または契約上履行代行者の使用が許される場合には，債務者は，履行代行者の選任・監督に過失があったときにのみ責任を負う（旧105条1項・旧658条2項・旧1016条2項）。そして，⑥履行代行者の使用が禁止も許可もされていない場合には，①と同様に扱う。

(c)　利用補助者　履行補助者の理論は，賃貸借契約における賃借人の家族・同居人や転借人（これらの者は**利用補助者**と呼ばれた）についても用いられた。まず①賃借人の家族や同居人は，賃借人の目的物保管義務に協力すべき義務を負担しているので，その故意・過失によって目的物の損傷・滅失が生じたときには，債務者である賃借人は当然に債務不履行責任を負う（最判昭30・4・19民集9巻5号556頁―賃借人である夫は妻の失火による賃借家屋の焼失について債務不履行責任を負うとされた事案，最判昭35・6・21民集14巻8号1487頁―家具製造業を営んでいる賃借人は住込み職人の失火による賃借家屋の焼失について債務不履行責任を負うとされた事案）。次に②承諾のある転貸借における転借人の故意・過失について，賃借人の責任が肯定される（大判昭4・3・30民集8巻363頁［百選Ⅱ8版-5］―承諾ある転借人の被用者である船員の過失による賃借船舶の沈没について賃借人も債務不履行責任を負うとされた事案，大判昭4・6・19民集8巻675頁―承諾ある転借人の過失による賃借家屋の焼失について賃借人は債務不履行責任を負うとされた事案）。

(イ)　改正民法　改正民法では，帰責事由について過失責任主義が否定され，これを「債務者の故意・過失または信義則上これと同視すべき事由」と解する見解がとられなくなったことから，これまで履行補助者の故意・過失として論じられてきたことは，その意義を失った。さらに，規定上または契約上履行代行者の使用が許される場合には，債務者は履行代行者の選任・監督に過失があったときにのみ責任を負うという債務者の責任も，改正前の旧105条が削除されたことによってその根拠を失うことになった。今後，履行補助者の行為を理由とする債務者の損害賠償責任の問題は，①債務不履行の有無を契約内容に即して判断する際に，履行補助者の行為をどのように評価するか，②債務不履行が認められた場合に，債務者の帰責事由の有無を判断する際の考慮要素として履行補助者の行為をどのように評価するかという問

題に解消されると考えられている[10]。これらの問題を具体的に検討していくためには，これからの学説の議論や判例の積み重ねが必要であろう。

(4)　帰責事由の立証責任

　帰責事由の立証責任は債務者にある（判例・通説）。すなわち，債務者の債務不履行責任を追及する債権者は，債務不履行の事実を立証すればよく，債務者は，責任を免れるためには，不履行について自己に帰責事由がないことを立証しなければならない。債務者はもともと債務の履行を義務付けられているので，不履行について帰責事由のないことの立証責任を負わせるのが信義則上公平と言えるからである。これに対し，不法行為における債務者（加害者）の故意・過失は，債権者（被害者側）が立証しなければならず，債務不履行と不法行為で立証責任が転換されている。

第4節　損害賠償

4.1　はじめに

> **【設例Ⅲ-4】** AはBから住宅を買い受けたが，期日に建物が引き渡されないために，Aは住居に困り，引渡しを受けるまでホテルに家族とともに2週間滞在した。その結果，30万円のホテル代がかかった。期日に建物が引き渡されなかったことについてBに帰責事由がある場合，AはBに対して債務不履行（履行遅滞）を理由に30万円を損害賠償として請求することができるか。

　債務不履行の重要な効果として，債権者による損害賠償の請求がある。この損害賠償に関する主な問題として，第1に，損害とは何かということがあげられる。【設例Ⅲ-4】でいえば，買い受けた住宅が期日に引き渡されなかったために，買主Aが2週間ホテルに滞在せざるをえなかったという事実が損害なのか，あるいは30万円という2週間のホテル代が損害なのかとい

10）　潮見・概要69頁。

う問題である。第2に，損害発生と債務不履行との間に因果関係があるかどうかということがあげられる。【設例Ⅲ-4】においてAが家族とともに2週間ホテルに滞在したのは，実は観光のためであったという場合，売主Bとしては，履行遅滞と因果関係のない観光のためのホテル代まで賠償する必要はないといえよう。そうすると，債務不履行と因果関係のある損害とそうでない損害を区別する必要があることになる。

　第1の問題は損害の概念に関するものであるが，損害については，さらに損害賠償の方法や損害の種類なども問題となる。第2の問題は賠償すべき損害の範囲の問題であるが，この損害賠償の範囲について判例・学説上どのように考えられているのか問題となる。この**第4節**では，これらのことを中心に損害賠償の問題を検討する。

4.2　損害賠償の方法と損害の概念・種類

4.2.1　損害賠償の方法

　損害賠償の方法として，金銭賠償と原状回復の2つがある。**金銭賠償**は，債務不履行による損害を金銭に見積もりその金額を支払う方法である。**原状回復**は，債務不履行による損害がなかったのと同じような状態を現実に再現する方法である。例えば，友人から借りていたノート・パソコンを誤って破損した場合に，借主が友人である貸主にその修理費用を支払うのが金銭賠償であり，借主の費用負担でパソコン業者などに修理させたりするのが原状回復である。

　わが国の民法では，金銭賠償が原則であるが，債権者と債務者が合意で損害賠償の方法を定めればそれによる（417条）。そして，不法行為による損害賠償も金銭賠償が原則である（722条1項による417条の準用。なおドイツ民法では原状回復が原則である）。

4.2.2　損害の概念・種類

(1)　損害の概念

　債務不履行によって損害が発生しなければ，損害賠償の問題は生じない。

すなわち,「損害なければ賠償なし」という原則が債務不履行でも当てはまる。そして, 損害とは, 広く債務不履行によって債権者が受けた不利益をいう。しかし, 損害概念のとらえ方については, いくつかの考え方がある[11]。

　(ア)　**差額説**　　**差額説**とは, 債務不履行がなければ債権者が有したであろう財産状態と債務不履行の結果債権者が現に有する財産状態の差を損害ととらえる説である。例えば, 建物賃借人の失火で建物が焼失した場合, 建物価格が 1500 万円であったとすると, これによって賃貸人に生じた建物価格 1500 万円の財産の減少が損害に当たる。そして, 差額説によれば, 債務不履行の後に債権の目的物の価格が変動した場合には, 損害自体が変動することになる。そのため, どの時点の価格を賠償すべきかという損害額算定の基準時が問題となる (→ **4.4.3** 参照)。

　この差額説はドイツの学説の影響を受けた考え方であり, わが国でも有力に支持された。しかし, この差額説に対しては, ①差額説は完全賠償主義を採用しているドイツに適合した説であるが, このような制度をとっていないわが国では不適切であること, ②差額説による定義では非財産的損害 (精神的損害) が含まれにくいことなどの批判がなされている。

　(イ)　**損害 = 事実説**　　損害の概念について, 差額説とは異なるいくつかの見解があるが, その 1 つとして有力に主張されているものが**損害 = 事実説**である。損害 = 事実説とは, 損害の事実とその金銭的評価を区別して, 損害とは損害の事実をいうと考える説である[12]。例えば, 前述の建物賃借人による失火の例でいえば, 失火によって失った建物価格 1500 万円ではなくて, 失火による建物の滅失という事実がこの場合における損害である。そして, 民法が金銭賠償主義 (417 条) をとっているために, 事実である損害を金銭に換算することが必要になる。上記の例で滅失した建物の価格は損害を金銭に換算するための資料にすぎないことになる。この損害 = 事実説によれば, 債務不履行の後に目的物の価格が変動しても, 損害の事実自体が変動することはなく, 損害の金銭的評価のための資料が変化したにすぎない。したがって, 損害額算定の基準時が問題となることはない。

---

11)　損害の概念に関する種々の見解については, 近江・114 頁以下, 中田・146 頁以下など参照。
12)　平井・68 頁。

(2)　損害の種類

(ア)　**財産的損害・精神的損害**　　損害の種類として，まず財産的損害と精神的損害（非財産的損害）があげられる。**財産的損害**とは，債務不履行によって債権者に生じた財産上の不利益であり，**精神的損害**とは，債務不履行によって債権者に生じた精神的な苦痛または不利益である。そして，精神的損害の賠償金を**慰謝料**という。民法は不法行為について慰謝料請求を認めているが（710条），債務不履行については特に規定を置いていない。しかし，判例・学説は，債務不履行についても慰謝料請求を認めている（例えばペット業者に預けていた愛犬がその業者の過失で死亡した場合）。

(イ)　**積極的損害・消極的損害**　　財産的損害は，積極的損害と消極的損害に分類される。**積極的損害**とは，債権者の既存の財産の減少をいい，**消極的損害**とは，債権者が将来取得すると考えられる利益を取得できなくなること，すなわち債権者の逸失利益または得べかりし利益の喪失をいう（例えば目的物の転売利益）。

＊履行利益・信頼利益　　履行利益の賠償や信頼利益の賠償といわれることがある。履行利益とは，契約が完全に履行されたならば債権者が得たであろう利益である。例えば，売買目的物である建物が売主の帰責事由により焼失して引渡債務が不能になった場合，買主がその建物を第三者に転売する契約を結んでいたとすると，買主が得たであろう転売利益がこれに当たる。

　信頼利益とは，契約が無効または不成立であるのに，それが有効に成立すると信じたことによって債権者が被った損害である。例えば，契約締結の費用や代金支払いのための借入金の利息がこれに当たる。信頼利益の賠償は，これまで契約締結上の過失，錯誤無効（旧95条），契約解除（旧545条3項），売主の担保責任（旧561条・旧570条）などにおいて論じられてきた。しかし，これらの法律関係について議論があり，信頼利益の概念自体が多義的で不明確なところがあることから，履行利益・信頼利益の概念の有用性について見解が分かれている。

　なお，履行利益・信頼利益は，契約の有効・無効という損害発生原因からの区別であり，法益上の区別である積極的損害・消極的損害とは基準を異にしている[13]。

---

13)　近江・117頁。

4.3　債務不履行の態様と損害賠償

4.3.1　履行遅滞と損害賠償

(1)　遅延賠償

　履行遅滞によって生じる損害の中心は，債務の履行が遅れたことによる損害である。そして，この損害の賠償を**遅延賠償**という。例えば，物の引渡債務の遅滞の場合でいえば，建物や自動車の売買において建物や自動車の引渡しが遅れた場合のホテル宿泊費やレンタカーのレンタル料，土地の売買において土地の引渡しが遅滞したために失った転売利益 (逸失利益) などが遅延賠償の対象となる。

(2)　金銭債務と履行遅滞

　金銭債務の不履行は，常に履行遅滞である。そして，金銭債務の履行遅滞による損害賠償額 (**遅延損害金**) は，債務者が遅滞の責任を負った最初の時点の法定利率によって定められる (419条1項本文)。もっとも，法定利率より高い約定利率が定められているときは，約定利率によって計算される (同項ただし書)。また，債権者は，損害の証明をすることを要しない (419条2項)。さらに，債務者は，損害賠償について不可抗力をもって抗弁とすることができない (同条3項)。すなわち，債務者は，遅滞が不可抗力によることを証明しても，賠償責任を免れることができない。不可抗力とは，債務者の責めに帰することのできない事由のことと解されている。民法は，賠償額の画一的確定とあわせて，帰責事由がないことを争えないとして，金銭債務をめぐる争いを画一的に解決しようとした。

(3)　履行遅滞と塡補賠償

　塡補賠償とは，債務の履行に代わる損害の賠償をいう。履行遅滞では，債務の履行が可能であるので本来の契約関係は維持されている。そのため，債権者は，契約を解除しない限り，塡補賠償を請求することができないのかどうかが問題となる。これまでの判例には，履行遅滞の後債権者が相当の期間を定めて催告している場合には (541条)，期間経過後は契約を解除しなくても塡補賠償を請求できるとするものがあった (大判昭8・6・13民集12巻1437頁—傍論)。従来の学説でも，遅滞までになされた給付を返還したくない場合や

継続的契約で今後も給付を受けたい場合などに利点があるとして，契約を解除しなくても塡補賠償を請求できるとする見解が多数であった[14]。また，債権者が本来の給付を請求すると同時に，その強制執行が不能な場合に備えてあらかじめ塡補賠償を請求する訴え（代償請求）を提起することも認められていた（最判昭 30・1・21 民集 9 巻 1 号 22 頁 [百選 II 4 版-11]）。

　改正民法では，①履行不能の場合だけでなく，②債務者が債務の履行を拒絶する意思を明確に表示したとき，および③契約が解除されまたは債務不履行による契約の解除権が発生したときに，債務の履行に代わる損害賠償を請求できることが明文の規定で認められた（415 条 2 項）。ここでは塡補賠償の請求のためには解除が前提とされておらず，本来の給付債務が塡補賠償に転形するという立場は採用されていない[15]。

4.3.2　履行不能と損害賠償

　履行不能によって生じる損害の賠償は塡補賠償である。塡補賠償の対象となる損害として，物の引渡債務の履行不能の場合でいえば，債権者が同種の他の物を他から調達する費用や目的物を利用して収益を上げる機会を失ったことによる得べかりし利益（逸失利益）などがあげられる。そして，物の引渡債務の履行不能の場合，目的物を利用して収益を上げる機会が全面的に失われるので，得べかりし利益の喪失が履行遅滞の場合よりも拡大する可能性がある。

4.3.3　その他の債務不履行と損害賠償

(1)　追完が可能な場合

　追完が可能な場合，債権者は代物請求や修補請求ができる。そして，それとともに，履行が遅れたことを理由に遅延賠償を請求することができる。

(2)　追完が不能な場合

　追完が不能な場合には，塡補賠償のほか，瑕疵のある履行によって拡大損害が生じたときなどでは，その拡大損害の賠償を請求することができる。

---

14)　中舎・110 頁。
15)　潮見・概要 69 頁。

4.4　損害賠償の範囲

4.4.1　因果関係

　債務不履行によって債務者が損害を賠償するためには，債務不履行と損害との間に原因と結果の関係（**因果関係**），すなわち債務不履行が原因であり，損害の発生がその結果であるという関係がなければならない。債務者は，債務不履行と因果関係のない損害まで賠償義務を負うわけではなく，債務不履行と因果関係のある損害が債務者の賠償義務の範囲に含まれる。例えば，【設例Ⅲ-4】において，建物の引渡しを受けるまでの2週間Aが家族とともに観光目的でホテルに滞在していた場合，そのホテルの滞在は，建物引渡債務の遅滞とは因果関係にないので，ホテルの宿泊費全額はBの賠償義務の範囲には入らない。

　ここでいう因果関係とは，債務不履行がなければ損害が発生しなかったであろうという条件関係（「あれなければ，これなし」という関係）であり，事実的因果関係（自然的因果関係）ともいう。そして，この因果関係と後に述べる相当因果関係は区別されなければならない（→ 4.4.2(3)参照）。

4.4.2　損害賠償の範囲

(1)　制限賠償主義

　債務不履行と因果関係のある損害のすべてを賠償の対象にすると，賠償しなければならない損害は無限に拡大する可能性がある。例えば，【設例Ⅲ-4】において，住居としてホテルに家族とともに滞在していたAは，ホテルの火災で大けがをして入院し，入院中の病院の治療ミスによって身体に重大な障害を受けたため，今までの仕事を続けることができなくなって失業し，その結果家庭生活が円満でなくなり，妻と離婚せざるをえなくなったという場合，Aは，Bの建物引渡債務の履行遅滞がなければこのような事態に遭うことがなかったと考えられるから，Bの履行遅滞とAの被った諸々の損害の間には条件関係（事実的因果関係）が認められる。そこで，BはAの一連の損害をすべて賠償しなければならないとすると，逆にBに過大な負担を課すことになり，かえってAにとっても賠償を受けることが困難になる。その

ため，損害賠償の範囲を制限することが必要となる。

　このように損害賠償の範囲を制限する考え方を**制限賠償主義**という。そして，わが国の民法はこの制限賠償主義の考え方をとっており，416 条が損害賠償の範囲について定めている（ドイツの民法は，債務不履行と事実的因果関係のある損害はすべて賠償されるという完全賠償主義をとっている）。

(2)　民法 416 条

(ア)　416 条の趣旨　　416 条 1 項は，債務不履行によって「通常生ずべき損害」（**通常損害**）が賠償されることを規定する。そして，2 項は，「特別の事情によって生じた損害」（**特別損害**）については，当事者が特別の事情を予見すべきであったときに（特別事情について予見可能性があったときに），その特別事情のもとで債務不履行から生じた損害が賠償されることを規定している。

　1 項にいう通常損害とは，その種の債務不履行があれば，社会一般の観念に従って通常発生すると考えられる範囲の損害である。例えば，売主が目的物を引き渡さないために買主が同種の物を他から買い入れた場合の代金の差額や買入れに要した費用，賃借人が賃借物を滅失した場合の賃借物の市価などである。そして，通常損害については予見可能性の有無は問われない。ある損害が通常損害であるとすると，債権者は予見可能性を立証することなく損害賠償を受けることができる。2 項の特別損害は，例えば，売主の目的物の引渡しが遅れたために，買主がすでに結んでいた転売契約を解除されて失った転売利益や転買主に支払った違約金などである。

　このように，416 条は，事実的因果関係の範囲内にある損害について，それが通常損害であれば，予見可能性の有無に関係なく損害賠償の範囲に含まれ，特別損害であれば，予見可能性の有無によって損害賠償の範囲に含まれるかどうかを決めている。

　もっとも，通常損害と特別損害の区別の基準は確定的なものではなく，例えば，転売についても，買主が商人であれば転売は通常のことであるから，転売利益の喪失は通常損害になるが，買主が消費者であれば転売は例外的であるから，転売利益の喪失は特別損害になろう。結局のところ，契約類型・当事者の種類・目的物の性質・契約内容など種々の要素を総合的に考慮して，通常損害か特別損害か判断されることになる。

(イ)　**予見可能性**　　416条2項の予見可能性について，条文では当事者（債権者と債務者）の予見可能性となっているが，債務者が予見可能でなければならず，また履行期までに予見可能でなければならないと解されている（判例・通説）。債権者は，債務者に予見可能性があったことを立証しなければならない。予見可能性の対象は，損害ではなく特別事情である。

(3)　相当因果関係説

(ア)　**意　義**　　416条の趣旨は以上に述べたようなものであるが，これまでの伝統的な見解は，この416条を相当因果関係説と呼ばれる考え方に従って解釈してきた。**相当因果関係説**とは，相当因果関係という概念を用いて，当該債務不履行と相当因果関係にある損害が賠償されると解する説である。すなわち，当該債務不履行によって現実に生じた損害の中で，そのような債務不履行があれば一般に生じるであろうと考えられる損害（相当因果関係にある損害）だけが賠償されるとする考え方である。(1)で述べたように，事実的因果関係は際限なく広がっていくものであるから，債務不履行と事実的因果関係にある損害をすべて債務者に賠償させることは，かえって債務者にとって酷なことになる。そのため，事実的因果関係にある損害に相当因果関係という一定の絞りをかけて，その相当因果関係の範囲内にある損害についてのみ賠償が認められるとする考え方が生まれてきた。これが相当因果関係説であり，ドイツの民法学説として主張されてきたものがわが国に導入されて判例・通説となった。

(イ)　**相当因果関係説による416条の解釈**　　相当因果関係説によれば，416条は相当因果関係にある損害が賠償されるという考え方を定めたものと解されている。まず①416条1項は相当因果関係の原則，すなわち相当因果関係にある損害が賠償されるという原則を定めたものであり，次に②416条2項は，相当因果関係の基礎とすべき特別事情の範囲を示すもの，言い換えれば特別事情について債務者に予見可能性があれば，特別損害も相当因果関係にある損害に含まれることを示すものとされた。

(ウ)　**相当因果関係説の批判**　　このような相当因果関係説に対して，次のような批判が述べられている。すなわち，相当因果関係説は，ドイツ民法の損害賠償の原則である完全賠償主義を制限するために登場してきた理論であ

り，ドイツ民法においては意味がある。しかし，わが民法 416 条はそもそも制限賠償主義をとっているので，相当因果関係という概念を用いる必要がなく，またドイツの相当因果関係説と 416 条は同じものではない。そして，ドイツの相当因果関係説と 416 条の差異として，ドイツ民法は事実的因果関係によって損害賠償の範囲を決めるだけであるので，ドイツの相当因果関係説は，この事実的因果関係に相当因果関係という特殊な内容を持たせることによって損害賠償の範囲を制限しようとするものであるが，416 条は予見可能性の有無によって損害賠償の範囲を定めようとするものであり，両者の間には損害賠償の範囲を制限する基準に違いがあることがあげられている。

＊保護範囲説　　相当因果関係説に対する批判的な見解の 1 つとして，保護範囲説と呼ばれるものがある[16]。保護範囲説は，従来「相当因果関係」という概念で取り扱われてきた問題を，①事実的因果関係の問題，②保護範囲の問題，③金銭評価の問題に区別して検討する見解である。まず①事実的因果関係の問題は，債務不履行と損害の間に事実的因果関係があるかどうかという問題であり，債務不履行の事実と損害と評価される事実の間に「あれなければこれなし」という条件関係があるかどうかで決定される。次に②保護範囲の問題は，事実的因果関係にある損害の中で，どの範囲までの損害を賠償させるのが妥当かという問題であり，416 条はこの範囲を確定する基準を定めている。そして③金銭評価の問題は，確定された損害を金銭賠償の原則（417 条）に従い金銭に見積もることの問題であり，これは裁判官の裁量的・創造的評価によってなされる作業である。このような保護範囲説によれば，416 条は債務不履行における保護範囲を定めたものであり，予見可能性を損害賠償請求の要件にしているので，具体的に賠償される損害の範囲は，予見可能性の有無によって決まる。そして予見可能性の有無は，契約当事者の職業，目的物の種類，取引慣行などを考慮して，政策的価値判断によって決定されねばならないとする。

4.4.3　賠償額算定の基準時（中間最高価格の問題）

　物の引渡債務の履行不能では，目的物の価格が損害賠償額の中心になる。そうすると，物の価格が変動しているときに，どの時点の価格を基準にするかによって賠償額が異なってくる。例えば，売買契約締結時の建物価格がそ

16）　平井宜雄『損害賠償法の理論』135 頁以下（東京大学出版会，1971 年）。

の後上昇したが，また下落した場合，売主の帰責事由のある履行不能による損害賠償額は，契約締結時の価格，上昇した時の価格，その後の下落した時の価格のいずれを基準とするかによって異なってくる。

　判例および相当因果関係説は，どの時点の価格を基準として損害額を算定するかという問題を損害賠償の範囲の問題ととらえている。その代表的な大審院判例として，富喜丸事件と呼ばれるものがある（大連判大15・5・22民集5巻386頁［百選Ⅱ初版-84]）。これは，衝突により沈没した船（富喜丸）の所有会社が相手方船の所有会社に対して行った不法行為による損害賠償請求に416条が類推適用された事件であるが，船の価格が沈没後いったん上昇してその後下落したという事情があった。そして，大審院は次のような判断を下した。第1に，物の滅失による損害賠償額は，不法行為時の物の価格を基準とする。したがって，債務不履行でいえば，債務不履行時の物の価格が通常損害となる。第2に，物の価格がいったん上昇した後に下落した場合における上昇した価格（中間最高価格）による損害賠償額の請求については，債権者が転売などによって上昇した価格による利益を確実に取得したはずであるという特別事情を，不法行為時に債務者が予見可能であった場合にのみ認められる。したがって，債務不履行でいえば，中間最高価格による損害は特別損害であり，債権者が中間最高価格による利益を確実に取得したはずであるという特別事情について，債務不履行時に債務者に予見可能性があった場合にのみ賠償請求が認められる。

　しかし，最高裁は，目的物の価格が履行不能後も上昇し続けた事案について，履行不能時に価格上昇という特別事情について債務者に予見可能性があれば，転売などによって債権者が上昇価格による利益を確実に取得したであろうことを要求せずに，上昇した現在価格による損害賠償を認めている（最判昭37・11・16民集16巻11号2280頁—転売目的で不動産を買い受けた事案，最判昭47・4・20民集26巻3号520頁［百選Ⅱ8版-9]—自己使用目的で不動産を買い受けた事案）。

4.5　損害賠償額の調整

4.5.1　過失相殺

過失相殺とは，債務の不履行またはこれによる損害の発生もしくは拡大に関して債権者にも過失があったときは，裁判所がこれを考慮して損害賠償責任および賠償額を定めることをいう（418条）。過失相殺は，公平の原則に基づく制度であり，債権者が自己の過失によって生じた債務不履行や損害まで債務者に賠償させるのは，公平の原則に反するからである。

民法改正前では，要件は「債務の不履行に関して」債権者に「過失」があることであった。「債務の不履行に関して」には，①債務の不履行自体に債権者の過失が加わった場合（大判大 12・10・20 民集 2 巻 596 頁—銑鉄の継続的供給契約において，売主が価格の騰貴中は供給しないで，価格が下落した時に一度に供給したために，買主が代金の支払いができず，売主が契約を解除して損害賠償を請求した事案）と，②損害の発生・拡大に債権者の過失が加わった場合が含まれると解されていたが，改正民法では①と②が含まれることが明文化された。また，債権者の「過失」の意義については，改正前では，帰責事由としての過失と同じであるとする見解と広く債務者の賠償責任や賠償額の軽減を妥当とする債権者側の事情を意味するという見解があった[17]。改正によって過失責任主義を採らないことが明文化された以上，前者の帰責事由としての過失と解する見解は妥当でなく，後者の見解のように考えるべきであろう。債権者の過失となるべき事実については，債務者が立証責任を負う（最判昭 43・12・24 民集 22 巻 13 号 3454 頁）。

裁判所は，債権者の過失を認定したときは，常にそれを考慮して賠償額を軽減し，場合によっては債務者の賠償責任を否定しなければならない。過失を考慮しないで裁判したときは，違法な判決となって控訴または上告理由になる。

不法行為にも過失相殺が規定されている（722条2項）。しかし，両者の規定の仕方は同一ではなく，次のような違いがある。すなわち，債務不履行の

---

[17]　我妻・130 頁や近江・130 頁は前者の見解を，内田・169 頁は後者の見解をとる。

場合には，過失を考慮して「損害賠償の責任」と「その額」を定めるとなっているので，賠償額の減額は必要的であり，場合によっては全面的（賠償責任なし）であるが，不法行為の場合には，「損害賠償の額を定めることができる」となっているので，減額は任意的（裁量的）であり，また全額の免責はない趣旨になっている。しかし，債務不履行と不法行為でこのような差異を設けることは合理性に欠けるという批判がなされている。近年では，不法行為では免責まで認めるべきではないとして，両者の違いを肯定する見解が有力である[18]。

4.5.2　損益相殺

　債務不履行によって，債権者が損害を受けただけでなく，同時に利益を受けた場合に，損害賠償額からその利益を控除することを**損益相殺**という。例えば，医療過誤で死亡した者の遺族は，被害者の損害賠償債権を相続して請求するが，その際，逸失利益（被害者が得たであろう収入の喪失）の賠償額から被害者が生きていれば支出したはずの生活費が控除される。損益相殺については，民法には規定はないが，当然のこととして異論なく認められている。なお，この逸失利益について将来分を判決時に先に取得するためにいわゆる中間利息控除がなされるが，改正民法は法定利息を変動利率にしたために（404 条），ここでの利率を損害賠償請求権が生じた時点の法定利率によるとした（417 条の 2 第 1 項）。また，障害が残ったために死亡までの介護費用がかかるという積極的損害の賠償も同様の問題があり，同様に規律される（同条 2 項）[19]。

　問題は，どのような利益が控除されるかである。これについてしばしば問題となるのは，債務者から損害賠償を受ける債権者が第三者からも支払いを受ける場合である。重複填補の調整の問題として，主として不法行為法で議論されているが，建物賃借人が建物を焼失させた場合の賃貸人が受領した火災保険金は，保険料支払いの対価であるとして，損害賠償額から損益相殺として控除すべきでないとした判例がある（最判昭 50・1・30 民集 29 巻 1 号 68

18）　中舎・122 頁。
19）　平野・136 頁注 56）。

頁）。

4.6　損害賠償の特則

4.6.1　賠償額の予定

(1)　賠償額の予定

　当事者が債務不履行の場合に損害賠償すべき額をあらかじめ定めておくことを**賠償額の予定**という（420条1項）。債務不履行が生じた場合，損害の有無や賠償額をめぐってしばしば争いが生じるので，賠償額の予定は，そのような争いを予防するために行われるものであり，契約自由の原則によって有効と解されている。賠償額の予定がなされると，債権者は，債務不履行の事実を立証するだけで，予定された賠償額を請求することができる。債権者は，損害の発生やその額を立証することを要しない。もっとも，債務者が帰責事由のないことを立証した場合でも，予定賠償額を支払わなければならないかどうかについては，肯定説と否定説に分かれている。

　改正前では，裁判所は予定賠償額を増減することができないと定められていた（旧420条1項後段）。しかし，この規定は，あまりにも高い賠償額や低い賠償額が予定された場合に，裁判所が公序良俗（90条）に違反し無効としたり減額したりすることの障害となることを防ぐために，改正民法では削除された。したがって，この規定が削除されたからといって，裁判所は，予定賠償額を増額したり減額したりすることができるわけではない[20]。

　賠償額が予定されていても，債権者は履行の請求または契約の解除をすることができる（420条2項）。当事者が金銭以外の物を損害賠償に充てることを予定した場合には，420条が準用される（421条）。

(2)　違約金

　違約金とは，債務者が債務不履行の場合に支払うことを約束した金銭である。違約金の性質には，違約罰と賠償額の予定がある。違約罰は債務不履行に対する私的な制裁であり，違約金の性質がこの違約罰であれば，債権者

---

20)　潮見・概要74頁以下。

は，それとは別に実際の損害額を証明して，その支払いを請求することができる。しかし，民法は違約金を賠償額の予定と推定している（420条3項）。当事者の約束した違約金が違約罰の意味であれば，債権者はそのことを証明して，この民法の推定を覆すことができる。なお，金銭消費貸借上の違約金は，賠償額の予定とみなされる（利息4条2項・7条2項）。

4.6.2　損害賠償による代位

損害賠償による代位（賠償者の代位）とは，債権者が，損害賠償として，債権の目的である物または権利の価額の全部の支払いを受けたときに，債務者が，その物または権利について当然に債権者に代位することをいう（422条）。ここでいう代位とは，物（の所有権）または権利が法律上当然に債務者に移転することをいう。当然に移転するので，何らの譲渡行為も対抗要件も必要としない。例えば，受寄者（債務者）が寄託物を盗まれ，寄託者（債権者）に対して盗品の価格の全部について損害賠償をしたときは，盗品の所有権は当然に受寄者に移転する。盗品の所有権がなお寄託者にあるとすると，寄託者が二重に利益を受けることになるからである。

債権者が全部の賠償（塡補賠償）を受けた場合に損害賠償による代位が生じるので，一部の賠償を受けた場合には代位は生じない。上記の例で損害賠償による代位が生じた後に賠償した受寄者が現実に盗品を手に入れたときは，寄託者は受領した金額を返して物の返還を請求できると解されている。損害賠償による代位の制度は，目的物の本来の所有者（債権者）から所有権を奪うことを目的とする制度ではないからである[21]。

4.6.3　代償請求権

代償請求権とは，履行不能が生じたのと同一の原因によって債務者が債務の目的物の代償である権利または利益を取得したときに，債権者が受けた損害額の限度で，債務者に対し，権利の移転または利益の償還を請求することができる権利をいう（422条の2）。代償請求権について，改正前の民法には

---

21)　奥田・217頁。

規定はなかったが，これまで公平の観点から判例・学説によって認められていた。例えば，賃借人が賃貸人の土地に建物を建築し，これを賃貸人に無償譲渡して借り受けていたところ，原因不明の火災で建物が焼失し，賃借人が自ら締結していた損害保険契約により火災保険金を受け取ったという事案において，火災保険金は建物返還債務の「履行不能を生じたと同一の原因によって発生し，目的物に代わるものである」として，賃貸人には損害の限度で代償請求権があると判示した判例がある（最判昭 41・12・23 民集 20 巻 10 号 2211 頁 ［百選Ⅱ 8 版-10]）。改正民法は，従来の判例・学説に従って代償請求権を明文化した。上記の事例のように，履行不能について債務者に帰責事由がない場合には，債権者は損害賠償を請求できないので，債権者に代償請求権を認めることには意義がある。そのため，債務者に帰責事由があり，債権者が損害賠償を請求することができる場合には，代償請求権は問題にならないとする説がある[22]。

　＊債務不履行責任と不法行為責任の競合[23]　　損害賠償について，債務不履行責任と不法行為責任の双方が成立する可能性のある場合がある。例えば，医師の過失によって患者が障害を受けた場合，一方では，医師（または病院）と患者の間で診療契約上の義務違反という債務不履行による損害賠償請求権の成立の可能性が生じるとともに，他方では，不法行為（709 条）による損害賠償請求権の成立の可能性も生じる。この場合にこの 2 つの請求権の関係をどのように考えるかということが問題となる（請求権競合の問題）。この問題について，次のような考え方が主張されている。
　（1）請求権競合説　　これは，不法行為による損害賠償請求権と債務不履行による損害賠償請求権の双方が成立し，債権者は選択によって一方だけを行使することもできるし，また一方を選択的に行使して敗訴しても，さらに他方を行使して訴訟を提起できるとする説である（判例・通説）。その理由として，第 1 に，各請求権は，成立要件・効果が別個に規定されているから，互いに独立した関係にあること，第 2 に，請求権の競合を認めることが債権者にとって有利であることなどがあげられる。
　（2）法条競合説（請求権非競合説）　　これは，2 つの請求権は単に条文の上で形式的に競合しているにすぎず，債務不履行による損害賠償請求権だけが

---

22)　内田・174 頁。
23)　前田・223 頁以下。

成立するという説である。この説は，債務不履行責任は特定の当事者間の契約関係から生じる責任であり，不法行為責任はこのような関係のない者の間での責任であるから，両者は特別法と一般法の関係にある。したがって，特別法である債務不履行による損害賠償請求権だけが成立するという考え方に基づいている。

　(3) **規範統合説**　この説は，観念的には2つの請求権が競合する場合でも，実質的には1つの請求権だけが成立するとして，不法行為規範と債務不履行規範を統一して新たな要件・効果を持つ1つの請求権を構成する説であるが，これについては種々の見解がある。例えば，前例で医師の過失により障害を受けた被害者（患者）の保護を重視すると，①成立要件については立証責任の点で債務不履行の方が被害者に有利であり（415条・709条。ただし，医者の診療債務を手段債務と解すると，債務不履行構成が被害者に常に有利であるとはいえない→**第2章 1.2.4 ***参照），②消滅時効については不法行為の方が被害者に有利な場合もある（166条1項・724条）。そこで，成立要件については債務不履行，消滅時効については場合に応じて被害者に有利な規定による，という1つの損害賠償請求権が発生するというような見解である。

第5節　受領遅滞

5.1　受領遅滞の意義と性質

5.1.1　意　義

【**設例Ⅲ-5**】　京都に住むＡは，市内のある骨董店で陶芸家Ｃが作成した壺を見つけ，早速店主Ｂとの間で購入契約を結び，持ち合わせのお金の中からとりあえず代金の一部5万円だけを支払い，3日後にＡの自宅に壺を届けてもらい，その時に残りの代金25万円を支払うことを約束した。約束どおり3日後にＢが壺をＡの自宅に持参したところ，十分考えもしないで契約を結んだことを後悔していたＡは，色々と理由を述べて壺を受け取ろうとしない。そこで，仕方なくＢは壺を持ち帰ったが，その2日後に隣家からの失火でＢの骨董店は全焼し，問題の壺も滅失した。この場合，Ｂは，Ａに対して壺の残代金25万円の支払いを請求することができるか。

受領遅滞とは，債務者が履行（弁済）の提供をしたにもかかわらず，債権

者が履行を受けることを拒み (受領拒絶) または履行を受けることができない (受領不能) 場合をいう (413条参照)。例えば、【設例Ⅲ-5】のように、売主の骨董店店主 B が引渡しのために買主 A の自宅まで壺を持参したところ、正当な理由もないのに A が色々と理由を述べて壺を受け取ろうとしない場合 (受領拒絶) や、金銭の借主が貸主に借金を返そうとしたが、貸主が行方不明でどこにいるのか分からず、借りた金を返すことができない場合 (受領不能) などである。

　債務は通常履行によって消滅するが、債務の消滅をもたらす履行は、債務者による債務の本旨に従った履行の提供と債権者の受領によって完了する。そうすると、債務者が債務の本旨に従った履行の提供をしているにもかかわらず、債権者が受領を拒みまたは受領できないときには履行は完了せず、債務はまだ消滅していないことになる。このような場合に、債務が消滅していないとして債務者に以前と同じ義務や責任を負担させるのは不公平であり、債務者の義務や責任を軽減したり、反対に債権者の責任を認めるという途を講じる必要がある。このために設けられた制度が受領遅滞である。

＊**受領遅滞の法的性質**　　受領遅滞の法的性質について、民法改正前の旧413条における議論状況について述べておく。旧413条は、受領遅滞によって債権者は「履行の提供があった時から遅滞の責任を負う」と定めていた。そこでいう「責任」は、受領義務がないのに法律によって認められた法定責任なのか、それとも受領義務の不履行による債権者の債務不履行責任なのかということが議論されていた。この議論の分かれ目は、弁済を受領するのは債権者の権利と解するのか、それとも債権者の義務と解するのかという点にあった。民法改正によって旧413条は削除されたが、これによって受領義務をめぐる従来の議論がなくなったわけではない。
　(1)　**法定責任説**　　**法定責任説** (従来の通説) は、債権者には弁済を受領する権利があるだけで、受領すべき義務がないことを理由に、受領遅滞は、債権者の債務不履行ではなく、債権者が受領しないことによって債務者が不利益を受けないように、法律が特別に債権者に一定の責任を認めたものと解する説である。そして、法定責任説は、受領遅滞の効果を旧492条の履行提供の効果と同じものとみる。しかも、債権者の帰責事由は不要であるので、受領遅滞を理由とする債務者による契約解除や損害賠償は問題にならないとする。ただし、法定責任説も、特約があれば契約上の義務として債権者に受領

義務が生じることを認め，さらに，明示の特約がなくても，契約の解釈，慣習，信義則によって受領義務が生じうることを認める。

(2)　**債務不履行説**　**債務不履行説**は，債権者には一般的に債務者の弁済を受領する義務があり，受領遅滞は，この債権者の受領義務の不履行であると解する説である。債権者の受領義務を認める根拠として，第1に，受領遅滞の規定（旧413条）が債権者の履行遅滞の規定（旧412条）の次にあること，第2に，法定責任説は受領遅滞の効果と履行提供の効果を同視しており，旧413条の意味がなくなること，第3に，債権者は債権の内容実現について債務者と協力すべき信義則上の義務があり，その義務の1つとして，債権者の受領義務が考えられることがあげられている。この債務不履行説によれば，受領遅滞が成立するためには，債権者に帰責事由が必要であり，受領遅滞の効果として，債務者による契約解除や損害賠償の請求が認められる。

(3)　**折衷説**　　**折衷説**は，一般に債権者には受領義務はないが，売買・請負・寄託などの場合には，債権者に信義則に基づく付随義務として目的物の引取義務が認められることを理由に，受領遅滞は，この引取義務の違反であり，債権者の債務不履行になると解する説である。そして，折衷説は，債務不履行説と同様に，債務者による契約解除や損害賠償の請求を肯定する。

5.1.2　要　件

(1)　債務の本旨に従った履行の提供

受領遅滞が生じるためには，債務の本旨に従った履行（弁済）の提供のあることが必要である。債務の本旨に従った履行の提供がなければ，債権者の受領拒絶や受領不能があっても受領遅滞にはならない。そして，履行の提供の方法には，現実の提供と口頭の提供の2つがある（493条）。債務の本旨に従った履行の提供であるかどうかは，取引観念・信義則・契約内容・法律の規定などを基準として判断される（履行の提供については→**第5章2.2**参照）。

(2)　債権者の受領拒絶または受領不能

(ア)　**受領拒絶と受領不能**　　受領拒絶は，【設例Ⅲ-5】で買主Aが壺の受取りを拒絶しているように，債権者が債務の履行を受けることを拒むことをいう。また，受領不能とは，債権者が債務の履行を受けることができないことをいう。受領拒絶または受領不能が債権者の帰責事由によるものであることを必要としない[24]。

　(イ)　受領不能と履行不能　例えば，工場が火事で焼失したために労働者が就業できない場合，それは労働者の履行不能か使用者の受領不能かということが問題となる。というのは，①労働者 (債務者) の履行不能とされた場合，労働者の帰責事由の有無によって③債務不履行による損害賠償責任 (415条) または⑥危険負担が問題となり，⑥では使用者 (債権者) の帰責事由の有無によって労働者の賃金請求権の有無が決まるのに対し (536条)，②使用者の受領不能とされた場合には，受領遅滞による危険負担の移転 (→ **5.2.3**参照) により労働者の賃金請求権は失われないからである[25]。この問題については，不能の原因が債権者と債務者のどちらの支配する領域内の事由に基づいているかによって履行不能か受領不能かを判断するのが通説である (領域説)。すなわち，不能の原因が債務者の支配する領域内の事由に基づく場合は，債務者の履行不能と解され，不能の原因が債権者の支配領域内の事由に基づく場合は，債権者の受領不能と解される。したがって，上記の工場焼失の例は，債権者 (使用者) の受領不能になる。

5.2　受領遅滞の効果

　民法改正前の旧413条は，受領遅滞の効果として，単に債権者が「遅滞の責任を負う」と定めていただけなので，その内容は不明確であった。しかし，改正民法は，この曖昧な規定を削除し，受領遅滞の効果として，注意義務の軽減と増加費用の負担 (413条) および受領遅滞中の履行不能 (413条の2第2項) を明記した。

5.2.1　注意義務の軽減

　債務者の注意義務の軽減を受領遅滞の効果と解することについては，民法改正前においても学説には異論がなかった。したがって，特定物の引渡債務について，受領遅滞の後は債務者の注意義務 (善管注意義務。400条) は軽減されると解されていた。しかし，どの程度にまで軽減されるのかについては見

---

24)　潮見・プラクティス289頁，平野・416頁，417頁。
25)　中田・198頁。

解が分かれており，目的物の滅失・損傷について，①善管注意義務を著しく怠った重過失があるときに債務者は責任を負うとする説と，②自己の財産に対すると同一の注意義務を怠ったときに債務者は責任を負うとする説があった。

　改正民法は，受領遅滞の場合において，「債権の目的が特定物の引渡しであるときは，債務者は，履行の提供をした時からその引渡しをするまで，自己の財産に対するのと同一の注意をもって，その物を保存すれば足りる」と規定した（413条1項）。上記②の見解を採用し，受領遅滞の効果として，特定物の保管義務が善管注意義務から自己の財産と同一の注意義務へと軽減された。

5.2.2　増加費用の負担

　民法改正前の学説は，異論なく増加費用の負担を受領遅滞の効果と解していた。改正民法は，受領遅滞によって「履行の費用が増加したときは，その増価額は，債権者の負担とする」と規定して（413条2項），従来の見解を採用した。したがって，債務者は，受領遅滞による目的物の保管費用や弁済費用の増加分を債権者に請求することができる（485条ただし書をも参照）。

5.2.3　受領遅滞中の履行不能

　改正民法は，受領遅滞の場合において，「履行の提供があった時以後に当事者双方の責めに帰することができない事由によってその債務の履行が不能になったときは，その履行の不能は，債権者の責めに帰すべき事由によるものとみなす」と規定している（413条の2第2項）。受領遅滞中に生じた債権者・債務者双方の帰責事由によらない履行不能の危険は，債権者が負担することになる。債務者の債務の本旨に従った履行の提供にもかかわらず，受領遅滞中に生じた債務者の帰責事由によらない履行不能の危険を債務者に負担させるのは適切でないからである[26]。したがって，壺の売買契約が結ばれた【設例Ⅲ-5】では，買主A（債権者）の受領遅滞のために売主B（債務者）が

26）　潮見・プラクティス293頁。

壺を持ち帰ったところ，隣家からの出火によって壺が滅失したのであるから，Aの帰責事由による履行不能となり，536条2項によってAが危険を負担して代金支払いを拒むことはできない（危険負担の詳細は，契約法の教科書や参考書の説明に譲る）。

＊損害賠償の請求と契約の解除

　(1)　学　説　　債務者は，受領遅滞によって生じた損害の賠償を請求したり，受領遅滞を理由に契約を解除したりできるかについては，見解が分かれている。なお，ここでいう契約の解除は，債務者が受領を催告してもなお債権者が受領しないときに，債務者は契約を解除できるかということである。

　(ア)　法定責任説　　法定責任説は，債権者には弁済を受領する義務がないから，受領遅滞は債権者の債務不履行ではないとして，債務者は，受領遅滞を理由に損害賠償の請求や契約の解除をすることができないと解する。そして，法定責任説は，双務契約から生じた債務であれば，受領遅滞に陥っている債権者は通常自己の債務についても不履行の場合が多いので，債務者は，債権者の債務の不履行を理由に損害賠償の請求や契約の解除ができ，それで十分に保護されるとする。

　(イ)　債務不履行説　　債務不履行説は，債権者は弁済を受領する義務があり，受領遅滞は債権者の債務不履行であると解するので，債務者は，受領遅滞を理由に損害賠償の請求や契約の解除ができるとする。

　(ウ)　折衷説　　折衷説は，債権者には一般的には受領義務はないが，売買・請負・寄託などの契約については，信義則上の付随義務として引取義務が債権者に認められるとして，受領遅滞はこの引取義務の違反に当たるとする。このことから，売買・請負・寄託などについては，債務者は，受領遅滞を理由に損害賠償の請求や契約の解除ができると解する。

　(2)　判　例　　かつて大審院は，法定責任説をとり，損害賠償の請求と契約の解除を否定していた（大判大4・5・29民録21輯858頁）。しかし，最高裁では2つの判例があり，考え方が多少変わりつつあるように見える。すなわち，1つは，請負契約で注文者の受領遅滞を理由とする請負人の契約解除を否定した判例である（最判昭40・12・3民集19巻9号2090頁［百選Ⅱ初版-14]）。これは法定責任説に立っているが，判決理由において「特段の事由が認められない本件において」という留保を付けて契約解除を否定しているので，特段の事由がある場合には解除を認める余地を残しているといえる。他の1つは，硫黄鉱石の継続的な売買契約について買主に引取義務を認め，この義務違反を理由に売主の損害賠償請求を認めた判例である（最判昭46・12・16民集25巻9号1472頁［百選Ⅱ8版-55]）。これは，信義則に基づいて買主の引取義

務を認めたものであり，法定責任説を維持しているといえるが，折衷説をとったものとも理解することができる。

第6節 第三者による債権侵害

6.1 債権の性質と第三者による債権侵害

債権は，原則として債務者に対してのみ給付を主張できる相対的な権利であり，第三者には効力が及ばない。また債権は，債務者に対して一定の行為（作為または不作為）を求める権利であり，同じ内容のものが複数成立することができ，債権にはいわゆる排他性がない。したがって，第三者が債務者との合意で他の債権者の債権と同じ内容のものを取得することは可能であり，それによって既存の債権が損なわれることにはならない。他の債権者は，それが履行されなかったときには，債務者に対して債務不履行責任を追及することはできるが，第三者に責任を追及することはできない。

このような債権の性質を考えると，第三者が債権を侵害しても，債権者は第三者の責任を問うことができないということになりそうである。しかし，債権が債務者に対してのみ効力が及ぶ相対的なものであるとしても，法がそれを権利として認め，その実現に助力している以上，第三者が債権を侵害した場合に債権者を保護しなくてよいということにはならない。そこで，第三者が不当に債権を損なったり，債権の行使を妨げたりした場合，債権者の保護のために第三者に対する一定の効力が債権に認められている。債権侵害の場合に債権者の保護のために第三者に対して認められる債権の効力を**債権の対外的効力**という。具体的には，債権侵害による不法行為を理由とする損害賠償請求と債権侵害に対する妨害排除請求である。

6.2　債権侵害による不法行為

6.2.1　債権侵害による不法行為

6.1 で述べた債権の性質から第三者による債権侵害はあり得ないとして，かつては第三者の債権侵害による不法行為の成立が否定されていた。しかしその後，債権にも権利の通有性である不可侵性が認められるべきであり，第三者が債権を侵害した場合には，この権利の不可侵性の侵害として不法行為が成立するという見解が主張された（権利不可侵性の理論。大判大 4・3・10 刑録21 輯 279 頁［百選Ⅱ 8 版-19］—— A 所有の立木について売却の委任を受けた B が買主の代理人 C と通謀して代金を着服した事件について，権利の不可侵性を根拠に AB 間の委任契約上の債権の侵害による C の不法行為の可能性を認めた事案）。そして，この見解以後，次第に債権侵害による不法行為の成立を認める考え方が有力になっていった。もっとも，現在では，権利の不可侵性を根拠にしないで，侵害行為の態様に応じて不法行為の成否を判断するのが通説である。

6.2.2　債権侵害の態様

債権侵害の態様の代表的なものとして，次のようなものが考えられている。

(1)　債権の帰属を侵害した場合

例えば，受領権者としての外観を有する者（表見受領権者）への弁済が有効とされた場合である（478 条→**第 5 章 2.4.2**(3)参照）。この場合，債権者自身が債権を失うので，債権の帰属の侵害として不法行為が成立する。そして，この場合の不法行為の成立要件（主観的要件）として，行為者に過失があれば足りると解されている。

(2)　事実行為によって債権の目的である給付を侵害した場合

例えば，第三者が売買の目的物である建物に放火した場合や特定の日時に劇場で歌う歌手を拘禁して出場できなくした場合である。この場合，債務者（売主や歌手）の帰責事由によらない履行不能となり，債権は消滅しないが，債権者は債務の履行も損害賠償も請求することができないので（412 条の 2 第1 項・415 条 1 項），不法行為が成立する。この場合における不法行為の成立要

件について見解が分かれており，第三者に過失があれば足りとする説[27]と債権の存在の認識または故意が必要であるとする説[28]がある。債権の存在は公示されないので，後者の見解が適切であろう。

(3) 契約によって給付を侵害した場合

例えば，土地の二重賃貸や二重売買において第2賃借人や第2買主が先に対抗要件（賃貸借では賃貸借の登記〔605条〕や借地借家法上の対抗要件〔同法10条〕，不動産の売買では所有権移転の登記〔177条〕）を備えた場合である。この場合，債務者（賃貸人や売主）の帰責事由による履行不能となり，債権者は損害賠償を請求することができるが（415条1項），債権本来の内容が実現できないので，不法行為が成立する。この場合において債権者（第1賃借人や第1買主）が第三者（第2賃借人や第2買主）の不法行為責任を追及するためには，第三者に故意（単なる認識ではなく，賃貸人や売主に対する教唆またはこれらの者との通謀）があり，かつ第三者の行為の違法性が特に強いことが必要とされる。

(4) 債務者の責任財産を減少させる場合

第三者が債務者の責任財産を減少させる行為をした場合，債権自体は消滅していないが，債権の満足が得られなくなるのであれば，債権が侵害されたととらえることができる[29]。これについて，次のように分けて考えられている。

(ア) 債務者との共謀がない場合

債務者との共謀なしに債務者の責任財産を減少させる場合には，第三者に債権侵害の故意があるときに，債権者が第三者に対して不法行為責任を追及することができる。

(イ) 債務者との共謀がある場合

債務者と共謀して債務者の責任財産を減少させる場合は，詐害行為取消権の要件を満たすときには，これが優先的に適用される（詐害行為取消については→**第4章第2節**参照）。すなわち，債権者は，詐害行為取消権によって責任財産の減少行為を取り消して，責任財産の回復を図ることができる。そして，特に行為の違法性が強い場合だけ，第三者の不法行為責任が認められる。

---

27) 我妻・78頁。
28) 奥田・234頁，林＝石田＝高木・76頁，近江・177頁など。
29) 潮見・プラクティス555頁。

6.3 債権侵害に対する妨害排除請求

　第三者による債権侵害に対して債権に基づく妨害排除請求が認められるかということが問題となる。この問題は，主として不動産賃借権について議論されている。例えば，AがBからその所有地を建物所有目的で賃借したところ，第三者Cが同地上に建築資材を置いているために，Aが賃借地を利用できない場合，Aは，建築資材を排除するために，Cに対して賃借権に基づく妨害排除請求権を行使することが認められるかどうかという問題である。

　これについて，従来の判例は，①上例のCもBからの賃借人である場合（二重賃貸借の場合）には，605条や借地借家法10条・31条などによって対抗力を有する不動産賃借権は物権的効力を持つので，先に対抗力を備えた賃借人は，その後に賃借権を取得した者に対して賃借権に基づく妨害排除請求権を行使することができるとする（最判昭28・12・18民集7巻12号1515頁［百選Ⅱ8版-28]）。次に②Cが不法占拠者である場合については，賃借権が対抗力を有するときには，不法占拠者に対して賃借権に基づく妨害排除請求権を認めるが（最判昭30・4・5民集9巻4号431頁），賃借権に対抗力がなければ，賃借権に基づく妨害排除請求権を認めないという態度をとっている（最判昭29・7・20民集8巻7号1408頁）。

　学説では，これまで，①対抗力のある賃借権には排他性があり妨害排除請求権が認められるとする説や対抗力のある賃借権は「物権化した賃借権」として妨害排除請求権が認められるとする説，②場合分けをして，二重賃貸借における第2賃借人に対しては対抗力のある賃借権に妨害排除請求権を認め，不法占拠者に対しては対抗力のない賃借権であっても妨害排除請求権を認めてもよいとする説などが主張されていた。

　改正民法は，不動産賃借権による妨害排除請求などについて明文の規定を設け，605条の2第1項の定める対抗要件を備えた不動産賃借人は，①不動産の占有を妨害している第三者に対して妨害停止の請求をすることができ，②不動産を占有している第三者に対して返還の請求をすることができるとしている（605条の4）。不法占拠者に対しては対抗力のない賃借権であっても妨害排除請求権が認められるかどうかの問題は，今後の解釈に委ねられてい

る。

　なお，賃借権が対抗力を備えていない場合には，第 1 に，賃借人が不動産
を占有していたときには，占有の訴えによって妨害の停止などを求めること
ができ（197 条以下），第 2 に，賃借人は，不動産賃借権の保全のために，債
権者代位権（423 条）を用いて賃貸人の所有権に基づく妨害排除請求権を代
位行使することができる（大判昭 4・12・16 民集 8 巻 944 頁［百選 II 5 版補-12］→
第 4 章 1.5.2(2)参照)。

第4章　責任財産の保全

第1節　債権者代位権

1.1　債権者代位権の意義

【設例Ⅳ-1】　G銀行から500万円借りているSは，Dに対して400万円の商品売掛代金債権を持っている。ところがSは，他にめぼしい財産がないにもかかわらず，Dから債権を取り立てようとせず，そのためにその債権は消滅時効にかかる寸前にある。Gには，Sの売掛代金債権の消滅時効を防ぐために何か打つ手がないか。

1.1.1　意　義

　債権者代位権とは，債権者が自己の債権を保全するため必要があるときに，債務者に属する権利を債務者に代わって行使することができる権利をいう（423条1項本文）。すなわち，自己の債権の実現を図るために，債権者が債務者に代わって債務者の第三者に対する財産権を行使して，債務者の責任財産の維持・充実（責任財産の保全）を図ることができる権利である*。【設例Ⅳ-1】の場合，債権者G銀行は，債権者代位権に基づいて，債務者Sに代わってその債務者Dに対して売掛代金の支払いを請求して，目前に迫った消滅時効の完成猶予を図ることができる（150条1項）。そこでは，時効による売掛代金債権の消滅を防いで債務者の責任財産の維持を図るために，債権者代位権が行使されている。このように，債権者代位権は，**第2節**で述べる詐害行為取消権とともに，本来，債権者が強制執行をかけるための準備として債務者の責任財産を保全することを目的としたものである。なお，債権者代位権によって保全される債権者の債権を被保全債権，代位行使される債務者の権利を被代位権利，債権者代位権を行使する債権者を代位債権者，被代位

権利の相手方を第三者，そして被代位権利が債権のときは第三債務者ともいう。

> ＊ 1.5 で述べるように，現在では，債権者代位権は責任財産の保全のためにだけ用いられるのではないので，本文のような定義は必ずしも適切ではない。しかし，債権者代位権の本来の目的は責任財産の保全にあることを考慮して，本書ではこのような定義をしている。

1.1.2 債権者代位権と強制執行制度

【設例Ⅳ-1】において，SのDに対する債権の消滅時効の完成を猶予するためではあるが，Gは，債権者代位権を用いてDに売掛代金の支払いを請求している。このような債権者が債務者の有する債権から弁済を受ける手段としては，今日では債権に対する強制執行制度があり（債権執行。民執143条以下），実務ではこの制度が債権者代位権に代わって利用されるのが通常である＊。ただし，強制執行と比べて，債権者代位権には次のような利点がある。①強制執行をするには債務者に対する確定判決などの債務名義が必要であるが（民執22条），債権者代位権を行使するには債務名義はいらない。②債権者代位権によって債権者が債務者に代わって行使できる権利は，債務者の債権に限られない。すなわち，形成権（取消権・解除権など）や保存行為（債務者の未登記不動産について所有権登記を請求する行為など）といった強制執行の目的とならない債務者の権利や行為も代わって行使することができる。③登記請求権や不動産賃借権などの特定の債権を保全するために債権者代位権を行使することができる（債権者代位権の転用→ 1.5 参照）。

> ＊例えば，【設例Ⅳ-1】のような債務者が第三債務者に対して金銭債権を持っている場合には，債権者は，債権者代位権を行使せずに直接債務者の第三債務者に対する金銭債権を差し押えてこれを取り立てたり，あるいは第三債務者に対する取立訴訟をしたり，さらには転付命令を得たりして，その差し押えた金銭債権から弁済を受けることができる（民執145条・155条・157条・159条・160条参照）。

1.2　債権者代位権の要件

　債権者代位権を行使できるための要件は，①債権保全の必要性があること（423条1項本文），②債務者がまだ自己の権利を行使していないこと，③被代位権利が債務者の一身専属権および差押えを禁じられた権利でないこと（同条1項ただし書），④被保全債権が履行期にあること（同条2項）および強制執行により実現することができるものであること（同条3項），の4つである。

1.2.1　債権保全の必要性

　債権者代位権の第1の要件は，債権保全の必要性があることである。すなわち，債権者は，「自己の債権を保全するため必要があるときは」債権者代位権を行使することができる（423条1項本文）。この自己の債権を保全する必要性を**債権保全の必要性**という。既に述べたように，債権者代位権は強制執行の準備のために債務者の責任財産を維持・充実することを目的としていたことから，当初，被保全債権は金銭債権が想定されていた。何故なら債務者の責任財産の維持・充実によって保全される債権は，債務者の責任財産にその価値を依存している金銭債権であるからである。そのため，債権保全の必要性とは，債権者が債務者の権利を行使しなければ，自己の債権について満足を受けられなくなる危険性があること，つまり債務者の責任財産が債権者の債権を満足させるのに不十分であること（**債務者の無資力**）を意味するとされた。そして，債務者の責任財産は総債権者の金銭債権にとって拠り所となるので，責任財産の維持・充実によって利益を受けるのは，代位債権者の金銭債権だけでなく，総債権者の金銭債権ということになる。

　しかしその後，総債権者の金銭債権（総債権）の保全のためではなく，代位債権者の特定の債権（登記請求権や不動産賃借権など）を実現するために債権者代位権を行使することができるとされるようになった（債権者代位権の転用→ 1.5 参照）。この場合には，債務者の資力の有無（責任財産の維持・充実）にかかわりなく債権者代位権を行使することができることから，債権者代位権の行使を認めないと代位債権者の特定の債権が実現されないときに，債権保全の必要性があると判断されることになる。

1.2.2 債務者の権利不行使

　債権者代位権の第2の要件は，債務者がまだ自己の権利を行使していないことである＊。債権者代位権は，債務者が第三者に対する権利を行使していない場合に，債権者が代わってその権利を行使するものである。というのは，債務者が自ら権利を行使しているにもかかわらず代位権の行使を許すと，債務者に対する不当な干渉になるからである。そして，債務者が既に権利を行使しておれば，もはや債権者は代位権を行使することができないし，しかも債務者の権利行使の方法や結果がよいか否かにかかわりなく代位権を行使することができない（最判昭28・12・14民集7巻12号1386頁）。債務者が訴訟を提起している場合には，債権者は，その訴訟に補助参加（民訴42条）をして，自己の債権の保全を図ることができる。

＊この要件については，債権者代位権を行使された相手方（第三者）が「債務者自らがその権利を行使したこと」を抗弁として主張立証すべきであると解されている。

1.2.3 被代位権利の要件

　債権者代位権の第3の要件は，被代位権利に関するものである。すなわち，被代位権利は，債務者の一身に専属する権利（**債務者の一身専属権**）および差押えを禁じられた権利でないことである（423条1項ただし書）。以下では，代位行使できる権利とできない権利に分けて主なものを説明する。

(1) 代位行使できる権利

　代位行使できる権利は債権に限られない。被保全債権が金銭債権か特定の債権かを区別せずに，代位行使できる権利として認められたものを挙げれば，次のような権利がある。

　①請求権　　代金請求権・損害賠償請求権などの債権，物権的請求権，登記請求権などである。

　②形成権　　取消権，解除権（大判大8・2・8民録25輯75頁），買戻権，相殺権などである。

　③消滅時効の援用権（145条）　　債権者は，その債務者が他の債権者に対して負担する債務について，債務者に代わって消滅時効を援用することがで

きる (最判昭 43・9・26 民集 22 巻 9 号 2002 頁 [百選Ⅱ初版-17])。

　④債権者代位権 (大判昭 5・7・14 民集 9 巻 730 頁，最判昭 39・4・17 民集 18 巻 4 号 529 頁)　　例えば，不動産が A → B → C → D と譲渡されたが，登記が A 名義のままである場合に，登記請求についての C の債権者代位権を更に D が代位行使することができる。

　⑤登記所への登記申請行為 (不登 59 条 7 号)　　例えば，未登記不動産が A → B に譲渡されたが，A が所有権保存登記をしないために A → B への所有権移転登記もなされない場合に，B は A に代位して A 名義への所有権保存登記を申請をすることができる (登記所に対する A の登記申請行為〔公法上の行為〕の代位行使)。

(2)　代位行使できない権利

(ア)　債務者の一身専属権　　一身専属権には，①権利を行使するかどうかが権利者の自由な意思に委ねられていて，他人が行使できない**行使上の一身専属権**と，②権利者にのみ帰属し，譲渡や相続できない**帰属上の一身専属権** (896 条ただし書参照) とがある。そして，423 条 1 項ただし書の一身専属権は，前者の行使上の一身専属権を指す。というのは，行使上の一身専属権を代位行使することは，権利者である債務者の意思決定に対する干渉となるからである。もっとも，多くの場合両者の一身専属権は重なり合う。問題となる権利として，次のものがある。

　①一定の親族法上の身分と結びついた純粋の身分権　　婚姻・養子縁組の取消権 (743 条・803 条)，離婚・離縁の請求権 (770 条・814 条)，嫡出否認権 (774 条)，認知請求権 (787 条)，親権 (820 条以下) などである。これらの権利は行使上の一身専属権であり，代位行使の対象になり得ない。

　②身分上の権利であるが，財産的内容を有する身分財産権　　夫婦間の契約取消権 (754 条)，親族間の扶養請求権 (877 条以下) などである。これらの権利も行使上の一身専属権であり，代位行使できない。

　③人格権侵害による慰謝料請求権　　これは財産権であるが，名誉毀損などの人格権侵害による被害者の精神的苦痛を加害者に賠償させるかどうかは被害者自身の自由な意思によって決定されるべきものとされる。したがって，行使上の一身専属権であり，代位行使の対象にはならない (最判昭 58・

10・6 民集 37 巻 8 号 1041 頁)。ただし，被害者と加害者の合意や判決などによって具体的な慰謝料金額が確定した場合や，それ以前の段階で被害者が死亡した場合には，慰謝料請求権は行使上の一身専属性を失い，代位行使の対象となる（前掲最判昭 58・10・6）。

(イ) 差押禁止の債権　全部または一部について差押えを禁止されている債権（給料債権や恩給受給権など〔民執 152 条，恩給 11 条など〕）は，差押禁止の部分について債務者の責任財産を構成しないので，代位行使の対象にならない。

1.2.4　被保全債権の要件

債権者代位権の第 4 の要件は，被保全債権が履行期にあること（423 条 2 項本文の反対解釈）および強制執行により実現することができるものであること（同条 3 項の反対解釈）である*。

前者については，履行期前のため自己の債権を行使できない債権者が，他人である債務者の権利を債権者代位権によって行使できるとするのはおかしいからである[1]。もっとも，保存行為については，履行期前の債権者代位権の行使が許される（423 条 2 項ただし書）。保存行為とは，債務者の財産の減少を防ぐ行為，すなわち債務者の財産の現状を維持する行為をいう（例えば，債務者の権利の消滅時効完成猶予行為や債務者の未登記不動産についての所有権登記の申請行為など）。このような保存行為は債務者の不利益にならないし，急を要することが多いので，履行期前であっても代位行使することができる。後者については，債権者代位権が強制執行をかけるために債務者の責任財産を保全する制度であることから，強制執行により実現できない債権については，債権者代位権が認められないからである。

なお，改正前民法旧 423 条 2 項本文が定めていた裁判上の代位は削除され，これに合わせて非訟事件手続法旧 85 条から旧 91 条までの規定も削除された。裁判上の代位による債権者代位権行使の実例がこれまでなく，またわが国では保全処分の制度（仮差押え〔民保 20 条 2 項〕）が充実しているので，裁判上の代位によって被保全債権を保全する必要性が乏しいと考えられたから

1）　中田・210 頁。

である[2]。

> ＊この要件についても，被保全債権が履行期にないことまたは強制執行により実現できないものであることを代位権行使の相手方が抗弁として主張立証すべきであると解されている。

1.3　債権者代位権の行使

1.3.1　行使の方法

　債権者は，債務者の代理人としてではなく，自己の名において債務者の権利を行使する。このような関係は法定委任であり，代位債権者は善管注意義務（644条）をもって債務者の権利を行使しなければならないと解されている[3]。相手方は，債務者の権利の相手方である第三者であり，債務者ではない。そして，債権者代位権は裁判外でも裁判上でも行使することができる。裁判上の行使の場合（債権者代位訴訟），債権者が原告になる。これに対し，詐害行為取消権は，裁判上の行使しかできない（424条1項本文参照）。

1.3.2　行使の範囲

　債権者代位権は，債権の保全のために債務者の財産管理に対して干渉するものであるから，代位行使の範囲は，債権保全に必要な範囲に限られる。そのため，債権者は，被代位権利を行使する場合，被代位権利の目的が可分であるときは，自己の債権額の限度でのみ被代位権利を行使することができる（423条の2）。この規定は，判例（最判昭44・6・24民集23巻7号1079頁〔百選II8版-11〕）・学説に従ったものである。例えば，代位債権者の被保全債権額が500万円であれば，債務者の800万円の債権を代位行使する場合，代位債権者は500万円分の支払いしか第三債務者に対して請求することができない。もっとも，場合によっては，自己の債権額以上の権利でも代位行使することができる（例えば，金銭債権に基づいて，それ以上の価値のある不動産の移転登記請求

2）　潮見・概要77頁。
3）　於保・176頁，奥田・268頁，中舎・428頁など。

権を代位行使する場合など)。

1.3.3　行使の相手方の抗弁

> **【設例Ⅳ-2】**　Gは，Sに対して500万円の貸金債権を持っている。GがS
> に代位し，Dに対して，SのDに対する400万円の売買代金債権の弁済を求
> めて訴えを提起した。これに対し，Dは，SD間の売買契約がSの債務不履
> 行により解除されたから，この代金債権が消滅した旨を主張した。このDの
> 主張は認められるか。

> **【設例Ⅳ-3】**　Xは，Yに対して500万円の貸金債権を持っている。XがYに
> 代位し，Zに対して，YのZに対する400万円の売買代金債権の弁済を求め
> て訴えを提起した。これに対し，Zは，この代金債権とZのYに対する600
> 万円の貸金債権を対当額の400万円で相殺する旨の意思表示をした（505
> 条・506条）。このZの相殺の主張は認められるか。

　代位債権者は，自己の名において債務者の権利を代位行使するが，代位権
行使の相手方は，債務者自らが権利行使するときと比べて不利な地位におか
れるべきではない。したがって，相手方は，債務者に対して持っているすべ
ての抗弁（権利消滅・相殺・同時履行の抗弁など）を代位債権者に対して主張す
ることができる。改正民法も，債権者が被代位権利を行使したときは，相手
方は，債務者に対して主張できる抗弁を代位債権者に対抗することができる
として（423条の4），これまでの異論のない見解を明文化した。

1.3.4　請求の内容
(1)　代位債権者への支払いまたは引渡し
　被代位権利が金銭の支払いまたは動産の引渡しを目的とするものであると
きには，代位債権者は，相手方に対し，自己への支払いまたは引渡しを請求
することができる（423条の3前段）。この規定も，判例（大判昭10・3・12民集
14巻482頁—金銭債権の代位行使）・学説に従ったものである。代位債権者は，
相手方に対して，債務者への金銭の支払いや動産の引渡しを請求することが

できるが，代位債権者への直接給付の請求を認めないと，債務者が相手方から給付目的物を受領しないときには，債権者代位権行使の目的が達成されないことになるからである。そして，相手方が代位債権者に対して金銭の支払いや動産の引渡しをしたときは，被代位権利は消滅する（423条の3後段）。債権者代位権によって行使されるのは債務者の権利であり，代位権行使の効果は債務者に帰属するからである。

(2)　金銭の支払い

代位債権者が金銭の支払いを受けた場合，代位債権者は，相手方から受領した金銭を債務者に返還する債務（646条1項または不当利得による返還債務）を負う。何故なら債権者代位権は，本来総債権者のために債務者の責任財産を保全する制度であり，総債権者のために債権者代位権が行使されるものと解されているからである。しかし，この場合被保全債権が金銭債権であるときは，代位債権者は自己の金銭債権を自働債権として債務者の金銭返還請求権（受働債権）と相殺することができる（通説）。したがって，債権者代位権を行使した債権者は，事実上優先弁済を受けることになる。

(3)　動産の引渡し

代位債権者が動産の引渡しを受けた場合にも，代位債権者は，引渡しを受けた動産を債務者に返還しなければならない。そして，代位債権者が引渡しを受けた目的動産から弁済を受けるためには，その物に対して強制執行の手続をとることが必要となる。そして，強制執行の手続をとった場合，他の一般債権者から配当加入の申し出があれば，各債権者の債権額に比例した割合で弁済を受けることになる。ただ，代位債権者は，債権者代位権行使のために費やした費用について共益費用の一般先取特権を有する（306条1号・307条）。もっとも，債権者は引渡しを受けた物について代物弁済を受けることができ，この場合には結果的に優先弁済を受けたことになる[4]。

なお，被代位権利が不動産の引渡債権である場合には，相手方から債務者への引渡しと登記名義の移転ができれば十分であるから，代位債権者への引渡請求を認める必要はないと解されている。ただし，不動産賃借人による妨

---

4)　中舎・430頁。

害排除請求権の代位行使の場合（債権者代位権の転用）には，代位債権者（賃借人）への引渡請求が認められる（→ **1.5.2**(2)参照）。

1.4 債権者代位権の効果

1.4.1 債務者の処分権の制限

> 【設例IV-4】 代位債権者Ｇが債務者ＳのＤに対する400万円の売掛代金債権を代位行使し，Ｄに対する訴訟を提起した。このことを知ったＳは，Ｄに対してこの売掛代金債権の履行を請求した。このＳの請求は認められるか。

【設例IV-4】において，Ｓの請求が認められると，Ｇの債権者代位権の行使は意味を持たなくなる。そこで，債権者代位権が行使された場合，従来の判例・通説は，被代位権利について債務者の処分権が制限されると解していた[5]。すなわち，債権者が債権者代位権の行使を債務者に通知するか，債務者がこれを知った後は，債務者は権利を処分することができない（最判昭48・4・24民集27巻3号596頁）。しかし，改正民法は，債権者が被代位権利を行使した場合であっても，債務者は被代位権利について自ら取立てその他の処分をすることが妨げられず，相手方も債務者に対して履行することが妨げられないと規定して（423条の5），従来の判例・通説の見解を採らなかった。債権者が債務者の権利を代位行使しても差押えと同様の効果（処分禁止の効果—民執145条参照）が生じるわけではないので，代位債権者からの通知や訴訟告知（423条の6）がなされても，債務者の処分権限は影響を受けないというのが，その理由である[6]。したがって，債権者代位権が行使されていても，債務者は相手方に対して権利を行使することができるし，相手方も債務者に履行することができる。そして，債務者が相手方からの履行を受領すれば，当該債権は消滅する。

5） 中田・217頁。
6） 潮見・概要80頁。

1.4.2　債権者代位訴訟における訴訟告知

　債権者代位権は，裁判外でも裁判上でも行使することができる。そして，債権者代位権を裁判上行使したとき，すなわち債権者代位訴訟を提起したときは，債権者は，遅滞なく債務者に対し訴訟告知をしなければならない（423条の6）。この規定は，債権者代位訴訟を提起した債権者に，債務者に対する訴訟告知を義務づけるものである。債権者代位訴訟を提起する債権者は法定訴訟担当の地位にあり（民訴115条1項2号参照），代位訴訟の判決の効力が債務者に及ぶことから（判例・通説），債務者に対する訴訟告知を義務づけて，債務者が代位訴訟に関与する機会を保障した[7]。

1.5　債権者代位権の転用

1.5.1　債権者代位権の二分的構成

　債権者代位権の本来の目的は，強制執行の準備のためにする債務者の責任財産の保全であり，このことから，当初，債権者代位権によって保全される債権は金銭債権であり，したがって債権保全の必要性とは債務者の無資力を意味すると理解されていた。しかしその後，代位債権者の特定の債権の保全のためにも債権者代位権を利用することが認められるようになってきた。この場合には，債務者の資力と関係なしに債権の実現を図ることから，責任財産の保全が目的ではなく，したがって債務者の無資力は要件とならない。このような債務者の責任財産保全以外の目的で債権者代位権が用いられる場合を，**債権者代位権の転用**という。そして，次のように債権者代位権を二分的に構成するのが現在の判例・通説である*。

　①本来型　　本来の目的である債務者の責任財産の保全を図るために債権者代位権が行使される場合であり，この場合には債務者の無資力が要件とされる。

　②転用型　　債務者の責任財産保全以外の目的で債権者代位権が行使される場合であり，この場合には，責任財産の保全は目的ではないので，債務者

7）　潮見・概要81頁以下。

の無資力は要件とされない。

> ＊本文で述べたように，債権者代位権の転用については，債務者の無資力は要
> 件とされない。それに代わって，一般的には，①債務者が権利を行使しない
> ことにより債権者の権利の実現が妨げられていること（必要性），②債権者の
> 権利を実現するために他に適当な方法がないこと（補充生），③債務者の権利
> の行使が債権者の権利の性質に応じて相当であること（相当性）が判断基準と
> されている。しかし，どの基準を重視するかで見解が割れており，さらに上
> 述の基準は明確性を欠くとして，被保全権利と被代位権利との間に密接な関
> 連性があることを要件とすべきという見解などもある[8]。

1.5.2　債権者代位権の転用例

(1)　登記請求権の代位行使

> 【設例Ⅳ-5】　不動産がＡ→Ｂ→Ｃへと順次譲渡されたが，登記はまだＡ名
> 義になっている。Ｃが自己名義の登記をするためには，登記がＢ名義になっ
> ている必要があるが，ＡもＢも登記をＢ名義に移そうとしない。Ｃはどうす
> ればよいか。

【設例Ⅳ-5】の場合，ＣがＡに対して，直接自己に所有権移転登記をする
よう請求することができれば，問題がない。しかし，判例によれば，現在の
登記名義人Ａと中間者Ｂの同意（ABC 三者の合意）がなければ，ＣのＡに対
する直接の移転登記請求権（中間省略登記請求権）は認められない（最判昭 40・
9・21 民集 19 巻 6 号 1560 頁）＊。そこで，Ｂに対するＣの所有権移転登記請求権
を保全するために，ＣがＡに対するＢの移転登記請求権を代位行使するこ
とが認められている（大判明 43・7・6 民録 16 輯 537 頁［百選Ⅱ 7 版-14］）。そし
て，改正民法は，新しく登記または登録の請求権の代位行使について明文の
規定を設けた。すなわち，登記または登録をしなければ権利の得喪および変
更を第三者に対抗できない財産を譲り受けたＣは，譲渡人Ｂが第三者Ａに
対して有する登記手続または登録手続の請求権を行使しないときは，その権
利を行使することができる（423 条の 7）。なお，改正民法は，規定のない転

---

8)　中舎・436 頁以下。

用事例を否定するものではなく，登記または登録の請求権の代位行使以外の転用については，判例・学説の解釈に委ねている[9]。

＊この場合，裁判でABC三者の合意が認定されて，Aに対してCへの移転登記を命ずる判決が出ることが必要であり，単にABC三者の合意書をもって中間省略登記の申請をしても，登記実務上は受け付けられない。

(2) 不動産賃借人による賃貸人の妨害排除請求権の代位行使

【設例Ⅳ-6】 BはAからその所有地を賃借しているが，第三者Cが同地上に無権原でバラックを建てて住んでいる。賃借地の利用を妨げられているBがCを追い出すために，どのような方法があるか。

　賃借不動産の利用を妨げられている賃借人が第三者の妨害を排除するための方法として，次のようなものが挙げられる。
　①占有の訴え（占有訴権）の行使　　賃借人が既に賃借不動産の引渡しを受けて占有している場合には，占有保持の訴え（198条）によって第三者の妨害を排除できる。しかし，この方法では占有を取得していない賃借人は保護されない。
　②賃借権に基づく妨害排除請求　　不動産賃借権が対抗力を備えている場合には＊，賃借権に基づく妨害排除請求権が認められる（605条の4）。しかし，不動産賃借権が対抗力を備えていない場合には，第三者による妨害を排除できない。
　③賃貸人の妨害排除請求権の代位行使　　不動産賃借権を保全するために，賃借人は，賃貸人の所有権に基づく妨害排除請求権を代位行使することができ（大判昭4・12・16民集8巻944頁［百選Ⅱ5版補-12]），しかも不法占拠者に対して賃借不動産を直接賃借人自身に明け渡すよう請求することができる（大判昭7・6・21民集11巻1198頁，最判昭29・9・24民集8巻9号1658頁）。この賃貸人の妨害排除請求権の代位行使は，賃借人の占有取得の有無や賃借権の対抗力具備の有無を問わず認められるが，代位行使される妨害排除請求権自体

9）潮見・概要83頁。

が否定されるときには，この方法はとれない（例えば第二賃借人が不動産を占有
している場合）。

＊不動産賃借権に対抗力を生じさせるものとして，賃貸借の登記（605条）のほ
　か，借地権については借地上建物の登記（借地借家10条），建物賃借権につい
　ては借家の引渡し（借地借家31条）がある（605条の2第1項参照）。なお，建
　物賃借権の対抗要件である借家の引渡しが行われておれば，賃借人は建物の
　占有を取得しているので，①の方法をとることもできる。

(3)　金銭債権保全のための登記請求権の代位行使

【設例IV-7】　土地をSに売却したAが代金の一部を受領したが，所有権移転
登記をしないまま死亡し，その共同相続人であるAの子XとYが登記移転義
務を共同相続した。ところが，Yが登記義務の履行を拒絶したために，Sは，
同時履行の抗弁権（533条）によって，相続人全員による登記義務の履行が
あるまで残代金の支払いを拒絶している。早く売却代金が欲しいXとしては，
どのような方法をとることができるか。

　【設例IV-7】の場合，Xは，自己の代金債権を行使する前提として，Sの
同時履行の抗弁権を消滅させる必要があり，そのためには他の共同相続人で
あるYに登記移転義務を履行させることが必要となる。そこでXは，自己
の代金債権を保全するため，「債務者たる買主の資力の有無を問わず，民法
423条1項本文により，買主に代位して，登記に応じない相続人に対する買
主の所有権移転登記手続請求権を行使することができる」と解されている
（最判昭50・3・6民集29巻3号203頁［百選II8版-12］）。これは，債務者の有す
る同時履行の抗弁権を消滅させるために，債務者の無資力を問題とせずに金
銭債権者による債権者代位権の行使を認めたケースである。このように，被
保全債権が金銭債権であっても，債権者代位権行使の目的が債務者の責任財
産の維持・充実のためでないときは，債務者の無資力という要件は必要とな
らない。

＊抵当権者が抵当不動産の不法占拠者を排除するために，債権者代位権を用い
　て所有者の妨害排除請求権を代位行使することが最高裁によって認められて
　いる（最大判平11・11・24民集53巻8号1899頁［百選I5版補-84］）。これも債

権者代位権の転用事例の 1 つということができる（→松井・担保 58 頁以下参照）。

(4)　債権者代位権の転用に対する評価

　通説は，このような債権者代位権の転用を認める判例の態度を支持しているが，これに批判的な見解もある。すなわち，(1)や(2)で取り上げた問題は，本来登記請求権や不動産賃借権に基づく妨害排除請求権の問題であるから，その問題領域の中で解決すべきであり，債権者代位権を便宜的に利用することは，債務者の自由な財産管理の尊重との関係で疑問であるとする。確かに，【設例Ⅳ-5】については，A と C との合意だけで C の A に対する中間登記請求権が認められるならば，債権者代位権の転用を認める必要性は小さくなり，また【設例Ⅳ-6】でも，不法占拠者といった無権原者に対しては，対抗要件を備えていない賃借権であっても，賃借権に基づく妨害排除請求権を認めてもよいとする見解をとるならば，同様に債権者代位権の転用を認める余地は小さくなるといえよう。しかし，いずれの問題についても，判例の態度は強固であり，また学説も現在のところ見解が分かれている以上，前述の債権者代位権の転用の 3 つの判断基準が充足される場合にはこれを認めてよいと考える。もっとも，【設例Ⅳ-5】の登記請求権の代位行使については，改正民法によって明文化されたので，立法論は別として，解釈論としては議論の余地がなくなった。

第 2 節　詐害行為取消権

2.1　詐害行為取消権の意義と法的構成

2.1.1　意　義

【設例Ⅳ-8】　G 銀行から 500 万円借りている S は，唯一の財産である不動産（時価 1500 万円）を甥の D に贈与してしまい，無資力になった。そのため，G 銀行の 500 万円の貸金債権の経済的価値はゼロに等しいものとなった。G としては，このような不利益を甘受しなければならないものであろうか。

詐害行為取消権（債権者取消権）とは，債権者が，債務者の責任財産を保全するために，債権者を害することを知りながら行った債務者の行為の取消しを裁判所に請求することができる権利をいう（424条1項本文）。言い換えれば，詐害行為取消権は，債務者が第三者との間で行った行為を取り消して，その行為によって生じた責任財産の減少を回復させることができる権利であり，債務者の責任財産の減少を防止するためのものである。【設例Ⅳ-8】で言えば，債権者G銀行は，債権者を害する行為（詐害行為）として，債務者Sが行った不動産の贈与契約の取消しを裁判所に請求し，Sの責任財産の保全（減少の回復）を図ることができる。なお，詐害行為取消権を行使する債権者を取消債権者，詐害行為の相手方を受益者，受益者から行為の目的物を取得した者を転得者（転得者からさらに目的物を取得した者も含む）という。

2.1.2　法的構成

詐害行為取消権の法的構成をどのように考えるかについて，古くから学説・判例上争いがあり，説が分かれている。すなわち，詐害行為取消権の法的構成を，詐害行為の効力の否認（取消し）とみるか，詐害行為によって逸出した財産の責任財産への取戻しとみるか，あるいは両者の結合したものとみるかによって，詐害行為取消権の効力やその行使方法に違いが出てくる。

(1)　形成権説

形成権説とは，詐害行為取消権を，意思表示の瑕疵に基づく取消しと同様に，詐害行為を債権者の一方的意思表示により取り消し，その効力を遡及的に無効なものにする形成権であると解する説をいう。この形成権説の特徴として，①詐害行為取消訴訟は形成訴訟になり，②債権者は，訴訟において，債務者と受益者または転得者の双方を共同被告にしなければならない，③遡及的無効という取消しの効果は，債権者との関係だけでなく，被告となった債務者と受益者または転得者の間においても生じる（取消しの絶対的無効），といったことが挙げられる。このような形成権説については，「取消しを裁判所に請求することができる」という424条1項本文の文言に忠実であるが，ⓐ債務者・受益者（または転得者）間の法律行為を絶対的に無効なものにすると，他の法律関係に大きな影響を及ぼすこと，ⓑ詐害行為を取り消しただけ

では逸出した財産は返還されないから，財産を取り戻すためには，さらに債権者代位権を用いて債務者の有する不当利得返還請求権を代位行使しなければならないことが批判された。

(2) 請求権説

請求権説とは，詐害行為取消権を詐害行為によって責任財産から逸出した財産の返還を請求する債権的権利（逸出財産の返還請求権）であると解する説をいう。すなわち，詐害行為取消権の目的は，責任財産から不当に逸出した財産を取り戻すことにあるとする説である。この請求権説の特徴として，①詐害行為取消訴訟は給付訴訟になり，②訴訟の被告は財産を保有する受益者または転得者（受益者から財産を転得している者がいるとき）であり，債務者は被告にならない，③取消しの効果は相対的である（詐害行為は取消債権者と受益者または転得者の間でのみ無効—取消しの相対的無効），といったことがあげられる。このような請求権説については，ⓐ 424条1項本文の文言を無視する見解であること，ⓑ詐害行為が約束されただけで現実に財産が逸出していない場合（贈与の約束が未履行の場合など）や，詐害行為がなされたが財産の返還が問題にならない場合（債務免除〔519条〕など）には，請求権説では対処できない，といった問題点が指摘された。

(3) 折衷説

折衷説は，上述の形成権説と請求権説の2つを折衷したものである。この見解は，明治44年の大審院連合部判決で示されたものであり（大連判明44・3・24民録17輯117頁［百選Ⅱ8版-14］），多数の学説の支持を受けて現在の通説になっている。そこで，この大審院連合部判決で述べられたところに従って，折衷説の内容を紹介すれば，次のようである。

①詐害行為取消権は，詐害行為を取り消し，かつこれを根拠として逸出した財産の取戻しを請求する権利である。

②詐害行為取消訴訟の被告は，受益者または転得者であり，債務者は被告にならない。

③取消しの効果として，詐害行為は債権者と被告となった受益者または転得者との間でのみ無効となり，訴訟に関与しなかった債務者，受益者または転得者との関係では依然として有効である（取消しの相対的無効）。

　④請求の内容として，債権者は，詐害行為の取消しと財産の返還または金銭賠償（価格賠償）を請求してもよいし，詐害行為の取消しだけを請求してもよい。

　以上のほかに，折衷説を支持する通説によれば，⑤詐害行為取消訴訟は，詐害行為を取り消す形成訴訟と受益者または転得者に対する給付訴訟の結合したものになり，⑥返還された財産について，債権者は債務者に対する債務名義に基づいて強制執行をかけることになる。

　このような折衷説の利点として，ⓐ詐害行為の取消しと逸出財産の返還を同時に請求することができるので，形成権説のように債権者代位権をさらに利用する必要がないこと，ⓑ詐害行為の取消しだけを請求することもできるので，請求権説と異なり，取消しだけで責任財産を保全できる場合にも対処できることなど，があげられている。この折衷説の問題点としては，取消しの相対的無効により無効という効果が債務者に及ばないとすると，財産が債務者に復帰することの理論的説明がつかないこと，言い換えればその財産が債務者の所有であるとして強制執行できることの理論的説明がつかないことが指摘されている。そのため，改正民法は，折衷説を維持しつつも（→ **2.3.2** (1)参照），取消しの効力については相対的無効を否定して，債務者およびそのすべての債権者に対しても取消しの効力が及ぶことを規定してる（425条 → **2.4.1** 参照）。

(4)　責任説

　責任説とは，詐害行為取消権は，債務者の責任財産から逸出した財産に対する強制執行を可能にする準備手段であり，「責任的無効」という効果を生じる形成権であると解する説をいう。ここでいう責任的無効とは，財産が詐害行為による逸出によって債務者の責任財産でなくなるという効果のみが無効となることをいい，この責任的無効によって，当該財産は，受益者または転得者に帰属したままで債務者の責任財産を構成することになる。この責任説は，詐害行為によって債権者が不利益を受けるのは，ある財産が債務者に帰属しなくなることではなくて，債務者の責任財産でなくなることであるから，詐害行為取消権の行使によって，その財産が受益者または転得者に帰属したままで債務者の責任財産を構成することになれば十分であるという考え

方に基づいている。

　そして，責任説によれば，債権者は受益者または転得者を被告とすればよく，債務者を被告にする必要がないとされる。また，訴訟の形態として，①詐害行為取消訴訟，すなわち責任財産から逸出した財産について責任的無効という効果を発生させるための形成訴訟と，②責任訴訟（強制執行忍容訴訟─詐害行為取消訴訟と同時に提起できる），すなわち受益者または転得者に帰属している当該財産に対して強制執行をかけるために，受益者または転得者に対して強制執行の忍容を求める訴訟の 2 つが必要とされ，債権者は，責任訴訟において責任判決（強制執行忍容判決）を得ると，当該財産に対して強制執行を行うことができるとされる*。

　責任説は現在における有力な見解であるが，ⓐ責任的無効や責任判決という考え方はわが国では一般に馴染みがないことや，ⓑ責任訴訟は現行の訴訟手続法では認められていないので，解釈論として採用することは困難であることなどの批判が出されている**。

　以上のように詐害行為取消権の法的構成については種々の見解があるが，以下では，改正民法がとる折衷説の立場から詐害行為取消権を説明していく。

　＊【設例Ⅳ-8】でいえば，①S→Dへの不動産の贈与が取消訴訟において取り消されると，その贈与契約が無効になるのではなく，その不動産はD所有の状態でSの責任財産を構成するという法律状態が形成される（Dは一種の物上保証人の地位に立つ）。そして，②責任訴訟において責任判決が得られると，これが債務名義となり，債権者Gは受益者Dの所有の状態で当該不動産に強制執行をかけることができ，この際，他の債権者も配当加入することができる。

　＊＊最近，結論的には責任説とほぼ同一であるが，新しい視点に立つ**訴権説**といわれる見解が主張されている。これは，424 条は詐害行為取消訴訟を提起できる訴権を定めた規定と解し，これに基づいて提起された詐害行為取消訴訟において取消判決（強制執行忍容判決）が出されると，これを債務名義として逸出財産に直接強制執行ができるとして，責任訴訟を不要とする説である[10]。

---

10)　佐藤岩昭「詐害行為取消権の法的構成」内田・大村編『民法の争点』201 頁以下（有斐閣，2007 年）。

2.2 詐害行為取消権の要件

改正民法は，受益者に対する詐害行為取消権の要件（424条）と転得者に対する詐害行為取消権の要件（424条の5）を分けて規定している。両者に共通する要件は，①被保全債権の存在，②債務者の詐害行為の存在，③受益者の悪意である。以下では，まず受益者に対する詐害行為取消権の要件について説明し（→ **2.2.1** 以下参照），続いて転得者に対する詐害行為取消権の要件を説明する（→ **2.2.5** 参照）。

2.2.1 詐害行為前の被保全債権の発生

(1) 被保全債権の種類

(ア) **金銭債権**　　詐害行為取消権の本来の制度趣旨は債務者の責任財産の保全であるから，被保全債権は金銭債権が想定されている。なお，強制執行によって実現できない債権は，被保全債権になることができない（424条4項）。執行力を欠く債権を保全するために強制執行の準備目的で詐害行為取消権を行使するのは適切でないからである[11]。

(イ) **金銭債権以外の債権**　　それでは，金銭債権以外の債権の保全のために詐害行為取消権を行使することができるか。これについては，改正民法には規定がなく，従来どおり解釈に委ねられている。

> 【設例Ⅳ-9】　Xは，Aから建物を買い受けて，移転登記と同時に代金を支払うことを約定した。ところがAは，この建物を他の債権者Yに代物弁済として譲渡し，移転登記を済ませてしまった。そこでXは，AY間の代物弁済は詐害行為であるとして，その取消しを求めて訴訟を提起した。このXの訴えは認められるか。

【設例Ⅳ-9】の場合は一種の二重譲渡であり，物権法の原則によれば，先に登記を備えたYが所有権を取得することができる（177条）。そこで，所有権を取得することができなくなったXは，AY間の代物弁済を詐害行為と

---

11)　潮見・概要86頁。

して取り消すことを考えたものと解される。【設例IV-9】では，X は，A との売買契約に基づいて，建物の引渡しを求める債権（特定物債権）を持っており，このような金銭債権以外の債権も被保全債権になることができるかどうかが争点である。最高裁大法廷は，金銭債権以外の債権も究極には損害賠償債権（金銭債権）に変わり，債務者の責任財産により担保されなければならないから，債務者が目的物を処分することによって無資力となった場合には，債権者は債務者の処分行為を詐害行為として取り消すことができると判示している（最大判昭 36・7・19 民集 15 巻 7 号 1875 頁［百選II 8 版-15］）。

　もっとも，これは金銭債権以外の債権そのものの保全のために取消権の行使を認めたものではないことに注意する必要がある。【設例IV-9】でいえば，A から Y への代物弁済・移転登記により X の債権は履行不能になるから，取消権行使の時点では X の被保全債権は損害賠償債権という金銭債権であり，金銭債権の保全のために取消権の行使が認められた場合といえる。上記大法廷判決は，詐害行為がなされた時点で被保全債権は金銭債権である必要はないとした点に意義があるとされる[12]。したがって，X は，特定物債権に基づいて直接自己に所有権移転登記をするように求めることは許されず，登記を A 名義に戻された建物に対する強制執行によって満足を受けるにとどまる（最判昭 53・10・5 民集 32 巻 7 号 1332 頁［百選II 8 版-16］）。

(2)　被保全債権の発生時期

　被保全債権は詐害行為前の原因に基づいて発生していなければならない（424 条 3 項）。債権者は，詐害行為前の原因によって発生した債権について，詐害行為によって減少する前の責任財産からの債権回収を期待しているからである。被保全債権は詐害行為より前に発生していなければならないとする改正前民法下の判例（最判昭 33・2・21 民集 12 巻 2 号 341 頁）を基に，被保全債権になることのできる債権の範囲を広げたものである。不動産の譲渡行為が被保全債権の発生原因より前になされておれば，所有権移転登記が被保全債権の発生原因の後になされても，債権者は，不動産譲渡行為を詐害行為として取り消すことができないと解される（最判昭 55・1・24 民集 34 巻 1 号 110 頁

---

12)　内田・303 頁。

［百選Ⅱ3版-17］参照——農地が贈与された後に被保全債権が成立し，その後に贈与に基づく所有移転登記がなされた事案）。債権譲渡の場合にも，同様に譲渡行為前の原因によって被保全債権が発生していなければならない。したがって，債権の譲渡行為が被保全債権の発生原因前になされたために詐害行為にならない場合には，債権発生原因後になされた債権譲渡の対抗要件（467条）だけを切り離して詐害行為取消権の対象とすることができない（最判平10・6・12民集52巻4号1121頁［百選Ⅱ8版-17］参照）。なお，被保全債権は詐害行為前の原因に基づいて発生した債権であればよく，詐害行為時に履行期にあることは必要でない。また，詐害行為後に被保全債権が譲渡された場合には，譲受人が取消権を行使することができる。

2.2.2　債務者の詐害行為の存在

(1)　序　説

(ｱ)　**詐害行為**　　詐害行為取消権の対象は，債務者が債権者を害することを知ってした行為（詐害行為）である（424条1項本文）。改正前の民法では「法律行為」が取消しの対象となっていたが，解釈によって法律行為でないもの（例えば弁済）も詐害行為取消権の対象になっているので，それを考慮して改正民法では「行為」としている[13]。もっとも，その法的効力を取り消すことが必要であるから，財産の損傷や隠匿などの事実行為は取消しの対象にならない[14]。

(ｲ)　**詐害行為の要件**　　債務者の行為が詐害行為に当たるかどうかの要件は，①債務者の行為が「債権者を害する」ものであること，すなわち**行為の詐害性**（客観的要件）と，②「債務者が債権者を害することを知って」いること，すなわち**債務者の詐害意思**（主観的要件）の2つである。そして，債務者の行為が詐害行為に当たるかどうかについては，これら2つの要件を切り離して別々に検討するのではなく，これらを相関的または総合的に判断すべきだとする見解が現在の学説では支配的であり，判例も同様の見解をとっていると解されている。例えば，贈与のような詐害性の程度が強い行為では，債

---

13)　潮見・概要85頁。
14)　平野・193頁。

務者の詐害意思が単純な悪意であっても詐害行為と評価され，弁済のような詐害性の程度が弱い行為では，債務者の詐害意思が害意であれば詐害行為と評価される。しかし以下では，まず行為の詐害性（→(2)・(3)参照）と債務者の詐害意思（→(4)参照）を分けて説明した後，改正民法が定める詐害行為の類型について個別に検討する（→ **2.2.4** 参照）。

行為の詐害性　×　債務者の詐害意思　＝　詐害行為

---

(2)　行為の詐害性

　詐害行為取消権の対象となる行為は，債権者を害するもの（詐害性のあるもの）でなければならない（424条1項本文）。債権者を害するとは，債務者の行為によって債務者の責任財産が減少し，債権者の債権が満足を得られなくなること，言い換えれば債務者の行為によって債務者が債権者を満足させるだけの十分な資力を有さなくなること（**債務者の無資力**）をいう[15]。したがって，責任財産を減少させる行為が行われても，債務者に債権者を満足させるのに十分な資力が残っておれば，債権者を害することにはならない。既に無資力状態にある債務者がさらに責任財産を減少させる行為を行った場合も，債権者を害することになる。債務者の無資力は，詐害行為時に存在するだけでなく，債権者が詐害行為取消権を行使する時（厳密には第二審の口頭弁論終結時）にも存在していることが必要である。なぜなら，行為によって債務者が無資力になっても，その後資力を回復すれば詐害行為取消権を認める必要がないからである。

(3)　詐害行為取消権の対象となる行為

　詐害行為取消権の対象となるのは，財産権を目的とする行為でなければならない（424条2項）。詐害行為取消権は債務者の責任財産を保全するための制度であるから，責任財産を構成する財産権を目的とする行為が詐害行為取消権の対象となる。

　財産権を目的としない行為の例として，婚姻・養子縁組・離婚などの身分

---

15)　平野・182 頁。

法上の行為（身分行為）が挙げられる。これらの行為によって債務者の財産状態が悪化し，債権者を害することになっても，詐害行為取消権の対象とならない。というのは，身分関係の設定や廃止は，行為者本人の自由な意思によってなされるべきであり，第三者が干渉することは許されないからである。

判例において，次のようなものが詐害行為取消権の対象となるかどうか問題となった。

①離婚に伴う財産分与行為　本来は取消権の対象にはならないが，財産分与が「民法768条3項の規定の趣旨に反して不相当に過大であり，財産分与に仮託してされた財産処分であると認めるに足りるような特段の事情」があれば，対象となる（最判昭58・12・19民集37巻10号1532頁，最判平12・3・9民集54巻3号1013頁［百選Ⅲ2版-19]）。

②離婚に伴う慰謝料支払いの合意　本来は取消権の対象にはならないが，「当該配偶者が負担すべき損害賠償債務の額を超えた金額の慰謝料を支払う旨の合意がされたときは，その合意のうち右損害賠償債務の額を超えた部分については，慰謝料支払の名を借りた金銭の贈与契約ないし対価を欠いた新たな債務負担行為というべきであるから，詐害行為取消権行使の対象となり得る」（前掲最判平12・3・9［百選Ⅲ2版-19]）。

③相続放棄（938条以下）　相続放棄は，財産を積極的に減少させる行為というよりはむしろ消極的にその増加を妨げる行為にすぎず，また身分行為であって他人が干渉すべき事柄ではないことから，取消権の対象にはならない（最判昭49・9・20民集28巻6号1202頁）。学説も，取消権の対象にならないとするのが通説であるが，反対説もある。

④遺産分割協議（907条）　共同相続人間で成立した遺産分割協議は，その性質上財産権を目的とする法律行為であるから，相続人の債権者は詐害行為取消権を行使することができる（最判平11・6・11民集53巻5号898頁［百選Ⅲ2版-69]）。

(4)　債務者の詐害意思

債務者の詐害意思とは，「債務者が債権者を害することを知って」いることをいう（424条1項本文）。この詐害意思については，債務者が無資力になることの認識（悪意）で足りるのか，それともより積極的な債権者に損害を与

える意図（害意）まで必要とするのかどうか問題となる。これについて，判例・通説は，一般的に行為によって無資力になることについての認識が債務者にあれば足り，特定の債権者を害する意図まで必要としないと解している。しかし，詐害行為の成否は法律行為の詐害性と債務者の詐害意思の相関的判断によって決定されるので，詐害意思が悪意で足りるのかそれとも害意まで必要とされるのかは，行為の詐害性の強弱との関係で判断されよう。例えば，一部の債権者に対する弁済が詐害行為となるためには，債務者に他の債権者を害する意図（害意）があることが必要と解されている（最判昭 33・9・26 民集 12 巻 13 号 3022 頁→ **2.2.4** (2)(ア)参照）。なお，この相関的判断によって詐害行為の成否を決定する見解は，債務者の詐害意思といっても，善意・悪意や害意といった純然たる意思だけを問題にするのではなく，法律行為を行った債務者の動機や目的なども考慮に入れて債務者の詐害意思の有無を判断すべきとしている。

　債務者の詐害意思は，行為時に存在することが必要である。行為時に債務者が詐害の事実を知らない限り，それが債務者の過失によるものであっても（善意・有過失），詐害行為取消権の行使は認められない。なお，債務者の詐害意思の存在は，詐害行為取消を行使する債権者が主張立証しなければならない。

2.2.3　受益者の悪意

　詐害行為取消権を行使することができるためには，受益者が行為の当時，債務者の行為が債権者を害することを知っていたこと（悪意）が必要である。受益者とは，債務者の行為によって利益を受けた者，すなわち詐害行為取消権の対象となる行為の相手方をいう。受益者の悪意については，債権者を害する意図は必要でなく，債権者を害することを認識しておればよい。受益者は自己の善意を主張立証できれば，詐害行為取消権の行使を免れることができる（424 条 1 項ただし書）。これは改正前の民法の解釈と同じである。

2.2.4　詐害行為の類型に関する特則

　改正民法は，いくつかの詐害行為の類型について特則を設けているので，

以下ではそれらについて説明する。

(1) 相当な対価を得てした財産の処分行為

> 【設例Ⅳ-10】 Gは，Sに対して 2000 万円の貸金債権を持っている。とこ
> ろが，Sは，他にめぼしい財産がないにもかかわらず，当時の評価額 3000
> 万円の土地を 2900 万円でDに売却し，Dへの所有権移転登記と引換えに売
> 却代金を受け取った。このSD間の売買契約は詐害行為になるか。

　債務者が不動産を無償または不当な廉価で譲渡することが詐害行為になる
ことには問題がない。問題となるのは，【設例Ⅳ-10】のような不動産を相当
な価格で売却し，そのため債務者の全体的な財産状態に変化がない場合であ
る。

　(ア) **判　例**　判例は，①不動産を売却して消費や隠匿または散逸しやす
い金銭に換えることは，債務者の資力を削減する可能性が生じることになる
から，相当価格による売却であっても原則として詐害行為になるとする（大
判明 39・2・5 民録 12 輯 136 頁，大判明 44・10・3 民録 17 輯 538 頁，大判大 7・9・26 民
録 24 輯 1730 頁など）。しかし，②売却代金を債務の弁済や家族の生活費・子
供の教育費などの有用の資金に充てる目的で不動産を売却した場合には，例
外的に詐害行為にならないとしている（大判大 8・4・16 民録 25 輯 689 頁，大判大
13・4・25 民集 3 巻 157 頁，最判昭 41・5・27 民集 20 巻 5 号 1004 頁—いずれも債務の弁
済のために不動産を売却した事例，大判大 6・6・7 民録 23 輯 932 頁—売却代金を家族の
生活費や子供の教育費に充てる目的で不動産を売却した事例）。

　(イ) **改正民法**　これに対し，改正民法は，これまでの判例とは逆の考え
方を採り，不動産の相当な価格での売却のような，相当な対価を得て行った
財産の処分行為は，原則として詐害行為にならないが，当該処分行為が次の
3 つの要件のすべてに該当する場合には，例外的に詐害行為になるとする
（424 条の 2 柱書）。第 1 に，当該行為が，不動産の金銭への換価その他の当該
処分による財産の種類の変更により，債務者において隠匿，無償の供与その
他の債権者を害する処分（隠匿等の処分）をするおそれを現に生じさせるもの
であること，第 2 に，債務者が当該行為の当時，対価として取得した金銭そ
の他の財産について，隠匿等の処分をする意思を有していたこと，第 3 に，

受益者が当該行為の当時，債務者が隠匿等の処分をする意思を有していたことを知っていたことである（同条1号～3号）。

　第1の要件は行為の詐害性に，第2の要件は債務者の詐害意思に，そして第3の要件は受益者の悪意にかかわるものである。この424条の2は，破産法161条と同様の枠組みを採用して，破産法上の否認権の法理との連続性・同質性を確保したものである[16]。

(2) 特定の債権者を利する行為（偏頗行為）

(ア) 義務的な債務消滅行為

> 【設例Ⅳ-11】　Gは，Sに対して売掛代金債権（300万円）を持っているが，Dも，Sに対して貸金債権（400万円）を持っている。そして，S（責任財産：600万円）は，Dの請求によりその債務を弁済したために，Gに弁済する資力を失ってしまった。この場合，SのDに対する弁済行為は詐害行為になるか。

　債務者が一部の債権者に弁済すると，一方では債務者の積極財産が減少するが，他方では消極財産も同じだけ減少するので，債務者の財産の絶対額は変動しない。しかし，債務者の積極財産がすべての債権者の債権を弁済するのに足りない場合に，一部の債権者に弁済がなされると，他の債権者は，平等の弁済がなされるのに比べて少ない額の弁済しか期待できなくなる。そこで，債権者の平等を破るような特定の債権者を利する行為（偏頗行為）が詐害行為になるかどうかが問題となる。

　(a) 判　例　　判例は，①債権者には弁済を求める当然の権利があり，債務者にも弁済をすべき当然の義務があること，そしてどの債権者に弁済するかは債務者の自由であり，債権者が平等の弁済を受けるのは，破産手続によってなされるべきであることを理由に，無資力の状況にある債務者が特定の債権者に弁済しても，原則として詐害行為にならないとする。しかし例外的に，②債務者が一部の債権者と通謀し，他の債権者を害する意思をもって弁済したような場合には詐害行為になるとしている（前掲最判昭33・9・26）。

---

16)　潮見・概要87頁。

(b) 改正民法 改正民法は，既存の債務のための担保供与行為（担保権の設定など）や債務消滅行為（弁済など）については，原則として詐害行為にならないとするが，これらの行為が次の2つの要件すべてに該当する場合には，例外的に詐害行為になると規定している（424条の3第1項柱書）。第1に，当該行為が債務者の支払不能（弁済期にある債務につき一般的かつ継続的に弁済できない状態）の時に行われたこと，第2に，当該行為が債権者と受益者とが通謀して他の債権者を害する意図で行われたことである（同項1号・2号）。

第1の要件は，行為の詐害性に係わるものであるが，これについては，債務者が支払不能状態にある場合には債権者間の平等を確保すべきことに注目し，特定の債権者に対する担保供与行為や弁済などの債務消滅行為が債務者の支払不能状態の時になされたことを詐害行為取消権の客観的要件として，基本的に破産法162条1項1号と同様の規律を採用した[17]。第2の要件は，債務者の詐害意思と受益者の悪意に係わるものである。これは，特定の債権者に対する弁済に関するこれまでの判例（前掲最判昭33・9・26）の見解を採用し，詐害行為取消権の行使のためには主観的要件として債務者と受益者との間に通謀的害意のあることを必要としたものである。

(イ) 非義務的な債務消滅行為

【設例IV-12】 Gは，Sに対して800万円の売掛代金債権を持っている。またDは，Sに対して1000万円の貸金債権を持っている。Sは，Dとの間で，S所有の債務額に相当する価格の不動産でDに対する債務を代物弁済することを合意し，Dへの所有権移転登記を行なった。そのため，SにはもはやGに弁済するだけの資力がなくなった。この場合，SD間の代物弁済は詐害行為になるか。

債権額を超える価格の物による代物弁済（482条→**第5章第3節**参照）が詐害行為になることはいうまでもない。問題となるのは，【設例IV-12】のような債権額に相当する価格の物による代物弁済が詐害行為になるかどうかである。債権額に相当する価格の物による代物弁済によって，債務者の財産の絶

---

17) 潮見・概要89頁。

対額に変動が生じない点では，(ア)の債務の弁済の場合と異ならないからである。

　(a)　**判　例**　判例は当初，弁済の場合と異なり，債務者が代物弁済をするか否かは自由であることを理由に，容易に詐害行為になることを認めていた（大判大8・7・11民録25輯1305頁など）。その後，代物弁済として債権譲渡がなされた事案について，債務超過の状態にある債務者が他の債権者を害することを知りながら特定の債権者と通謀し，その債権者に優先的に満足を得させる意図で債務の弁済に代えて自己の債権を譲渡したときは，譲渡された債権額が債務額を超えない場合であっても詐害行為になるとして，弁済と同じ基準を当てはめる判決が出されている（最判昭48・11・30民集27巻10号1419頁［百選II 4版-18]）。

　(b)　**改正民法**　改正民法は，既存債務のための担保供与行為や債務消滅行為が債務者の義務に属さない場合（例えば特約によらない担保権の設定や代物弁済），またはその時期が債務者の義務に属さない場合（例えば期限前弁済）について，原則として詐害行為にならないが，当該行為が次の2つの要件のすべてを満たすときには，例外的に詐害行為になるとする（424条の3第2項柱書）。第1に，当該行為が，債務者が支払不能になる前30日以内に行われたこと，第2に，当該行為が，債務者と受益者が通謀して他の債権者を害する意図で行われたことである（同項1号・2号）。

　第1の要件は，破産法162条1項2号と同様の規律を採用して，(ア)の場合よりも行為の詐害性要件を緩和して，行為が詐害行為取消権の対象となる場合を広げたものである。第2の要件は，債務者の詐害の意思と受益者の悪意に係わるものであり，前掲最判昭48・11・30の立場を採用して，債務者と受益者の通謀要件を設定した[18]。

(3)　過大な代物弁済等

> 【設例IV-13】　Sは，債権者Aとの間で評価額1500万円の土地で自己の800万円の貸金債務を代物弁済することについて合意し，Aに所有権移転登記をした。そのためSは，他の債権者Gに弁済するだけの資力を失ってしまった。この場合，Gは，SA間の代物弁済について詐害行為取消請求をすることができるか。

　【設例Ⅳ-13】のように，債務者による債務消滅行為であって，受益者の受けた給付の価格が当該行為によって消滅した債務額よりも過大である場合には，424条の要件に該当するときは，債権者は，消滅した債務額に相当する以外の部分について詐害行為取消請求をすることができる（424条の4）。したがって，【設例Ⅳ-13】の場合，Gの取消請求が認められるならば，Gは，受益者Aの受けた給付の価格のうちの消滅した債務額に相当する以外の額，すなわち1500万円から800万円を差し引いた700万円について（一部）取消しを求めることができる。上記の「424条の要件に該当する」という文言については，特に債務者の詐害意思と受益者の悪意が問題になろう。なお，代物弁済が424条の3第2項の2つの要件を満たす場合には（→(2)(イ)(b)参照），それが過大であるかどうかを問わず，代物弁済全体を取り消すことができる。

(4)　物的担保の供与

　(ア)　**特定の既存債務のための物的担保の供与**　　特定の既存債務のために抵当権や譲渡担保などの物的担保（担保物権）が供与された場合について，判例は，①特定の既存債務のための物的担保の供与は，その債権者に優先弁済権を与える反面，総債権者の共同担保である債務者の責任財産を減少させることになるので，詐害行為になるとする（最判昭32・11・1民集11巻12号1832頁，最判昭35・4・26民集14巻6号1046頁など）。しかし，②特定の既存債務に対する物的担保供与の目的によっては，詐害行為にならないとする（最判昭44・12・19民集23巻12号2518頁［百選Ⅱ初版-21］─取引の打切りを避けて営業を継続していくために，建物と営業用機械などの主な資産を譲渡担保に供した事案）。

　改正民法では，特定の既存債務に対する物的担保の供与が詐害行為に当たるかどうかは，偏頗行為に関する424条の3によって判断され（→(2)参照），特に債務者と受益者が通謀して他の債権者を害する意図で行われたことが必要とされる[19]。

　(イ)　**新たな借入れとそのための物的担保の供与**　　新たな借入れが行われ，そのために物的担保が供与された場合については，借入れによって債務

---

18)　平野・191頁。
19)　潮見・概要90頁，平野・192頁。

者の消極財産が増加するが，借り入れた金員が積極財産となるので，財産の絶対額は変わらないことになる。しかし，その債権者に物的担保が供与される結果，債務者の責任財産が減少し，他の債権者にとっては，平等弁済であれば得られたであろう額より少ない額しか弁済されないおそれが生じる。判例は，債権者の共同担保である責任財産を減少させることになるので詐害行為になるが，借入れの目的が是認できるものであれば，例外的に詐害行為にならないとする（最判昭42・11・9民集21巻9号2323頁—他に資力のない債務者が生計費や子女の教育費に当てるために家財衣料などを譲渡担保に供して金銭を借り受けた事案）。

　改正民法では，新たな借入れとそのための物的担保の供与は，相当な対価を得た財産の処分行為（→(1)参照）に準じて424条の2によって，詐害行為かどうかを判断される[20]。

2.2.5　転得者に対する詐害行為取消権
(1)　転得者に対する詐害行為取消権の要件

　転得者とは，受益者に移転した財産を受益者から取得した者，およびその者からさらに当該財産を取得した者をいう。改正民法は，この転得者に対する詐害行為取消権の要件を別に定めている（424条の5）。まず，①債権者が受益者に対して詐害行為取消権を行使できる場合であることが必要である。次に，②転得者が受益者から転得した場合には，当該転得者が，転得の当時債務者の行為が債権者を害することを知っていたこと，または③転得者が他の転得者から転得した場合には，その転得者およびその前のすべての転得者が，それぞれの転得の当時，債務者の行為が債権者を害することを知っていたことが必要である。

　上記の①の場合とは，債務者の行為の詐害性，債務者の詐害意思および受益者の悪意が存在する場合である。したがって，①と②または①と③の要件から，転得者に対して詐害行為取消権を行使することができるためには，受益者とその転得者またはすべての転得者がともに悪意であることが必要とさ

---

[20]　潮見・概要87頁，平野・193頁。

れる。転得者の悪意とは，債務者の行為が債権者を害することを知っていたことであり，受益者が悪意であることを知っていることは必要でない。改正民法では，転得者の悪意については取消債権者が主張立証しなければならない。これは，改正前民法の解釈の変更である。

(2) 詐害行為取消権の行使と受益者・転得者の善意・悪意の関係

詐害行為取消権の行使と受益者・転得者の善意・悪意の関係については，次のように解することができる。

①受益者・転得者がともに悪意の場合　債権者は，転得者に財産の返還を請求してもよいし，受益者に価格の償還を請求してもよい。

②受益者悪意・転得者善意の場合　債権者は，転得者に財産の返還を請求することはできず，受益者に価格の償還を請求するしかない。

③受益者善意・転得者悪意の場合　この場合について，民法改正前では，判例は，転得者に対して詐害行為取消権を行使することができるとしており（最判昭49・12・12金法743号31頁），同様に解するのが通説であった。取消しの相対的無効を前提にする限り，受益者と転得者の間では当該行為は有効であるから，受益者が転得者から追奪担保責任（旧561条）を追求されることがなく，詐害行為取消権が行使されても受益者は影響を受けないからであった。しかし，改正民法では，転得者に対して詐害行為取消権を行使することができるためには，受益者とその転得者またはすべての転得者がともに悪意であることが必要とされるので（424の5条），③の場合には受益者および転得者に対する詐害行為取消権の行使がともに否定されることになる。

①受益者　転得者 悪　意　悪　意 〇　　　〇	②受益者　転得者 悪　意　善　意 〇　　　×	③受益者　転得者 善　意　悪　意 ×　　　×

（〇─取消権行使可，×─取消権行使不可）

2.3　詐害行為取消権の行使

2.3.1　行使の方法と訴訟の相手方

(1)　詐害行為取消権行使の方法

　詐害行為取消権は，債権者が自己の名において（債権者の資格で），必ず訴えの方法（詐害行為取消訴訟）で行使しなければならない（424条1項本文）。これは，詐害行為取消権は，他人間の行為を取り消すという重大な効果を生じるので，要件充足の有無を裁判所に判断させるのが適当であるという考慮に基づくものである。

　改正民法がとる折衷説では，詐害行為取消権の行使は，詐害行為を取り消して逸出した財産を取り戻すことである。したがって，詐害行為取消訴訟は，詐害行為の取消しを求める形成訴訟と財産の取戻しを求める給付訴訟を併せた形態をとることになる。もっとも，詐害行為の取消しだけを求めることも認められているので，この場合の訴訟形態は形成訴訟となる。なお，詐害行為取消権は，反訴で行使することはできるが（最判昭40・3・26民集19巻2号508頁），抗弁によって行使することはできないと解されている（最判昭39・6・12民集18巻5号764頁）。

(2)　訴訟の相手方

　詐害行為取消訴訟の相手方（被告）は，①受益者に対する詐害行為取消請求訴訟では，受益者であり，②転得者に対する詐害行為取消訴訟では，転得者である（424条の7第1項）。この424条の7第1項の反対解釈として，債務者は被告にならない。これは，改正前の民法における判例・多数説に従ったものである[21]。そして，債権者は，詐害行為取消訴訟を提供したときは，遅滞なく債務者に訴訟告知をしなければならない（同条2項）。債務者は被告にならないが，詐害行為取消請求を認容する確定判決の効力が債務者に及ぶので（425条），債務者に対する手続保障を図るために，債権者に訴訟告知義務を課したのである[22]。

---

21)　潮見・概要95頁。
22)　潮見・概要96頁。

2.3.2　請求の内容

(1)　取消請求の内容

　詐害行為取消請求の内容は，①受益者に対する取消請求では，債務者の行為の取消しとともに，受益者に移転した財産の返還請求，または受益者による財産の返還が困難なときは価額の償還請求である（424条の6第1項）。②転得者に対する取消請求では，債務者の行為の取消しとともに，転得者が転得した財産の返還請求，または転得者による財産の返還が困難なときは価額の償還請求である（同条第2項）。したがって，詐害行為取消請求は，詐害行為の取消しとともに詐害行為の目的物またはその価額の返還請求であり，これは詐害行為取消権の法的構成に関する折衷説と同じ考え方に立つものである。

(2)　個々の財産について

　(ア)　**不動産**　　不動産については，取消債権者は，債務者への引渡しと詐害行為によってなされた登記の抹消または債務者への移転登記を請求できるだけであり，直接自己への引渡しや移転登記を請求することができない（前掲最判昭53・10・5［百選Ⅱ8版-16]）。そして，取消債権者は，債務者名義に回復された不動産に対する強制執行によって債権の回収を図ることになる。この際，他の債権者も配当加入をすることができる。

　(イ)　**金銭と動産**　(a)　**金銭と動産の返還**　　債権者が受益者または転得者に対して財産の返還を請求する場合（424条の6第1項前段または第2項前段）において，その返還請求が金銭の支払請求または動産の引渡請求であるときは，債権者は，受益者に対してその支払いまたは引渡しを，転得者に対してその引渡しを，自己に対してすることを求めることができる（424条の9第1項前段）。これは，改正前の民法における判例（大判大10・6・18民録27輯1168頁―金銭の支払いの場合，最判昭39・1・23民集18巻1号76頁―動産の引渡しの場合）に従ったものである。そして，返還を求める財産が金銭の場合には，取消債権者は，受け取った金銭を債務者に返還する債務（不当利得返還債務）と自己の金銭債権とを相殺することができる[23]。それ故，この場合には取消債権者

---

23)　潮見・概要98頁，中舎・463頁。

は事実上の優先弁済を受けることになる。受益者または転得者が債権者に金銭の支払いまたは動産の引渡しをしたときは，受益者または転得者は，債務者に対する支払義務または引渡義務を免れる（424 条の 9 第 1 項後段）。

　債権者が受益者または転得者に対して価額の償還を請求する場合（426 条の 6 第 1 項後段または第 2 項後段）についても，424 条の 9 第 1 項と同様とされる（429 条の 9 第 2 項）。

　(b)　金銭の返還をめぐる問題　　金銭の返還の場合について，さらに次のことが問題となる。

　① 1 つは，取消債権者が金銭の支払いを受けた場合，他の債権者が自己への分配を請求することができるかという問題である。

> **【設例Ⅳ-14】**　債権者 S に対して F と G がそれぞれ 1000 万円の債権を持っていた。ところが，S が D に財産を贈与し，これが詐害行為として G によって取り消された。しかし，目的物が善意の E に転売されていたので，800 万円の価額償還が D に命じられ，G は D から 800 万円を受け取った。この場合に，他の債権者 F は，自己の債権の按分額 400 万円について G に分配を請求することができるか。

　判例は，「取消債権者は……自己が分配者となって他の債権者の請求に応じ平等の割合による分配をなすべく義務を負うものと解することはできない。そのような義務あるものと解することは，分配の時期，手続等を解釈上明確ならしめる規定を欠く法のもとでは，否定するのほかない」として，他の債権者に分配する法的手続がないことを理由に，他の債権者による分配の請求を否定している（最判昭 37・10・9 民集 16 巻 10 号 2070 頁）。

　②他の 1 つは，受益者も債権者の 1 人である場合，取消債権者からの支払請求に対して，債権者である受益者は，自己に分配されるべき金額の支払いを拒むことができるかという問題である。

> **【設例Ⅳ-15】**　債務者 S に対して 1000 万円の債権を有している D が S から代物弁済を受けた。そして，同じく 1000 万円の債権を有する G によってこの代物弁済が詐害行為として取り消された。しかし，目的物が善意の E に転

売されていたので，G は，D に 800 万円の価額償還を求めた。これに対して，D は，G が請求できるのは D の債権の按分額 400 万円を控除した残額についてのみであると主張した。このような D の主張は認められるか。

　詐害行為取消権は，総債権者のために，取消債権者が詐害行為を取り消して債務者の責任財産から逸脱したものを取り戻すことができる制度である。そこで，判例は，債権者の 1 人である受益者が自己の債権の按分額の支払いを拒絶できるとすると，「いちはやく自己の債権につき弁済を受けた受益者を保護し，総債権者の利益を無視することに帰する」から，上記の詐害行為取消権の趣旨に反することになるとして，D の主張を退けている（最判昭 46・11・19 民集 25 巻 8 号 1321 頁［百選 II 7 版-19]）。

　改正民法では，債務者の債務消滅行為が取り消された場合において，受益者が債務者から受けた給付を返還しまたは価額を償還したときは，受益者の債務者に対する債権は回復すると規定されている（425 条の 3 → **2.4.3** 参照）。この規定によれば，【設例IV-15】では取消しによってではなく価額償還によって受益者 D の債権が復活する。言い換えれば，D が 800 万円の価額償還を先に行って初めて D の債権が復活するので，価額償還をする前に自己の債権の按分額の控除を主張する余地はないといえよう[24]。

2.3.3　取消しの範囲
(1)　詐害行為の目的が可分である場合

　詐害行為取消権は取引の安全に与える影響が大きいので，取消の範囲は，責任財産保全のために必要かつ十分な範囲に限定されることが望ましい。そのため，取消しの範囲は，詐害行為当時の取消債権者の債権額が限度とされる。したがって，詐害行為の目的が金銭の支払いのような可分である場合には，債権者は自己の債権額の限度でのみ行為の取消しを請求することができる（424 条の 8 第 1 項）。例えば，400 万円の貸付金債権を有する G が 700 万円の贈与契約を詐害行為として取り消す場合には，G は，700 万円の贈与契約

---

24)　平野・212 頁。

を 400 万円の限度で取り消すことができる。また，424 条の 6 第 1 項後段または第 2 項後段により債権者が価額の償還を請求する場合にも，債権者は，自己の債権額の限度でのみ行為の取消しを請求することができる（424 条の 8 第 2 項）。これは，改正前の民法における判例（大判大 9・12・24 民録 24 輯 2064 頁など）に従ったものである。

(2)　詐害行為の目的が不可分である場合

これに対し，詐害行為の目的が不動産の譲渡のような不可分である場合については，改正民法に規定はない。しかし，改正前の民法におけると同様に，その価額が債権者の債権額を超える場合であっても，その行為全体を取り消すことができると解されよう（最判昭 30・10・11 民集 9 巻 11 号 1626 頁など）。例えば，建物の贈与契約を詐害行為として取り消す場合には，取消債権者の債権額がその建物の価額を超えていないときであっても，贈与契約全体を取り消すことができる。

問題となるのは，【設例Ⅳ-16】のような場合である。

> 【設例Ⅳ-16】　債権者 S は，その所有する建物（時価 3000 万円）について，D のために抵当権（被担保債権額 1500 万円）を設定していたが，この建物を代物弁済として抵当権者 D に譲渡し，所有権移転登記がなされるとともに抵当権設定登記が抹消された。S はこの建物の譲渡によって無資力となったので，他の債権者 G がこの代物弁済について詐害行為として取消しを求めた。G の債権額は 2500 万円であるが，G は，代物弁済全体を取り消すことができるか。

取消しの相対的無効の立場をとる改正前の民法の下では，【設例Ⅳ-16】の場合，詐害行為取消権によって SD 間の代物弁済の効力を取り消しても，代物弁済は GD 間での効力を失い，SD 間では有効であるので，代物弁済による D の抵当権の消滅とその登記の抹消は有効である。したがって，詐害行為の目的が建物の譲渡という不可分であることから SD 間の代物弁済全体の取消しを認めると，D の抵当権が消滅して登記が抹消されているため，G は，抵当権の付着していない建物，すなわち建物の価額から被担保債権額を控除した額よりも多額の財産を取り戻すことになり，G を不当に優遇することになる。そこで判例は，詐害行為取消権の目的は債権者の共同担保の保全

のため債務者の責任財産の減少行為を取り消し，減少分を返還させることにあるから，「取消は債務者の詐害行為により減少された財産の範囲にとどまるべき」であるとした。【設例IV-16】では，取消しは，建物の価額 (3000万円) から抵当債権額 (1500万円) を控除した残額の部分 (1500万円) に限って許されることになる (詐害行為の一部取消し)。そして，詐害行為の一部取消しにおいて詐害行為の目的が不可分と認められる場合には，「債権者は一部取消の限度において，その価額の賠償を請求するの外はない」と判示した (前掲最大判昭 36・7・19 [百選II 8版-15])。

　しかし，改正民法では，取消しの相対的効力が否定されて取り消された行為は債務者との間でも無効となるので (425条→ **2.4.1** 参照)，【設例IV-16】では，Gの取消しによって代物弁済は GD 間だけでなく SD 間でも無効となり，抵当権の消滅も効力を生じない。そのためGは，建物を抵当権付きでSの下へ復帰させることができ，その方法として抵当権設定登記の復活と所有権移転登記の抹消登記を請求できることになる[25]。したがって，【設例IV-16】の場合，改正民法では上述の最大判昭 36・7・19 のような価格賠償 (価額償還) の請求にはならないといえよう。

2.3.4　詐害行為取消権の期間制限

　詐害行為取消請求の訴えは，債務者が債権者を害することを知って行為をしたことを債権者が知った時から2年経過した時は，提起することができない (426条前段)。また，行為の時から10年を経過したときも，提起することができない (同条後段)。この規定は，改正前民法の規定の期間の意味を消滅時効期間 (旧426条前段) および除斥期間 (同条後段) から訴え提起の期間制限 (出訴期間) に改めるとともに[26]，長期の期間を 20 年から 10 年に短縮した。そして，2年の期間の起算点に関する「債務者が債権者を害することを知って行為をしたことを債権者が知った時」という定めは，民法改正前における判例 (最判昭 47・4・13 判時 669 号 63 頁) に従ったものである。

---

25)　平野・210 頁。
26)　潮見・概要 106 頁，中田＝大村他・154 頁。これに対し，平野・213 頁は，この2つの期間をともに除斥期間とする。

2.4　詐害行為取消権の効果

2.4.1　認容判決の効力が及ぶ者の範囲

(1)　改正民法

　詐害行為取消請求を認容する確定判決は，債務者およびそのすべての債権者に対しても効力を有する（425 条）。改正民法は，この規定により詐害行為取消請求の認容判決の効力が被告でない債務者およびそのすべての債権者にも及ぶとした点で，民法改正前における解釈を大きく変更した。すなわち，改正民法は取消しの相対的無効という考え方を否定して，取消債権者との間だけでなく債務者およびそのすべての債権者との間でも，詐害行為が無効になることを明らかにしている。そのため，例えば債権者 A が土地の不当な廉価による売買について詐害行為取消訴訟を提起し，取消しを認容する確定判決を得た場合には，売主である債務者およびそのすべての債権者との関係でも当該売買は無効となるので，他の債権者 B は売主の代金債権を差し押さえることはできない。

(2)　詐害行為取消しの効果

　詐害行為取消権は債務者の総債権者の共同担保である債務者の責任財産の保全のために行使されるので，詐害行為取消しの効果は，総債権者の利益のために生じる。すなわち，受益者または転得者から取り戻された財産または償還された価額は，債務者の責任財産として回復され，総債権者の共同担保になる。そして，取消債権者は，詐害行為取消訴訟に要した費用について共益費用の一般先取特権（306 条 1 号・307 条）を有するだけであり，取り戻された財産や償還された価額について優先権を持たない。もっとも，取り戻された財産が金銭の場合には，事実上取消債権者が優先的に弁済を受けられることはすでに述べたとおりである（→ **2.3.2** (2)(イ)参照）。

　これに対し，転得者に対する詐害行為取消しの効果は，債務者およびその総債権者のほかに当該転得者に及ぶが，当該転得者の前者（受益者や当該転得者の前の転得者）には及ばない。そのため，当該転得者が債務者に現物返還や価額償還をした場合でも，当該転得者は，自己の前者に対する反対給付の返還や債権の回復を求めたりすることができない[27]。そこで，改正民法 425 条

の4が特別に転得者の権利を規定している (→ **2.4.4** 参照)。

2.4.2 受益者の権利

債務消滅行為を除く債務者の財産処分行為が取り消された場合，受益者は，債務者に対し，財産取得のためにした反対給付の返還を請求することができる (425条の2前段)。債務者が反対給付を返還することが困難であるときは，受益者は，その価額の償還を請求することができる (同条後段)。この条文は，債務消滅行為を除く債務者の財産処分行為が受益者との関係で取り消された場合における，債務者に対する受益者の反対給付返還請求権または価額償還請求権を規定したものである。

すでに述べたように，425条によって取消しによる詐害行為の無効の効力は債務者にも及ぶので，受益者は，債務者の不当利得として反対給付の返還または価額の償還を請求することができることになる。例えば，①Sが所有の甲動産 (評価額400万円) をDに200万円で売却したところ，Sの債権者Gがこの売買契約を詐害行為として取り消すことと甲の引渡しを求めて訴えを提起し，これが認められた場合において，受益者DがSまたはGに甲を引き渡したときには，Dは，債務者Sに対し代金200万円 (反対給付) の返還を請求することができる (425条の2前段)。また，②SとDがSの所有する甲動産 (評価額400万円) とDの所有する乙動産 (評価額250万円) を交換する契約を締結したが，その後乙はSのもとで消滅し，そしてSの債権者Gがこの交換契約を詐害行為として取り消すことと甲の引渡しを求めて訴えを提起し，これが認められた場合において，DがSまたはGに甲を引き渡したときには，Dは，Sに対し乙の価額250万円の償還を請求することができる (同条後段)[28]。

なお，425条の2は，受益者の反対給付の返還請求または価額の償還請求については，受益者が詐害行為により逸出した財産またはその価額を債務者または取消債権者に返還または償還することが先履行になることを前提にし

---

27) 潮見・概要99頁。
28) 例は，潮見・概要100頁を参考にした。
29) 潮見・概要100頁。

ている[29]。

2.4.3　受益者の債権の回復

　債務者の債務消滅行為（例えば代物弁済）が取り消された場合（424条の4に
より取り消された場合を除く）において，受益者が債務者から受けた給付を返還
しまたはその価額を償還したときは，受益者の債務者に対する債権は回復す
る（425条の3）。これは，破産法169条と同じ趣旨の規定であり，改正前の
民法における判例（大判昭16・2・10民集20巻79頁）でもある。そして，債権
の回復と受益者の給付返還または価額償還の義務の間には同時履行の関係は
なく，受益者が給付または価額の全部を返還または償還することが先履行と
されている[30]。

2.4.4　転得者の権利

　債務者の行為が転得者に対する詐害行為取消請求によって取り消された場
合，転得者は，次の各号の区分に応じて，当該各号に定める権利を行使する
ことができる。ただし，転得者がその前者から財産を取得するためにした反
対給付またはその前者から財産を取得することによって消滅した債権の価額
が限度とされる（425条の4）。①第1は，債務消滅行為を除く債務者の財産
処分行為が取り消された場合である。この場合には，転得者は，その行為が
受益者に対する詐害行為取消請求によって取り消されたとすれば425条の2
により生ずべき受益者の債務者に対する反対給付の返還請求権またはその価
額の償還請求権を行使することができる（同条1号）。②第2は，債務者の債
務消滅行為が取り消された場合である（424条の4により取り消された場合を除
く）。この場合には，転得者は，その行為が受益者に対する詐害行為取消請
求によって取り消されたとすれば425条の3により回復すべき受益者の債務
者に対する債権を行使することができる（同条2号）。

　例えば，①Sが所有の甲動産（評価額400万円）をDに300万円で売却し，
さらにDが甲をEに200万円で売却したところ，Sの債権者Gが転得者E

---

30)　潮見・概要101頁。

を相手に，SD 間の売買契約を詐害行為として取り消すことと甲の引渡しを求めて訴えを提起し，これが認められた場合において，E が S または G に甲を引き渡したときには，E は，S に対し，300 万円ではなく 200 万円の返還を請求することができる (425 条の 2 第 1 号)。また，②S が債権者 D に対し，300 万円の乙金銭債権の代物弁済として自己保有の甲動産 (評価額 400 万円) を譲渡し，さらに D が甲を E に 200 万円で売却したところ，S の他の債権者 G が転得者 E を相手に，SD 間の代物弁済契約を詐害行為として取り消すことと甲の引渡しを求めて訴えを提起し，これが認められた場合において，E が S または G に甲を引き渡したときには，E は，S に対し，300 万円ではなく 200 万円の範囲で乙金銭債権を行使することができる (同条 2 号)。

　債務者の行為が転得者との関係で詐害行為として取り消されたとき，転得者は，詐害行為を基礎として受益者から得た財産またはその価額を債務者または取消債権者に返還または償還することになる。しかし，転得者に対する詐害行為取消しの効果は転得者の前者には及ばないので，転得者は，債務者または取消債権者に現物返還または価額償還をしても，自己の前者に対する反対給付の返還請求や債権の回復を認められない。そのため，転得者は一方的に不利な地位に置かれる。そこで，425 条の 4 は，債務者と受益者間の行為が転得者に対する詐害行為取消請求によって取り消された場合に，転得者の前者に対する反対給付または債権の価額を限度に，受益者の債務者に対する反対給付の返還請求権や価額の償還請求権あるいは受益者の債務者に対する債権の行使を転得者に認めた[31]。ここでも，転得者が前者から取得した財産を返還しまたはその価額を償還することが先履行となる[32]。

---

31)　潮見・概要 102 頁以下。
32)　潮見・概要 103 頁。

第 5 章　債権の消滅

第 1 節　序　説

1.1　債権消滅の意義

　債権の消滅とは，一般に債権が存在しなくなることをいう[1]。債権は，債権者が債務者に対して一定の行為（給付）を請求することができる権利である。例えば，K が V からその所有するパソコンを買い受けた場合，買主 K は売主 V に対してパソコンの引渡行為を請求することができる債権を取得する。したがって，V から K への引渡しが完了すれば，K の債権は目的を達して消滅する。このように，債権は，通常その目的である給付の内容が実現することによって消滅する。しかし，給付の内容を実現させる必要がなくなった場合にも，債権は消滅する。この場合に債権が消滅するのは，債権を存在させておく必要がないからである。

1.2　債権の消滅原因

1.2.1　消滅原因の種類

　民法第 3 編債権は，第 1 章総則の第 6 節で，債権の消滅原因として弁済（473 条以下）・代物弁済（482 条）・弁済供託（494 条以下）・相殺（505 条以下）・更改（513 条以下）・免除（519 条）・混同（520 条）の 7 つを規定している。これらのうち，①法的性質として法律行為であるものは，代物弁済・弁済供託・更改（いずれも契約）および相殺・免除（いずれも単独行為）であり，②準法律行為であるものは，弁済（通説）であり，③事件であるものは，混同である。このほか，債権は，消滅時効の完成や存続期間の満了などにより，また債権

1）　於保・344 頁。

が法律行為 (契約) によって発生するときは，法律行為 (契約) の取消し，契約の解除，解除条件の成就，終期の到来によっても消滅する。

1.2.2 消滅原因の分類

債権の消滅原因を給付の内容の実現との関係で分類すれば，次のようになる。

(1) 内容の実現による消滅

債権の目的である給付の内容が実現すれば，債権はその本来の目的を達成して消滅する。これは債権本来の消滅原因であり，弁済がその典型である。代物弁済・弁済供託・相殺もこれに準ずるものである。このほかに，担保権の実行や強制執行による債権の満足も，内容の実現による消滅に含まれる。

(2) 内容の実現不必要による消滅

給付の内容を実現させる必要がなくなった場合にも，債権を存在させておく必要がないので，債権は消滅する。更改・免除・混同がこれに属する。これらは，いずれも本来の給付の内容を実現させるものではないが，これらによって本来の給付の内容を実現させる必要がなくなるので，債権の消滅原因とされている。

> ＊内容の実現不能による消滅について　　債務者の帰責事由によらないで債務の内容が実現不能 (履行不能) になった場合，例えば建物の売買において目的建物が債務者である売主の帰責事由によらずに焼失して引渡しができなくなった場合，改正前の民法では，買主の建物に対する債権は当然に消滅し，代金債務の存続の有無が問題となった (危険負担の問題。旧534条以下)。しかし，改正民法では，「債務の履行が契約その他の債務の発生原因および取引上の社会通念に照らして不能であるときは，債権者は，その債務の履行を請求することができない」と定められ (412条の2第1項)，買主の建物に対する債権は消滅しないで売主に履行不能の抗弁権が認められるだけになった。これにあわせて，買主の反対債務 (代金支払債務) も消滅せず履行拒絶権が成立することになった (536条1項)。

以上のように，債権の消滅原因には種々のものがあるが，以下では債権総則第6節で定められている7つの消滅原因を検討する。それらの中では，と

りわけ弁済と相殺が重要であるので，この2つが中心になる。

第2節 弁 済

2.1 弁済の意義

弁済とは，債務者または第三者が債権の内容である給付行為を行うことをいい，これによって債権は目的を達成して消滅する[2]。改正民法では，弁済の効果を明確にするために，弁済によって債権が消滅することが定められた（473条）。給付行為は，売買における目的物の引渡しや代金の支払いなどのような，積極的な行為（作為）である場合もあれば，夜10時以降はピアノを弾かないというような，消極的な不作為の場合もある。また，給付行為は，本来は債務者によってなされるが，第三者による給付行為も弁済となることができる（474条→ **2.4.1** (3)参照）。弁済と同じ意味で**履行**という用語が使われるが，弁済は債権の消滅という効果から見た表現であるのに対して，履行は債権の内容である給付を実現する行為の面から見た表現である。弁済は，債務者や第三者（以下では，両者を含めて「弁済者」という）の給付行為によってなされるが，給付行為が不作為である場合を除いて，少なくとも受領という相手方の協力があって債権は消滅する。したがって，給付行為は弁済の重要な要素であるといえるが，厳密には給付行為それ自体が弁済であるのではない。

> ＊弁済の法的性質　　弁済の法的性質について，かつては，①弁済には給付行為を弁済のためにするという弁済者の弁済意思が必要であるとする法律行為説，②弁済には弁済意思は必要ではなく，客観的に債権の内容に適した給付があればよいとする準法律行為説，③給付行為が法律行為であれば弁済は法律行為になり，給付行為が事実行為であれば弁済は事実行為になるとする折衷説があり，②の準法律行為説が通説であった。この説は，弁済によって債権が消滅するのは弁済意思の効果によるのではなく，債権の目的が達成され

---

2)　我妻・213頁，奥田・487頁など。

たことによるものであるとする[3]。しかし，準法律行為説は，弁済を準法律行為ととらえる積極的な理由に基づくものではなく，法律行為に関する規定の準用という理論構成が適切であるという理由によるものである[4]。そして，近年では，④弁済は事実行為であるとする説[5]や，⑤弁済の性質を論じる必要はなく，何が債務の本旨に従った履行かを考えれば足りるとする説[6]が，有力に主張されている。

2.2 弁済の提供

2.2.1 意　義

弁済には，債権者の協力が必要となることが少なくない。例えば，物の引渡しでは債権者による受領が必要であり，債権者の指定する場所での引渡しでは債権者による引渡場所の指定が必要である。このような場合，債務者が弁済のために必要な準備をしていても，債権者の協力が得られなければ弁済の完了にはならない。したがって，債務者は債務を消滅させることができず，債務不履行による責任を負う危険性が生じる。もちろん，債務者は弁済供託（→第4節参照）をして債務を消滅させることができるが，債務者としてなすべきことをすれば，少なくとも債務不履行による責任を負わされることがないようにしておくことが適当と考えられる。そこで，民法は，弁済の完了に債権者の受領その他の協力行為が必要な債務について，債務者が弁済の提供をしておれば，債務者は債務を履行しないことによって生じうる責任を免れるとしている（492条）。これを，**弁済の提供の制度**という。

2.2.2 効　果

(1)　債務不履行についての免責

債務者は，弁済の提供の時から，債務を履行しないことによって生じうる責任を免れる（492条）。したがって，①債務不履行による損害賠償（415条）

3）　我妻・216頁。
4）　於保・351頁。
5）　奥田・491頁，林＝石田＝高木・229頁。
6）　平井・164頁。

を請求されず，②契約の解除（541条）がされることもなく，③違約金（420条3項）も請求されない。また，④担保権を実行されることがない。

これらは，債務そのものを消滅させるものではなく，債務者が債務不履行責任を追及されるのを防ぐという，いわば防御的な効果である。そして，債務を消滅させるためには，債権者に受領してもらうか，または弁済供託（494条以下）をする必要がある。

(2) その他の効果

弁済の提供のその他の効果として，①債権者の同時履行の抗弁権（533条）の喪失，②約定利息の発生停止，③特定物の引渡しにおける注意義務（400条）の軽減，④増加費用の請求（485条ただし書），⑤危険の移転などがあげられる。もっとも，③〜⑤の効果は受領遅滞（413条）の効果と解されているので，厳密には履行の提供の効果ではない。

①の場合には，債務者は弁済の提供によって債権者から同時履行の抗弁権を奪い，それによって債権者を履行遅滞に陥らせて契約を解除することができるようになるので，①の弁済の提供の効果は，攻撃的な効果であるということができる。

2.2.3 方 法

弁済の提供の方法には，**現実の提供**と呼ばれるものと**口頭の提供**と呼ばれるものの2つがある（493条）。

(1) 現実の提供

現実の提供とは，債務の本旨に従って現実になされた提供をいう（493条本文）。債務の本旨に従った提供とは，契約の解釈によって定まった内容の債務を，弁済すべき時期と場所で提供することである[7]。そして，現実になされた提供とは，債務者が当該事情のもとでできる限りのことを行い，ただ債権者の協力がないために履行を完了することができないという程度にまですべてのことをすることをいい，債権者のすべき唯一の協力が給付の受領であるときは，債務者は債権者が直ちに受領できる程度にまですべきことをしなければならない（大判大10・7・8民録27輯1449頁）。このような現実の提供

7）　平井・167頁以下，中田・307頁。

が弁済提供の方法の原則である。

　現実の提供に当たるかどうかは債務の種類によって異なるので，以下では金銭債務と物の引渡債務に分けて検討する。

　㈦ 金銭債務の場合　まず，提供すべき金額は債務全額でなければならず，一部の金額の提供は，原則として現実の提供にならない（大判明44・12・26民録17輯808頁）。したがって，元本のほかに利息や費用を支払わねばならないときは，その全額を提供しなければならない。また，履行期後に弁済するときは，代金債務と共に遅延損害金（419条）も併せて提供しなければならない（大判大8・11・27民録25輯2133頁）。ただし，提供された金額の不足が極めてわずかな場合には，信義則上有効な現実の提供と解されることがある（最判昭35・12・15民集14巻14号3060頁—元利合計15万4500円を提供すべきところ，1360円足りなかった場合に，有効な現実の提供と認めた事案—など）。これに対し，多すぎる提供については，債務の本旨に従った弁済の提供と認められない場合がある（最判昭31・11・27民集10巻11号1480頁—甲家屋の賃借人が乙家屋と丙土地も賃借していると主張して，甲・乙・丙の賃料相当額を，賃貸人が全額を受領しなければ支払わない意思で提供した場合，賃貸人が全額受領すれば乙・丙の賃借権まで認めたことになるとして，甲・乙・丙の賃料相当額の提供は，債務の本旨に従った弁済の提供と認められないとした）。

　次に，金銭の提供でなくても，郵便為替（大判大8・7・15民録25輯1331頁），銀行の支払保証付き小切手（最判昭35・11・22民集14巻13号2827頁）や銀行の自己宛振出小切手（最判昭37・9・21民集16巻9号2041頁）の提供は，いずれも支払いが確実であることから，現実の提供とされる。これに対し，個人振出しの小切手は，銀行の支払保証付きである場合は別として，不渡りの危険性があるので，特別の意思表示または慣習がない限り，債務の本旨に従った弁済の提供には当たらない（前掲最判昭35・11・22）。

　このほか，金銭の持参債務の場合，金銭を持参するのは債務者でなくてもよい。例えば，転買人が現金を持って債務者に同行している場合（大判昭5・4・7民集9巻327頁）や，代理人に現金を提供させた場合（大判大10・3・23民録27輯641頁）でも，現実の提供があるとされる。さらに，約定の日時・場所に金銭を持参して，いつでも支払える準備ができておれば，債権者がその場

所に来なくても，あるいは債権者が不在であっても，現実の提供があったとされる（最判昭 32・6・27民集 11 巻 6 号 1154 頁―約定の日時・場所に債権者が来なかった場合，最判昭 39・10・23民集 18 巻 8 号 1773 頁―指定された期間内に債権者の代理人である弁護士の事務所に賃料を持参したが，弁護士が不在であった場合）。

(イ) **物の引渡債務の場合**　　現実の提供といえるためには，目的物自体の提供が必要である。特定物の引渡しの場合，民法改正前ではいわゆる特定物のドグマが認められていたため，瑕疵のある物の提供でも債務の本旨に従った有効な提供とみなされたが，改正民法では 483 条の反対解釈として，「契約その他の債権の発生原因及び取引上の社会通念に照らしてその引渡しをすべき時の品質を定めることができ」るときは，その品質を備えた物の引渡しを義務づけられるので，瑕疵のある物の提供では現実の提供にならない[8]。

不特定物の引渡しの場合には，種類・数量・品質が契約内容に適合していなければならない。物の引渡債務では，引渡しの時期や場所が問題になることがある。大豆粕の取引において，引渡場所が赤石港，引渡期日が 5 月中という約定で，売主が 5 月 31 日に赤石港の自己の店舗で引渡しの準備をして代金の支払いを催告したが，引渡場所が赤石港というだけでは引渡しの場所が不明確なために現実の提供にはならないとした裁判例がある（大判大 10・6・30民録 27 輯 1287 頁）。

(2) **口頭の提供**

口頭の提供とは，債務者が弁済の準備をしたことを債権者に通知して受領を催告することをいう。**言語上の提供**ともいう。このような提供の方法が認められるのは，①債権者があらかじめ受領を拒んでいるときと，②債務の履行について債権者の行為を要するときである（493 条ただし書）。

(ア) **債権者の受領拒絶の場合**　　債権者があらかじめ受領を拒絶している場合にも，現実の提供をしないと債務不履行責任を負わされるというのは不合理であり，公平でない。そこで，この場合には，口頭の提供があれば弁済の提供の効果が認められる。例えば，賃貸人が大幅な賃料増額を通告して，値上げした賃料でなければ一切受け取らないと表明している場合である。なお，受領拒絶に正当な理由がある場合には，口頭の提供では有効な提供にな

8）　平野・410 頁。

らない。

(イ) **債権者の行為を必要とする場合**　債務の履行について債権者の行為を必要とするというのは，弁済をするときに債権者の行為が必要という意味ではなく，弁済をするのに先立って債権者の行為（先行的協力行為）が必要という意味である[9]。ここでの債権者の行為を受領行為ととらえるならば，債権者の受領が必要な債務については，常に口頭の提供でよいということになってしまうからである。この債権者の先行的協力行為がなければ，債務者は現実の提供をすることができないので，口頭の提供で足りるとされたわけである。例えば，賃貸人が賃料を取り立てに来る特約がある場合（取立債務），賃貸人の取立行為（先行的協力行為）があって初めて賃借人は賃料を現実に提供することができる。したがって，この場合，賃借人は賃料の支払いに必要な準備をして，賃貸人に取立てを催告する以上のことは何もできないわけである。

(ウ) **弁済の準備**　口頭の提供における弁済の準備は，債権者が催告に応じて履行を求めてきた場合に直ちに履行できる程度の準備をしておけばよい（通説）。例えば，現金を銀行から引き出して手元に置いておくことはもちろんのこと，銀行との間で確実な融資契約が結ばれておれば，それで足りる（大判大7・12・4民録24集2288頁）。

(エ) **口頭の提供も不要とされる場合**　債権者があらかじめ受領を拒絶している場合でも，債務者は口頭の提供をしなければならないというのが民法の規定である。しかし，債権者の受領しない意思が明確である場合でも，口頭の提供をしなければならないのかどうか問題となる。

これについて，判例は，ビルの一室の賃貸人が賃借人による無断工事を理由に賃貸借を解除した事案に関して，債務者が賃料債務につき口頭の提供をしても，「債権者が契約そのものの存在を否定する等弁済を受領しない意思が明確と認められる場合」には，債務者に口頭の提供を要求することは無意味であるので，債務者は口頭の提供をしなくても債務不履行責任を負わないとした（最大判昭32・6・6民集11巻6号915頁−肥後橋ビル貸室賃料事件）。もっとも，一度受領を拒絶したということだけでその後も受領しないという意思が

9) 星野・272頁，平井・170頁，内田・93頁，中田・312頁など。

明確に示されたといえるかどうか問題となる。この問題について，その後の判例は，「ある時点において提供された賃料の受領拒絶は，特段の事情がないかぎり，その後において提供されるべき賃料についても，受領拒絶の意思を明確にしたものと解するのが相当であ」り，この場合，賃貸人は，賃料の受領拒絶の態度を改め，以後賃借人より賃料を提供されれば確実にこれを受領する旨を表示するなど，「自己の受領遅滞を解消させるための措置を講じたうえでなければ」，賃借人の債務不履行責任を問うことができないとしている（最判昭 45・8・20 民集 24 巻 9 号 1243 頁）。

　学説は，債権者の受領拒絶の意思が強く翻意の可能性がない場合には，口頭の提供も不要とする不要説と，翻意の可能性が全くないとはいえないから，債務者の準備の程度を軽減したうえで，口頭の提供が必要とする必要説とに分かれている。しかし，学説の中には，判例はいずれも不動産賃貸借契約の解除が問題となった事案であり，判決内容を賃貸借のような継続的契約ではない場合にまで一般化すべきでないとする見解もある。

2.3　弁済の方法

　弁済が有効であるためには，それが債務の本旨に従ったものでなければならない（415 条 1 項本文参照）。債務の本旨に従ったものであるかどうかは，弁済の目的物・場所・時期などが契約の内容に適合しているかどうかによって判断される。契約の内容が明確でない場合に備えて，民法は，以下のような解釈規定（補充規定）を設けている。

2.3.1　弁済の目的物

(1)　特定物の引渡し

　債権の目的が特定物の引渡しである場合には，契約その他の債権の発生原因および取引上の社会通念に照らして定まる品質の物を引き渡さなければならないが，これらによって定まらないときには，引渡をすべき時（弁済期）の現状で引き渡さなければならない（483 条。現状引渡義務）。

(2) 他人の物の引渡し

弁済者が弁済として他人の物を引き渡したときは，更に有効な弁済をしなければ，その物を取り戻すことができない (475条)。弁済は無効であるので，引き渡された物は債権者に帰属しない。しかし，弁済者は引き渡した物の所有者ではなく，また債権者による占有侵奪 (200条1項) にも当たらないので，弁済者は当然には返還請求をすることができない。そこで，弁済者には，有効な弁済をすれば引き渡した物を取り戻すことができるという特別な返還請求権を認め，債権者には，それまでの間引き渡された物の留置的権能を認めることにしたわけである[10]。

ただ，債権者が弁済として受領した物を善意で（適法に権利を取得したと信じて。過失の有無は問わない）消費しまたは第三者に譲渡したときは，その弁済は有効とされる (476条前段)。この弁済の有効は債権者と債務者に関係するだけであり，これによって真の所有者の所有権が否定されるわけではない。そこで，真の所有者は債権者に対して不当利得または不法行為に基づく請求をすることが可能であり，債権者がこの請求に応じたときは，弁済者に対して求償することができる (同条後段)。

なお，債権者が弁済者の所有に属さない物を受け取った場合でも，即時取得 (192条) の要件が備わるときは，その物の所有権を取得する。したがって，債権は目的を達成して消滅する (判例・通説)。

(3) 預貯金口座への振込み

債権者の預金または貯金の口座への振込みによる弁済は，債権者がその振込金額の払戻しを請求する権利を取得した時に，その効力を生じる (477条)。改正民法に新設された規定である。払戻しを請求する権利を取得した時がいつかについては，個々の預貯金契約の解釈によるが，通常，顧客と銀行の預金契約では，預金者の預金口座に入金が記録された時（入金記帳時）に預金債権が発生し，預金者が払戻請求権を取得するので (最判平8・4・26民集50巻5号1267頁 [百選Ⅱ8版-72])，この場合は，入金が記帳された時に弁済の効力を生じる[11]。

---

10) 中田・320頁。
11) 潮見・プラクティス273頁，中舎・331頁。

2.3.2　弁済の場所

債務を弁済すべき場所は，一般に当事者間の合意や取引慣行によって決められるが，民法は次のような解釈規定を設けている。なお，弁済の場所は裁判管轄を決定する基準となる（民訴 5 条 1 号）。

(1)　特定物の引渡し

特定物の引渡しは，債権発生の当時その物が存在した場所でしなければならない（484 条 1 項前段）。ただし，その債権が履行不能によって損害賠償債権に変わったときは，その弁済の場所は次の(2)による（大判昭 11・11・8 民集 15 巻 2149 頁）。

(2)　特定物の引渡し以外の弁済

特定物の引渡し以外の弁済は，債権者の現在の住所，すなわち現実に弁済する時の債権者の住所でしなければならない（484 条 1 項後段）。いわゆる持参債務になる。したがって，弁済前に債権者が住所を変更すれば新しい住所が弁済の場所になり，債権譲渡があれば譲受人の住所が弁済の場所になる（大判大 12・2・26 民集 2 巻 71 頁）。そのために弁済の費用が増加したときは，債権者が増加額を負担する（485 条ただし書）。なお，売買代金の支払いについては，売買目的物の引渡しと同時に代金を支払うべきときは，その引渡しの場所で支払わなければならないとする特則がある（574 条）。目的物の引渡しと代金支払いの引換給付を実現するためである。

2.3.3　弁済の時期・時間および弁済の費用

(1)　弁済の時期・時間

(ア)　**弁済の時期**　　弁済の時期を**履行期**または**弁済期**といい，現実に弁済した時のことである履行時または弁済時と区別される。履行期は，契約などの法律行為によって生じる債権については，当事者の意思表示または法律の規定（573 条・591 条・597 条・614 条・617 条・633 条・662 条・663 条など）によって定まる。不法行為による損害賠償債権は，不法行為の時が履行期であり，損害の発生と同時に遅滞に陥る（最判昭 37・9・4 民集 16 巻 9 号 1834 頁）。履行期に弁済するのが原則であるが，債務者は期限の利益を放棄して（136 条），履行期前に弁済することができる。また，一定の場合には，債務者は期限の利

益を失うので (137条), この場合にも履行期前に弁済すべきことになる。なお, 履行期は, 消滅時効の起算点 (166条) や相殺適状の要件になる (505条。相殺については→**第5節**参照)。

(イ) **弁済の時間** 弁済の時間も当事者の合意によって自由に決めることができるが (例えば「2019年4月10日午後3時までに支払う」というように), 法令または慣習により取引時間の定めがあるときは, その取引時間内に限り, 弁済をしまたは弁済を請求することができる (484条2項。法令の例として, 銀行法15条, 手形法72条)。これは商法旧520条の規定を改正民法で一般化したものである。そのため, この商法の規定は削除された。もっとも, 取引時間外になされた弁済の提供であっても, 債権者が任意に受領し, それが弁済期日内であれば, 債務者は履行遅滞を理由とする損害賠償責任を負うことはないし, 履行遅滞を理由とする解除も問題にならない (最判昭35・5・6民集14巻7号1136頁—削除された商法旧520条に関する判例)[12]。

(2) **弁済の費用**

弁済の費用は, 特約がなければ債務者が負担する (485条本文)。弁済の費用とは, 例えば目的物の輸送に必要な運送費や荷造費, 目的物の輸入に要する関税, 送金に要する為替料, 不動産売買における登記費用, 債権譲渡の際の通知費用などである。債権者の住所の移転その他の行為によって弁済の費用が増加したときは, その増加額は債権者の負担となる (同条ただし書)。この場合, 債務者は, 増加額の支払いがないことを理由に弁済を拒絶することができず, 弁済後に増加額を求償するか, 弁済すべき金額から増加額を控除することができるにすぎない[13]。なお, 売買契約その他有償契約に関する費用は, 当事者が平等の割合で負担する (558条・559条)。登記費用を契約費用と解する判例 (大判大7・11・1民録24輯2103頁—買戻しの契約費用〔579条〕) があるが, 学説はこれに反対して弁済の費用と解している (実際の取引では登記費用は買主が負担することが慣行化している)。

---

12) 潮見・概要183頁。
13) 於保・366頁, 奥田・520頁。

2.3.4　弁済の証明

　弁済がなされた場合にその証拠がないと，後日紛争が生じたときに弁済者は二重に弁済しなければならないおそれが出てくる。また，第三者の弁済による求償や代位（→ 2.6 参照）を容易にするためにも，弁済の証明が必要となる。そこで，民法は，弁済の証明のために，弁済者に次の2つの請求権を認めている。

(1)　受取証書交付請求権

　弁済者は，弁済と引換えに，弁済受領者に対して受取証書の交付を請求することができる（486条）。**受取証書**とは，弁済を受領した事実を証明する文書であり，特別の形式は必要でなく，弁済を受領した旨の記載があればよい。金銭債務でいえば，いわゆる領収書に当たる。一部弁済や代物弁済（→**第3節**参照）の場合にも，その旨の受取証書を請求することができる。弁済と受取証書の交付は同時履行の関係に立ち，弁済者は，その交付があるまで弁済を拒絶することができる（大判昭16・3・1民集20巻163頁）。改正民法は，486条でこれを明文化した。受取証書の作成費用は，交付義務のある債権者が負担する。

(2)　債権証書返還請求権

　債権証書がある場合に，弁済者が全部の弁済をしたときは，その証書の返還を請求することができる（487条）。**債権証書**とは債権の成立を証明する文書であり（例えば，借金をする際の借用証書），特に形式があるわけではない。債権者がそれを所持していると債権の存在が推定されるので（大判大9・6・17民録26輯905頁），全部の弁済をした弁済者にその返還請求権が認められている。一部弁済の場合には，債権証書の返還を請求することはできないが，債権証書にその旨を記載するよう請求することができると解されている（503条2項の類推適用）[14]。弁済と債権証書の返還は，同時履行の関係に立たず，弁済した後に返還請求することができるだけである。弁済の証明のためには，弁済と受取証書の交付との間で同時履行の関係を認めれば十分であり，弁済と債権証書の返還が同時履行の関係に立つとすると，債権証書を紛失した債権者は弁済を受けられないことになり，不都合であるからである。

---

14)　我妻・296頁など。

2.4　弁済者と弁済受領者

2.4.1　弁済者

弁済は，本来債務者が行うべきであるが，弁済の権限を与えられた者や第三者も弁済をすることができる。

(1)　債務者

債務者は，弁済をする義務を負うとともに，弁済をする権限を有する。履行補助者による弁済も，債務者の弁済とみなされる。

(2)　弁済権限を有する者

債務者の意思または法律の規定によって弁済の権限を与えられた者も，債務者に代わって弁済することができる。債務者の代理人や財産管理人 (25条・697条) などである。なお，本人以外の者が給付行為をできない不代替的作為債務については，これらの者による弁済はできない。

(3)　第三者

(ア)　第三者の弁済

【設例V-1】　Dは，その甥SがGから金銭を借り受けるに際して，借金の担保のために自己の土地に抵当権を設定したが，弁済期が来てもSは借金を返済しようとしない。このままでは抵当権が実行されて，Dは土地を失ってしまうことになる。Dとしては，抵当権の実行を免れるために，どうすればよいか。

【設例V-1】の場合，DはSの債権者Gとの関係では第三者であるが，Sに代わってその借金を返済できれば，抵当権の実行を回避することができる。債権は給付内容の実現を目的とするから，債務者以外の第三者によって給付内容が実現された場合には，これを弁済と認めてもさしつかえない。そこで，民法は，【設例V-1】のDのような第三者も弁済することができるとして (474条1項)，第三者による給付にも弁済としての効力を認めている。ここでいう第三者の弁済とは，特段の弁済権限を与えられていない債務者以外の者が第三者として弁済する場合である。したがって，連帯債務者 (436条) や保証人 (446条) は，自己の債務を弁済するので第三者の弁済の場合に

当たらないし（連帯債務や保証債務については→**第7章第4節・第5節**参照），債務者の代理人や財産管理人も，弁済権限があるのでこの場合に当たらない[15]。なお，弁済のほかに，第三者による代物弁済や供託も可能と解されている（第三者による相殺については→**5.2.1**参照）。

(イ)　第三者の弁済の制限　　次の場合には，例外的に第三者の弁済が制限される。

(a)　債務の性質による制限　　債務の性質が許さないときは，第三者の弁済ができない（474条4項前段）。例えば，著名な学者が講演を行う債務や有名な音楽家が演奏を行う債務などのように，債務者自身が給付しなければ債務の目的が達成されない場合である。このような給付を一身専属的給付という。

(b)　当事者の反対の意思表示　　当事者が第三者の弁済を禁止または制限する旨の意思表示をしたときは，第三者の弁済ができない（474条4項後段）。当事者は，債権が契約によって生じる場合は契約当事者双方であり，債権が単独行為によって生じる場合は行為者である。この反対の意思表示は，第三者が弁済する前になされればよく，債権発生と同時になされる必要はない（大判昭7・8・10新聞3459号9頁）。

(c)　第三者が正当な利益を有しない場合　**(i)　第三者の弁済が債務者の意思に反するとき**　　弁済をするについて正当な利益を有しない第三者は，債務者の意思に反して弁済することができない（474条2項本文）。正当な利益を有する第三者とは，【設例V-1】のDのような物上保証人，担保不動産の第三取得者，同一不動産の後順位抵当権者など，弁済をするについて法律上の利益を有する者をいう（最判昭39・4・21民集18巻4号566頁）。借地上建物の賃借人も，敷地の地代の弁済について法律上の利益を有するとされる（最判昭63・7・1判時1287号63頁［百選II8版-32］）。地代を弁済して敷地の賃借権の消滅を防止することに法律上の利益が認められるからである。他方，債務者の親族（大判昭14・10・13民集18巻1165頁）や友人など，単なる事実上の利益を有する者はこれに当たらない。正当な利益を有する第三者は，債務者の意思に反してでも弁済することができるが，正当な利益を有しない第三者は，

15)　中田・323頁以下。

債務者の意思に反して弁済することができない。そして，債務者に意思に反してなされた弁済は無効となる。しかし，債務者の意思に反することを債権者が知らなかったときは，弁済は有効である（同項ただし書）。

(ii) **第三者の弁済が債権者の意思に反するとき**　弁済をするについて正当な利益を有さない第三者は，債権者の意思に反して弁済することができない（474条3項本文）。民法改正によって新設された規定である。債権者は，正当な利益を有しない第三者であれば，債務者の意思に反しない場合であっても，弁済の受領を拒むことができる。債権者にとって，これによって予期しない者の弁済による代位（→**2.6** 参照）を防ぐことができる[16]。ただし，第三者が債務者の委託を受けて弁済する場合には，債権者はそれを知っておれば受領を拒絶することができない（同項ただし書）。

(ウ) **第三者の弁済の効果**　第三者の弁済が有効な場合，第三者の弁済の提供を債権者が正当な理由もなく受領しないときは受領遅滞となり，債権者が受領すれば債権は消滅する。しかし，第三者が債務者に対して求償権を有するときは，この求償権を確保するために，弁済によって消滅するはずであった債権や担保権が弁済した第三者に移転する。これを**弁済による代位**という（→**2.6** 参照）。この場合には，債権の相対的消滅の効果が生じる。なお，第三者が債務者に贈与する意思で弁済したときには，この求償権は生じない。

2.4.2　弁済受領者

債権は，弁済の受領によって消滅する。そして，弁済は，これを受領する権限を有する者になされる必要がある。弁済の受領権限を有する者は，原則として債権者であるが，債権者であっても弁済の受領権限を有しない場合がある。逆に，債権者でない者に対する弁済が有効とされる場合もある。

(1)　債権者

次の場合には，債権者であっても弁済受領の権限を有しない。

(ア) **債権が差押えを受けた場合**　例えば，AのBに対する債権がAの債権者Cによって差し押さえられた場合である。Cを差押債権者，Aを債

16)　中舎・342頁。

務者，Bを第三債務者という。この場合，裁判所は，差押命令により，Aに
対し債権の取立てその他の処分を禁止し，Bに対しAへの弁済を禁止する
（民執 145 条 1 項）。すなわち，差押命令によりBの債権者であるAは，弁済
の受領権限を失う。債権が差し押さえられたにもかかわらず，BがAに弁
済したときは，Cは受けた損害の限度で更に弁済すべき旨をBに請求する
ことができる（481 条 1 項）。この規定の意味については，Bの弁済はその債
権者Aとの関係では有効であるが，差押債権者Cに対抗することができず，
したがってCは差し押さえた債権が存在するものとして，取立てをし（民執
155 条）または転付命令を得て（民執 159 条），弁済を受けることができると解
されている[17]。その結果，BはAとCへの二重弁済を強いられることにな
るので，BはAに対して求償権を行使して，Aに弁済した分を取り戻すこ
とができる（481 条 2 項）。ここでいう支払いの差止めには仮差押えも含まれ
る（民保 50 条）。

　(イ)　**債権が質入れされた場合**　　債権が質入れされた場合，質権者が取立
権を有し（366 条 1 項・2 項→松井・担保 139 頁以下参照），債権の差押えと同様
に，債権者は取立てを禁止され受領権限を失う（民執 145 条 1 項の類推）[18]。

　(ウ)　**債権者について破産手続が開始した場合**　　債権者について破産手続
が開始した場合，債権者が破産手続開始時に有する一切の財産は破産財団と
なり（破 34 条 1 項），その管理処分権は破産管財人に専属するので（破 78 条 1
項），破産者（債権者）は受領権限を失う。ただし，破産手続開始後に債務者
が善意で破産者にした弁済は，破産債権者に対抗することができる（破 50 条
1 項）。

　(2)　**債権者以外の弁済受領権者**

　債権者の代理人，質権者（366 条），債権者代位権を行使した債権者（423
条），差押債権者（民執 155 条），破産管財人（破 78 条 1 項）などの，債権者の
意思または法律の規定によって弁済の受領権限を与えられた者である。これ
らの者に対する弁済は有効となる。

---

17)　我妻・271 頁，奥田・498 頁など。

18)　中田・328 頁。

(3) 表見受領権者

(ア) **序**　債権者および受領権限者以外の受領権限を有しない者に弁済をしても，その弁済は無効である。しかし，受領者に弁済の受領権限があると見られるような外観を信頼して弁済がなされた場合，弁済者を保護するために，一定の要件の下でそのような弁済が有効とされる。それが受領権者としての外観を有する者への弁済の規定である（478条）。民法改正前では，債権の準占有者に対する弁済の規定（旧478条）と，受取証書の持参人に対する弁済の規定（旧480条）があった。そして，民法改正により両者の内容が新478条に統合され，旧480条は削除された。

旧478条は，もともと，債権譲渡が無効な場合や表見相続人の事例などにおいて，債権者がAであるのに債権譲受人や表見相続人Bが債権者であると誤信した債務者を保護する規定であった（債権の帰属主体の誤認）。しかし，現在の判例・通説では，債権者はAと分かっているのに，Bを債権者A本人と誤信した場合（債権者の同一性の誤認）や，債権者の代理人と称する者を誤認した場合（弁済受領権限の誤認）も旧478条に含まれると解されてきた。これらの場合が同条の適用範囲に含まれることになると，同条は，弁済受領権限を有しないが，それを有するように見える者に対する弁済を広く救済する規定という意味を持つことになる。そこで，改正民法では，このような判例・通説の解釈を規定に反映するために，「債権の準占有者」から「取引上の社会通念に照らして受領権者としての外観を有するもの」と文言が変更された[19]。

(イ) **表見受領権者への弁済**　表見受領権者とは，「取引上の社会通念に照らして受領権者としての外観を有する」者，すなわち取引通念から見て真の受領権者らしい外観を有する者を言う（旧478条にいう「債権の準占有者」に当たる）[20]。受領権限を有しない者に対する弁済は有効にならないのが原則である。しかし，弁済を受領した人が受領権者らしい外観を有していて，弁済者がその人を真の受領権者と信じたのもやむを得ないという事情がある場合には，受領権限のない者に対する弁済であっても，弁済者の信頼を保護する

---

19) 平野・359頁以下，中舎・355頁以下。
20) 潮見・プラクティス328頁。

必要がある。そこで，取引観念から見て真の受領権者らしい外観を有する者に対してなされた弁済は，弁済者が善意・無過失であるときに限り，効力を有するとされている（478条）。

　(ウ)　表見受領権者の例　　表見受領権者とされる例として，次のようなものがある。

　①債権の表見相続人　　債権者が死亡したので相続人である養子に弁済したところ，その養子は真正の相続人でなかったという場合である（大判昭15・5・29民集19巻903頁）。

　②無効な債権譲渡における譲受人　　指名債権の譲渡人から債務者に譲渡通知がなされ（467条），債務者が譲受人に弁済したところ，その債権譲渡は無効であったという場合である（大判大7・12・7民録24輯2310頁）。

　③　債権の二重譲渡における劣後譲受人　　指名債権が二重に譲渡された場合，譲受人間の優劣は対抗要件具備の先後によって決まるが（467条2項），債務者が劣後する譲受人に弁済した場合である（最判昭61・4・11民集40巻3号558頁［百選II 8版-33］─ただし決論は否定→**第6章 1.2.2 (6)(ウ)**参照）。

　④銀行預金通帳と印鑑を所持している者　　他人の銀行預金通帳と印鑑の窃盗者などである。

　⑤真正または偽造の受取証書の持参人　　改正前の民法では，前述したように，弁済者を保護するもう1つの制度として，受取証書の持参人に対する弁済の規定があった。すなわち，受取証書の持参人は，弁済を受領する権限があるものとみなされ（旧480条本文），受取証書の持参人への弁済は有効とされた。受取証書とは，領収書などの弁済の受領を証明する文書である。例えば，牛乳屋の領収書を持参した人に毎朝配達される牛乳の代金を支払う場合には，この受取証書の持参人は，代金を受領する権限があるものとみなされた。これは，受取証書の持参人は受領権限を与えられて受取証書を交付されているという弁済者の信頼を保護するものである。したがって，持参人に受領権限がないことを弁済者が知っていたか（悪意）または過失によって知らなかった（善意・有過失）ときは，弁済者を保護する必要がないので，弁済は有効とされなかった（旧480条ただし書）。もっとも，受取証書は作成権限のある者によって作成された真正なものでなければならなかった（これまで

の判例・通説）。したがって，偽造の受取証書を提示して弁済を受領した者については，旧480条の適用はないが，旧478条により債権の準占有者と認められてその者への弁済が有効とされる場合があった（大判昭2・6・22民集6巻408頁）。

　しかし，すでに述べたように，旧478条が受領権限を有するように見える者への弁済を広く救済する規定という意味を持つようになると，旧480条には独自の意味がなくなってしまう。そこで，民法改正によって旧478条と旧480条は新478条に統合され，真正または偽造の受取証書の持参人もまた，「取引上の社会通念に照らして受領権者としての外観を有する」者として，新478条の適用を受けるものとされた[21]。

　⑥詐称代理人

> 【設例Ⅴ-2】　Ｇの銀行預金通帳と印鑑を盗んだＡがＧの代理人と称して，Ｓ銀行から預金の一部の払戻し（弁済）を受けた場合，Ａは無権代理人であるから478条の適用はないという，ＧのＳに対する主張は認められるか。

　【設例Ⅴ-2】においてＡはＧの代理人として弁済を受けているのであるから，Ａに代理権がない以上，この事案は表見代理の問題として処理することが考えられる。そうすると，表見代理が成立するためには，少なくとも本人ＧがＡに基本代理権を与えていたか，あるいは与えた旨の表示があったことが必要とされる。しかし，Ａのような預金通帳と印鑑の窃盗者については，そのようなことは考えられないから，弁済者Ｓは，善意・無過失であっても保護されることはまずない。他方，ＡがＧになりすまして弁済を受けた場合には，Ｓが善意・無過失であれば，その弁済は有効なものとされて，Ｓは保護される。同じ窃盗者でありながら，Ａが代理人と称したか本人と称したかで，弁済者の保護に違いが生じるのは妥当でない。そこで，受領権限があるかのような外観があれば，代理人と称していても表見受領権者に含まれる（最判昭37・8・21民集16巻9号1809頁［百選Ⅱ7版-36］，最判昭41・10・4民集20巻8号1565頁，最判昭42・12・21民集21巻10号2613頁）。

　㈑　**弁済者の善意・無過失**　　表見受領権者への弁済が有効であるために

21）　中舎・357頁。

は，弁済者が善意・無過失でなけらばならない（478条）。善意・無過失の判定時期は，通常は弁済の時であるが，定期預金担保貸付けや総合口座における当座貸越しの場合にはその判定時期が問題となる。なお，善意・無過失は，弁済の有効を主張する弁済者が主張立証しなければならない。

＊銀行取引における銀行の善意・無過失　(1)　預金通帳と印鑑による払戻し
　預金通帳と印鑑による払戻しにおける銀行の善意・無過失の要件については，銀行預金約款で対応している。すなわち，**【設例V-2】**のような他人の預金通帳と印鑑を用いた銀行預金の払戻しについては，一般に，払戻請求書，届書その他の書類に使用された印影と届出印鑑を「相当な注意」をもって照合し，相違ないものと認めて払い戻したうえは，書類につき偽造，変造その他の事故があっても銀行は責任を負わない旨の銀行預金約款が存在する（郵便貯金の払戻しについても，現在ゆうちょ銀行などの約款で同様のことが定められている）。しかし，預金通帳と印鑑の所持人が真実の預金者または正当な受領権者でないことを銀行が知りあるいは知ることができた場合にまで，この約款によって銀行が免責されるものではない[22]。
　(2)　キャッシュカードによる払戻し　キャッシュカードによる払戻しについても，キャッシュカード取引約款に同様の免責条項が入っている。しかし，現金自動支払機（ATM）については銀行の「相当な注意」は問題にならないので，約款ではこの文言は削除されている。そして，自動支払機によるカードの確認および使用された暗証番号と届出番号の一致の確認がなされて預金の払戻しがなされた場合には，銀行は責任を負わない旨が規定されている。この免責条項の効力について，最高裁は，真正のカードが不正に使用された事件で，「銀行の設置した現金自動支払機を利用して預金者以外の者が預金の払戻しを受けたとしても，銀行が預金者に交付していた真正なキャッシュカードが使用され，正しい暗証番号が入力されていた場合には，銀行による暗証番号の管理が不十分であったなど特段の事情がない限り，銀行は，現金自動支払機によりキャッシュカードと暗証番号を確認して預金の払戻しをした場合には責任を負わない旨の免責約款により免責される」と判示したが，当該銀行の支払システムの安全性も検討して，当該銀行が「当時採用していた現金自動支払機による支払システムが免責約款の効力を否定しなければならないほど安全性を欠くものということは」できないとした（最判平5・7・19判時1489号111頁［百選Ⅱ5補版-39]）。この判決は，従来の判断に従って，免責条項の効力が認められるためには，銀行が無過失であることを必要とした

22)　奥田・506頁。

が，具体的には払戻し時の過失ではなく，支払システムの安全性を問題としている[23]。

(3) **通帳機械払い**　　預金通帳と暗証番号だけで現金自動支払機から現金の払戻しがなされる通帳機械払いの制度がとられながら，約款に規定していなかった場合について，旧478条の適用があるとしたうえで銀行の過失を認めた判例がある。すなわち，「債権の準占有者に対する機械払の方法による預金の払戻しにつき銀行が無過失であるというためには，払戻しの際に機械が正しく作動したことだけでなく，銀行において，預金者による暗証番号等の管理に遺漏がないようにさせるため当該機械払の方法により預金の払戻しが受けられる旨を預金者に明示すること等を含め，機械払システムの設置管理の全体について，可能な限度で無権限者による払戻しを排除し得るよう注意義務を尽くしていたことを要する」ところ，当該銀行は，「通帳機械払のシステムについて無権限者による払戻しを排除し得るよう注意義務を尽くしていたということはできず，本件払戻しについて過失があったというべきである」とした（最判平15・4・8民集57巻4号337頁［百選II8版-35]）。したがって，478条の過失の有無について，システムの設置管理についての銀行の注意義務が問題となる。

＊＊**偽造・盗難カード預貯金者保護法**　　近年，偽造されたキャッシュカードや盗まれたカード・通帳が現金自動支払機で不正使用される事件が増加したことから，預貯金者の保護のために偽造・盗難カード預貯金者保護法が平成17（2005）年に成立し，翌年2月から施行されている[24]。同法によれば，偽造カードや通帳を用いて機械払いがなされた場合，478条は適用されず（同法3条），払戻しの効力は生じない。払戻しが有効となるのは，それが預貯金者の故意によって行われたときまたは金融機関が善意無過失で預貯金者の重大な過失（例えば暗証番号を他人に教えていた場合など）によって行われたときである（同法4条1項）。盗まれた真正なカードや通帳による機械払いについては，478条が適用されるが，預貯金者は，一定の要件のもとで払戻しの額に相当する金額の補填を金融機関に請求することができる（同法5条1項）。

(ｵ)　**債権者の帰責事由の要否**　　478条を外観に対する信頼を保護する法理に基づく制度ととらえるならば，同じ法理に基づく他の諸制度（表見代理や虚偽表示など）と同様に，本人（債権者）の帰責事由を必要とすべきであると解することもできる。このように解する有力な説もあるが[25]，判例・通説

---

23)　中田・338頁以下。
24)　本法については，潮見・総論II231頁以下，同・プラクティス345頁以下参照。

は，債権者の帰責事由を要求していない。

　(カ)　効　果　　表見受領権者への弁済が有効であるときは，債権は消滅する。したがって，債権者は債務者に対して履行を請求することができない。その代わり，債権者は，表見受領権者に対して不当利得の返還請求をすることができ，表見受領権者に故意・過失があれば，債権侵害による不法行為として損害賠償を請求することができる。

　＊銀行取引と478条　　478条が実際に問題となるのは，銀行預金の払戻し（弁済）の場合が多い。更に，弁済そのものではないが，経済的には弁済と類似する銀行取引があり，そのような場合についても478条が適用または類推適用されている。具体的には，定期預金の期限前払戻し，定期預金担保貸付および総合口座における当座貸越しなどである。
　　(1)　預金者の確定

> **【設例V-3】**　Aは，S銀行に200万円の定期預金を持っている。この200万円は，Aの父親Bが商売で儲けた金銭であるが，Bに頼まれてAが自己名義の定期預金にしたものである。その後，まとまったお金が必要となったAは，Bに無断で，預金通帳と届出印鑑を用いて，この定期預金を中途解約し，Sから200万円全額の払戻しを受けた。この場合において，定期預金の満期に，Bは，Sに対して預金の払戻しを請求することができるか。

　　【設例V-3】のような定期預金の期限前払戻しや次に述べる預金を担保とした貸付けが478条によって処理されるかどうかを論じる前提として，預金者（債権者）は誰かということが確定されなければならない。預金者が確定されてこそ，預金者でない者への期限前払戻しその他の行為が478条によって処理されるかどうかが問題となるからである。
　　この問題につき，判例は，預金の預入行為者（預金口座の名義人）ではなく，出捐者が預金者であると解している（客観説）。その理由は，「無記名定期預金契約が締結されたにすぎない段階においては，銀行は預金者が何人であるかにつき格別利害関係を有するものではないから，出捐者の利益保護の観点から，……特段の事情のないかぎり，出捐者を預金者と認めるのが相当」と考えられたからである（最判昭48・3・27民集27巻2号376頁）。そして，この客観説は，記名式定期預金についても採用されている（最判昭52・8・9民集31巻4号742頁。なお，無記名式定期預金は，1988（昭63）年に新規受入れが廃止されている）。したがって，客観説によれば，**【設例V-3】**のようなA名義の記名式

---

25)　潮見・総論Ⅱ 216頁，潮見・プラクティス334頁以下など。

定期預金についても，預金の出捐者である B が預金者になる。

　このような判例の採用している客観説に対しては，次のような批判が出されている[26]。すなわち，①判例で客観説が採用されている事案は，主に出捐者と名義人（または預入行為者）との間で預金の帰属が問題となったものであり，そこでは出捐者に預金が帰属するという客観説が妥当するとしても，この考え方を他の当事者間での争いにそのまま妥当させるのは問題であること，②判例で客観説が採用されている事案は定期預金の事例であるが，預金の預入れと払戻しが随時行われる普通預金については，個々の預入行為における出捐者を預金者とすることは説得力に欠けることなどである。

　そのため，学説では，出捐者が誰であるかに関係なく，預入行為者（預金口座の名義人）を預金者とする主観説が主張されている。さらには，預金者の確定については，銀行からみて誰が預金者ととらえられるかが重視されるべきであるとして，預入行為者の行った名義表示その他の表示行為やそれ以外の行動から判断して，銀行から見て金銭の寄託者だと確定される者が真実の預金者と取り扱われるべきだとする，有力な見解も主張されている[27]。

　このように，預金者の確定について見解が分かれているが，以下では判例の採用する客観説に従って述べていくことにする。

　(2)　定期預金の期限前払戻し　【設例V-3】のような定期預金の期限前払戻しは，法律的には，定期預金契約の解約と払戻行為（受寄物返還義務の履行）から成り立っている。そして，定期預金契約の解約は弁済ではないので，預金者（債権者）でない者が解約を申し入れたとき，解約の有効性は，478 条ではなく，表見代理の規定に従って判断されるように思われる。

　しかし，判例は，定期預金の期限前払戻し全体を弁済ととらえて，478 条の適用を認めている（前掲最判昭 41・10・4）。定期預金の解約は定期預金契約において予定されていて，銀行も解約に応じるのが通常であり，期限前払戻しは，利息が普通預金と同じになることを除けば，実質は満期後の払戻し（弁済）と変わらないことを理由に，学説も，判例の結論を支持している。したがって，【設例V-3】については，S 銀行の A への期限前払戻しが 478 条により有効な弁済となれば，満期における預金者 B の S 銀行への払戻請求は認められない。

　(3)　定期預金担保貸付け

【設例V-4】【設例V-3】において，A は，満期前に 200 万円の定期預金を担保に S 銀行から 150 万円借り受けた。定期預金の満期に B から払戻請求

---

26)　潮見・総論II 219 頁以下。
27)　潮見・総論II 220 頁，潮見・プラクティス 337 頁。

がなされたが，Ｓは，貸付金の返済がないことを理由に，Ａに対する貸付金
債権を自働債権として，Ｂの定期預金債権と対当額について相殺した。この
Ｓによる相殺は有効か。

　定期預金担保貸付けとは，【設例Ⅴ-4】のように，定期預金の満期前に資金
を必要とする者に対して，銀行が定期預金を担保に金銭を貸し付けることを
いう。預金者としては，定期預金を中途解約して期限前払戻しを受けること
もできるが，それでは利息が普通預金の利率で計算されて金利面で不利益を
受けるので，これを避けるために定期預金担保貸付けが利用される。そして，
定期預金の満期までに貸付金が返済されないときは，満期が到来した定期預
金債権との相殺によって貸付金が回収される。定期預金債権に質権（債権質）
が設定され，返済されないときは質権に基づく直接取立権の行使（366条）に
よって，銀行が預金債権から貸付金を回収する場合もあるが，ここでは，も
っぱら相殺の場合について述べる。
　問題は，【設例Ⅴ-4】のように，真の預金者でない者に定期預金担保貸付け
がなされた場合である。この場合，銀行は，真の預金者からの払戻請求に対
して，貸付金債権を自働債権とし，預金債権を受働債権とする相殺を対抗す
ることができるかどうかということが問題となる。定期預金担保貸付けは，
法律的には，①金銭消費貸借と定期預金を担保とする合意（相殺の予約）およ
び②その後の相殺の2つから成り立っている[28]。①の2つの合意はそれぞれ
法律行為であって，弁済には当たらないので，銀行が主張する相殺の有効性
は，478条ではなく表見代理の規定に従って判断されるように思われる。
　しかし，判例は，定期預金を担保に金銭を貸し付け，その後に貸付金債権
を自働債権とし定期預金債権を受働債権として相殺がなされた場合には，こ
れを実質的に定期預金の期限前払戻しと同視することができるので，478条の
類推適用によって，銀行は相殺を真の預金者に対抗できるとしている（前掲最
判昭48・3・27―無記名定期預金の事案，最判昭59・2・23民集38巻3号445頁
［百選Ⅱ8版-34］―記名式定期預金の事案）。学説も，同様の理由で判例を支持
するのが通説である。なお，478条における銀行の善意・無過失の判定時期に
ついては，判例は，相殺時ではなく貸付け時（金銭消費貸借契約の締結時）と
している（前掲最判昭59・2・23［百選Ⅱ8版-34］）。したがって，銀行は，貸付け
時に善意・無過失であれば，相殺時には貸付けを受けた者が真の預金者でな
いことを知っていても，相殺の効力を主張できることになる。
　(4)　総合口座における当座貸越し　　預金担保貸付けの新しい方法として，

---

28)　潮見・総論Ⅱ 223頁以下，潮見・プラクティス 339頁，中田・341頁。

総合口座の方式が広く利用されている。総合口座とは，1 つの通帳で普通預金と定期預金ができるようになっており，普通預金の払戻しによって残金がマイナスになるときは，一定限度まで自動的に定期預金で担保された貸付金が当座勘定に起こされ，普通預金に入金されて払戻しされ，その後普通預金への入金があれば貸越金の返済に充てられ，定期預金の払戻し時（満期や解約時）になお貸越金があれば，定期預金債権と当然に相殺されるというものである[29]。貸付けは普通預金の払戻しという形式をとるが，その実質は定期預金担保貸付けに等しいものである。このような総合口座における取引についても，判例は，当座貸越しによる貸付金債権と定期預金債権との相殺につき 478 条の類推適用を認めている（最判昭 63・10・13 判時 1295 号 57 頁）。

2.4.3 無権限者

2.4.2(3)であげた者を除いて，受領権者以外の者に対する弁済は，債権者がこれによって利益を受けた限度で，弁済の効力が認められる（479 条）。例えば，債権者の無権代理人が弁済として受け取ったものを債権者に引き渡した場合である。この場合には，債権は事実上目的を達しているといえるし，弁済を無効とすると，債権者は受け取ったものを返還し，弁済者は再び弁済しなければならず，無用の煩雑を招くことになるので，これを避けるために本条が設けられた[30]。

2.5 弁済の充当

2.5.1 意 義

【設例 V-5】 S は，G に対して貸金債務 50 万円と売掛代金債務 50 万円を負担している。S が G の銀行口座に弁済として 60 万円を振り込んだ場合，この 60 万円は S の貸金債務と売掛代金債務のどちらの弁済に充てられることになるか。

【設例 V-5】のように，債権者債務者間に複数の債務が存在する場合に，弁済者が弁済として提供した給付が債務全部を消滅させるのに足りないと

---

29) 内田・50 頁，潮見・総論 II 227 頁，潮見・プラクティス 341 頁。
30) 我妻・有泉コンメン・948 頁。

き，その給付はどの債務の弁済に充てるべきかが問題となる。仮に【設例
V-5】で貸金債務は利息付きであり，売掛代金債務は無利息であるとする
と，まず貸金債務の弁済に 60 万円を充てる方が S にとって有利であり，逆
に G にとって不利となる。このように弁済者の提供した給付が債務全部を
消滅させるのに足りないときに，その給付をどの債務の弁済に充てるべきか
を定めているのが，**弁済の充当**という制度である。弁済の充当は当事者の合
意によって決めることができるが（490 条。合意充当），当事者の合意がない場
合に備えて，当事者の指定による充当（488 条 1 項〜3 項。指定充当）と法定充
当（同条 4 項）の 2 つの補充的基準が設けられている。

2.5.2　元本相互間での充当

　元本相互間での充当は，まず【設例 V-5】のような，「債務者が同一の債
権者に対して同種の給付を目的とする数個の債務を負担する場合」におい
て，弁済者がすべての債務を消滅させるのに足りない給付をしたときに問題
となる（488 条 1 項）。次に，賃借人が数ヶ月分の賃料債務の支払いを怠って
いる場合のような，「一個の債務の弁済として数個の給付をすべき場合」に，
弁済者が債務の全部を消滅させるに足りない給付をしたときにも，問題とな
る（491 条）。

(1)　指定充当

　充当に関する合意がない場合には，弁済者は，給付の時に，受領者に対す
る意思表示によって弁済を充当すべき債務を指定することができる（488 条 1
項・3 項）。弁済者が第 1 の充当指定権者である。弁済者が指定しないとき
は，受領者は，受領の時に，弁済者に対する意思表示によって弁済を充当す
べき債務を指定することができる（同条 2 項本文・3 項）。ただし，弁済者がそ
の充当に対して直ちに異議を述べたときは，指定の効力がなくなる（同条 2
項ただし書）。この場合には，次に述べる法定充当によることになる（通説）。

(2)　法定充当

　弁済者および受領者が充当の指定をしないとき，または弁済者の異議によ
って受領者の指定が効力を失ったときは，民法の規定に従って次の順序で充
当される（488 条 4 項）。すなわち，①総債務の中で弁済期にあるものと弁済

期にないものがあるときは、弁済期にあるものに先に充当する（同項1号）。②総債務が弁済期にあるとき、または弁済期にないときは、債務者のために弁済の利益が多いものに先に充当する（同項2号）。③債務者のために弁済の利益が相等しいときは、弁済期が先に到来したものまたは先に到来すべきものに先に充当する（同項3号）。④以上の②と③の基準で先後が決まらないときは、各債務の額に応じて充当する（同項4号）。

　②については、例えば、無利息債務よりは利息付き債務、低利の債務よりは高利の債務、無担保債務よりは担保付き債務が、弁済の充当において債務者に有利といえる。しかし、必ずしも明確に決められない場合もあり、例えば、低利の担保付き債務と高利の無担保債務がある場合には、どちらの債務に先に充当することが債務者に有利であるかは、結局契約の内容など種々の事情を考慮して判断することになる（最判昭29・7・16民集8巻7号1350頁）。

2.5.3　費用・利息・元本への充当

　債務者が1個の債務または数個の債務について元本のほかに利息および費用を支払うべき場合には、充当に関する合意がなければ、費用・利息・元本の順に充当される（489条1項）。数個の債務については、例えば、甲乙両債務にそれぞれ費用・利息・元本があるときは、①甲乙両債務の費用、②甲乙両債務の利息、③甲乙両債務の元本の順に充当される。そして、費用相互間、利息相互間、元本相互間の充当については488条が準用される（489条2項）。したがって、それぞれの費目内部では、充当に関する合意がなければ、まず指定充当がなされ（488条1項～3項の準用）、指定がなされない場合には法定充当がなされる（同条4項の準用）。

2.6　弁済による代位

2.6.1　意　義

> **【設例Ⅴ-6】**　GがSに対して 2000 万円の貸金債権を有していた。この債権を担保するために，Aが自己所有の甲土地に抵当権を設定し，また，BがSのために保証人になっていた。そして，Aが債権を弁済した。

　ある債権について第三者や共同債務者が弁済した場合，弁済者は，債務者に対して求償権をもつことが多い。民法は，この求償権を確保するために，弁済者は求償することができる範囲内で，債権者が債権の効力および担保として有していた一切の権利を行使することができるとした（501 条 1 項・2 項）。【設例Ⅴ-6】では，債務者Sに代わって弁済したAは，Sに対する求償権の確保のために，Gが有していた債権のほかにBに対する保証債権を行使することができる。これを**弁済による代位**（**弁済者代位**）という。この制度によって，弁済者は求償権を確保することができるし，債権者も債務者以外の者による弁済が促進されて債権の満足を受ける機会が増え，債務者も他人に弁済してもらえると助かることになる。

　上述の第三者とは，自己の財産を他人の債務の担保に供した物上保証人（351 条・372 条参照）のほかに，担保不動産を設定者から取得した第三取得者，同一の財産に複数の担保権が設定されている場合の後順位担保権者，弁済をするについて正当な利益はないが債務者および債権者の意思に反することなく弁済した者などである（474 条 2 項・3 項）。また，共同債務者とは，債務者と共に債務を負う者であり，連帯債務者や保証人などである（→**第 7 章第 4 節・第 5 節**参照）。

2.6.2　要　件

　弁済による代位が認められるためには，①原債権が存在していたこと，②弁済者が弁済などにより債権者に満足を与えたこと，③弁済者が債務者に対して求償権を有することが必要である。以上の要件のほかに，弁済をするについて弁済者に正当な利益があるかどうかで代位するための手続が異なる。

(1)　弁済などによる債権者の満足

　弁済による代位が認められるためには，弁済者が弁済することが必要である（499条）。条文は弁済だけをあげているが，代物弁済（482条）・弁済供託（494条）・相殺（505条）など弁済と同視されるものも含まれる（通説）。連帯債務者の 1 人または連帯保証人と債権者との間で混同（520条）が生じた場合にも（440条・458条），弁済による代位が認められる（大判昭11・8・7民集15巻1661頁—連帯債務者の 1 人が債権者を相続した事例，大判昭6・10・6民集10巻889頁—連帯保証人が債権を譲り受けた事例）。さらに，物上保証人や第三取得者が担保権の実行により所有権を失った場合も含まれる。

(2)　求償権の存在

　弁済による代位は，弁済者の求償権を確保するためのものであるから，弁済者に求償権がないときは認められない。弁済者の求償権は，共同債務者が弁済したときは，それぞれ不可分債務（430条・442条→**第 7 章 3.3.3** 参照），連帯債務（442条→**第 7 章 4.4** 参照）または保証債務（459条・459条の 2・462条→**第 7 章 5.4** 参照）の規定によって発生し，物上保証人が弁済したときも，同様に求償権が発生する（351条・372条）。第三取得者が弁済したときは，債務者からの第三取得者と物上保証人からの第三取得者（501条 3 項 5 号により物上保証人とみなされる）で求償権の根拠について区別され，前者については570条が，後者については351条・372条が根拠条文になる（最判昭42・9・29民集21巻 7 号2034頁—物上保証人からの第三取得者の事案）[31]。これら以外の者が債務者から委託されて弁済したときは，委任事務処理費用の償還請求（650条 1 項）として，委託されずに弁済したときは，事務管理費用の償還請求（702条1 項・3 項）または不当利得返還請求（703条）として，求償権が発生する。

　なお，担保不動産の第三取得者が売主の被担保債務の履行を引き受けて弁済した場合や，弁済者が債務者に贈与する意思で弁済した場合には，求償権は生じない[32]。

(3)　弁済についての正当な利益の有無

(ア)　正当な利益を有しない者　　弁済をするについて正当な利益を有しな

---

31)　中田・354頁。
32)　我妻・249頁。

い者も，債務者のために弁済することによって，債権者に代位する（499 条）。弁済による代位の効果として債権譲渡と類似の関係が生じるので（→ **2.6.3**(1)参照），民法は債権譲渡の対抗要件の規定を準用している（500 条）。したがって，弁済者が債務者に対して代位の効果（債権と担保の移転）を対抗するためには，債権者による通知または債務者による承諾が必要であり，債務者以外の第三者に対抗するためには，確定日付ある証書による通知または承諾が必要である（467 条→**第 6 章 1.2.2** 参照）。これを**任意代位**と呼ぶこともある。次に述べる正当な利益を有する者の弁済による代位にはこのような対抗要件が必要とされないのに，任意代位に必要とされたのは，前者の代位と比べて任意代位では弁済者の範囲が限定されず，予測できない弁済者の出現によって債務者その他の第三者に不測の損害を与えるおそれがあるからである[33]。

　なお，改正前の民法では，任意代位においては弁済と同時に債権者の承諾を得ることが必要とされたが（旧 499 条 1 項），債権者が弁済を受領していながら代位を承諾しないのは不合理であるとして，改正では債権者の承諾は削除された[34]。

　(イ)　正当な利益を有する者　　弁済をするについて正当な利益を有する者は，弁済によって当然に債権者に代位する。すなわち，債権および担保の移転について，対抗要件の具備を必要としない（500 条括弧書参照）。これを**法定代位**と呼ぶこともある。弁済をするについて正当な利益を有する者は，次の 2 つの類型に分けられる。

　(a)　弁済しなければ債権者から執行を受ける者　　保証人（大判昭 9・10・6 民集 13 巻 1913 頁—連帯保証人—など），連帯債務者（大判昭 11・6・2 民集 15 巻 1074 頁など），不可分債務者，物上保証人，担保不動産の第三取得者などである。これらの者は，弁済しなければと自己の財産に対して強制執行または担保権の実行がなされるおそれがあるので，弁済をするについて正当な利益を有する。

　(b)　弁済しなければ債務者に対する自己の権利が価値を失う者　　後順位担保権者（大決昭 6・12・18 民集 10 巻 1231 頁—抵当権者，最判昭 61・7・15 判時 1209

---

33)　我妻・251 頁。
34)　中舎・346 頁，平野・385 頁。

号 23 頁—譲渡担保権者)，一般債権者 (大判昭 13・2・15 民集 17 巻 179 頁)，抵当不
動産の賃借人 (最判昭 55・11・11 判時 986 号 39 頁) などである。後順位担保権
者は，先順位担保権者に弁済することによって順位昇進の利益を受けるの
で，弁済をするについて正当な利益を有する。一般債権者は，他の債権者に
弁済することによって，債務者の責任財産に対する強制執行のおそれを除去
して責任財産の現状を保全し，より大きな配当を受けられる利益があるの
で，弁済をするについて正当な利益を有する。抵当不動産の賃借人は，抵当
権の被担保債権を弁済することによって，抵当権の実行による賃借権の消滅
を回避できる利益があるので，弁済をするについて正当な利益を有する。

2.6.3　効　果

弁済による代位の効果は，①代位者と債務者間，②法定代位者相互間，③
代位者と債権者間の 3 つの面から考えることができる。

(1)　代位者と債務者間

(ア)　債権および担保の移転　　弁済によって債権者に代位した者 (代位者)

は，求償することができる範囲内で債権の効力および担保として債権者が有
していた一切の権利を行使することができる (501 条 1 項・2 項)。債権の効力
として債権者が有していた権利とは，履行請求権・損害賠償請求権・債権者
代位権・詐害行為取消権などをいい，債権の担保として債権者が有していた
権利とは，質権・抵当権などの物的担保や保証債権などの人的担保をいう。
これに対し，解除権や取消権の行使は，債権の発生原因である契約の当事者
の地位に基づくものであるから，代位者は行使することができない (通説)。

代位者が債権者の有していた権利を行使することができるとは，弁済によ
って債権者の有していた債権 (以下では「原債権」という) とその担保が代位者
に移転し，代位者が求償することができる範囲内で原債権とその担保を行使
することができることを意味する (最判昭 59・5・29 民集 38 巻 7 号 885 頁 [百選
II 8 版-36])。すなわち，弁済による代位の場合，原債権は，弁済によって債
権者・債務者間では消滅するが (相対的消滅)，代位者の求償権を確保するた
めに，債権者から代位者に移転することになる[35]。この移転は原債権の法定
移転である。そして，この原債権を担保していた各種の担保も随伴性によっ

て代位者に移転する（なお，抵当権などの担保権の移転については，主登記である抵当権設定登記などの付記登記によって公示される［不登4条2項]）。

　(ｲ)　求償権と原債権の関係　　代位者が取得した求償権と代位者に移転した原債権との関係は，次のようになる[36]。

　(a)　求償権と原債権の別債権性　　求償権と原債権は別個の債権である。そして，両者の別債権性の内容は，次のとおりである。

　①求償権と原債権は，元本額，弁済期，利息・遅延損害金の有無・割合を異にするので，総債権額が各別に変動する（最判昭61・2・20民集40巻1号43頁）。

　②代位者が取得した担保権は，求償権ではなく原債権を担保する（前掲最判昭59・5・29［百選Ⅱ8版-36]）。

　③求償権と原債権は，債権としての性質に差異があることにより，別個に消滅時効にかかる（前掲最判昭61・2・20）。

　④原債権の時効期間が169条1項（旧174条の2第1項）によって延長されても，これによって求償権の時効期間も延長されるわけではない（最判平7・3・23民集49巻3号984頁）。

　(b)　原債権の求償権確保性　　原債権は求償権の確保を目的として存在する。この原債権の求償権確保性は，次のような点に現れる。

　①求償権が存在しなければ，代位は生じない。

　②原債権および担保権は，求償権の消滅によって当然に消滅し，その行使は求償権の存する限度によって制約されるなど，求償権の存在やその債権額と離れ，これと独立して行使することができるものではない（前掲最判昭61・2・20）。

---

35)　潮見・総論102頁，潮見・プラクティス355頁。
36)　潮見・総論Ⅱ105頁以下，潮見・プラクティス356頁以下，中田・358頁以下。

(2) 法定代位者相互間

> **【設例V-7】**　GがSに対して2000万円の貸金債権を有していた。この債権を担保するために，Aが自己所有の甲土地に抵当権を設定し，また，BがSのために保証人になっていた。

　1つの債権について，物上保証人や保証人などが存在することは珍しくなく，この場合におけるこれらの者たち相互の代位関係を定めておかないと，不当な結果が生じるおそれがある。例えば【設例V-7】において，債権者Gが甲土地上の抵当権を先に実行して債権全部の弁済を受け，物上保証人AがGに代位して保証人Bから保証債務の履行によって弁済額（2000万円）全部の償還を受けたとすると，最終的にはBが全部負担することになる。逆に，GがBから保証債務の履行を受け，BがGに代位して甲土地上の抵当権を実行して弁済額全部の償還を受けたとすると，今度は最終的にはAが全部負担することになる。このように，AやBがGから移転した保証債権や抵当権によって弁済額全部の償還を受けることができるとすると，代位者の一方だけが最終的に負担するという不公平な結果が生じる。そこで，民法は，複数の代位者がいる場合の相互の代位関係を501条3項で規律して，上記のような不公平な結果が生じないようにしている。501条の規定上任意代位の場合も含まれているが，同条3項各号に掲げられている者はすべて法定代位をすることができる者であり，結果的には法定代位者相互の代位関係を規律するものになっている。

　(ア)　**保証人相互間**　保証人が複数存在する場合（共同保証）の保証人相互間については，債務者に対して求償できる範囲内ではなく，他の保証人に対して求償できる範囲内（465条→**第7章 5.5.2** 参照）で代位することができる（501条2項括弧書）。

　(イ)　**保証人・物上保証人と第三取得者との間**　(a)　**債務者からの第三取得者と物上保証人からの第三取得者との区別**　第三取得者は，債務者からの担保不動産の取得者と物上保証人からの取得者とに区別することができる[37]。債務者からの第三取得者は最終的に債務を負担する債務者の立場を引

---

37)　奥田・549頁，中田・366頁など。

き継ぐ面があり，物上保証人からの第三取得者は物上保証人に準じて考える
ことができるからである。そこで，改正民法では，501条3項1号の括弧内
で債務者から担保の目的財産を譲り受けた者を第三取得者と規定し，同項5
号後段では物上保証人から担保の目的財産を譲り受けた者を物上保証人とみ
なすとして，債務者からの第三取得者と物上保証人からの第三取得者を区別
している。

(b)　保証人・物上保証人と第三取得者との間

> 【設例Ⅴ-8】　GのSに対する2000万円の賃金債権の担保のために，Sは自
> 己所有の甲土地に抵当権を設定し，また，BがSのために保証人になってい
> た。その後，DがSから抵当権の付いた甲土地を買い受けた。そして，Bの
> 保証債務の履行または甲土地上の抵当権の実行によってGが2000万円全額
> の弁済を受けた場合，BD間の代位関係はどうなるか。

　保証人および物上保証人は，第三取得者（第三取得者からの担保の目的財産の
譲受人も含まれる〔501条3項5号前段〕）に対して求償権全額について債権者に
代位するが，第三取得者は保証人および物上保証人に対して代位しない（同
項1号）。債務者と保証人および物上保証人間では，債務者は自己所有の不動
産に対する抵当権が実行されても保証人および物上保証人に代位せず，第三
取得者もこの債務者の立場を引き継ぎ，しかも登記簿から担保権の存在を知
ることができるので，保証人および物上保証人から代位によって担保権を実
行されても不測の不利益を受けることもないからである。したがって，【設
例Ⅴ-8】では，保証人Bは求償権全額について甲土地上の抵当権を実行す
ることができるが，第三取得者DはBに対する保証債権を行使することが
できない。

　なお，改正前の民法では，保証人が第三取得者に対して代位するために
は，あらかじめ抵当権などの不動産担保権の登記に代位の付記登記をしてお
くことが必要とされていた（旧501条後段1項）。代位の付記登記は，これら
の担保権が保証人に移転したことを公示するためのものである（不登4条2
項）。そして，旧501条後段1号の趣旨は，保証人の弁済によって担保権が
消滅したと信じて担保不動産を取得した第三者を，この代位の付記登記によ

って保護することにあった。しかし，代位の付記登記がなければ担保権が消滅したという第三取得者の信頼が生じるといえるか疑問であること，抵当権付き債権の譲渡の場合には代位の付記登記が抵当権取得の対抗要件とされていないこととのバランスを欠くことを理由に，改正民法では削除された[38]。

(ｳ) 第三取得者相互間

> **【設例Ⅴ-9】** ＧのＳに対する 2000 万円の貸金債権の担保のために，Ｓは，自己所有の甲土地（評価額 3000 万円）と乙土地（評価額 2000 万円）に抵当権（共同抵当）を設定した。その後，ＤとＥがそれぞれＳから甲土地と乙土地を買い受けた。そして，甲土地上の抵当権または乙土地上の抵当権が実行されてＧが債権全額の弁済を受けた場合，DE 間の代位関係はどうなるか。

第三取得者相互間については，各第三取得者は，その不動産の価格に応じて，他の第三取得者に対して債権者に代位する（501 条 3 項 2 号）。したがって，【設例Ⅴ-9】では，甲土地と乙土地の価格の割合は 3：2 であるので，Ｄは 1200 万円（2000 万円×5 分の 3）を，Ｅは 800 万円（2000 万円×5 分の 2）を負担する。そこで，甲土地上の抵当権が実行されたときは，Ｄは 800 万円につき乙土地上の抵当権を行使することができ，乙土地上の抵当権が実行されたときは，Ｅは 1200 万円につき甲土地上の抵当権を行使することができる。なお，第三取得者からの担保の目的財産の譲受人も第三取得者とみなされるので，【設例Ⅴ-9】で第三取得者Ｄから甲土地を譲り受けたＦと他の第三取得者Ｅの間も第三取得者相互間と扱われる（同項 5 号前段）。

(ｴ) 物上保証人相互間

> **【設例Ⅴ-10】** ＧのＳに対する 2000 万円の貸金債権の担保のために，ＢとＣがそれぞれ自己所有の甲土地（評価額 3000 万円）と乙土地（評価額 2000 万円）に抵当権（共同抵当）を設定した。その後，甲土地上の抵当権または乙土地上の抵当権が実行されてＧが債権全額の弁済を受けた場合，BC 間の代位関係はどうなるか。

物上保証人相互間については，各物上保証人は，各財産の価格に応じて，

---

38) 潮見・概要 191 頁。

他の物上保証人に対して債権者に代位する（501条3項3号）。したがって，【設例Ⅴ-10】では，甲土地と乙土地の価格の割合は3：2であるので，Bは1200万円（2000万円×5分の3）を，Cは800万円（2000万円×5分の2）を負担する。そこで，甲土地上の抵当権が実行されたときは，Bは800万円につき乙土地上の抵当権を行使することができ，乙土地上の抵当権が実行されたときは，Cは1200万円につき甲土地上の抵当権を行使することができる。なお，物上保証人と他の物上保証人からの第三取得者との間（【設例Ⅴ-10】においてB所有の甲土地がDに譲渡された場合におけるCとDの間）も，物上保証人相互間と同じように考えられるので，それぞれ各財産の価格に応じて，債権者に代位する（同項5号後段）。

(ォ) **保証人と物上保証人との間** (a) **保証人と物上保証人がいる場合**

【設例Ⅴ-11】 GのSに対する2000万円の貸金債権の担保のために，BとCがそれぞれ自己所有の甲土地（評価額3000万円）と乙土地（評価額2000万円）に抵当権（共同抵当）を設定し，また，DとEがSの連帯保証人になった。その後，DまたはEが保証債務を履行し，あるいは甲土地上の抵当権または乙土地上の抵当権が実行されて，Gが債権全額の弁済を受けた場合，BCDE間の代位関係はどうなるか。

保証人と物上保証人との間では，その人数に応じて債権者に代位する（501条3項4号本文）。すなわち，保証人と物上保証人の合計人数で債権額を割り，この割られた額が保証人と物上保証人それぞれの負担部分となる。そして，物上保証人が数人いるときは，保証人の負担部分を除いた残額について，各財産の価格に応じて，債権者に代位する（同号ただし書）。したがって，【設例Ⅴ-11】では，保証人と物上保証人の合計人数が4名なので，まず，保証人DEについては，500万円（2000万円÷4）がそれぞれの負担部分となる。次に，物上保証人BCについては，保証人の負担部分（1000万円）を除いた残額（1000万円）について，各財産の価格に応じて負担するので，甲土地と乙土地の価格の割合は3：2であることから，Bは600万円（1000万円×5分の3）を，Cは400万円（1000万円×5分の2）を負担する。

そこで，保証人Dが保証債務を履行した場合には，他の保証人Eに対し

ては500万円につきGの保証債権を行使することができ，物上保証人Bに
対しては600万円につき甲土地上の抵当権を，Cに対しては400万円につき
乙土地上の抵当権を行使することができる。あるいは，甲土地上の抵当権が
実行された場合には，Bは，DEに対してはそれぞれ500万円につき保証債
権を行使することができ，Cに対しては400万円につき乙土地上の抵当権を
行使することができる。

　なお，改正前の民法では，物上保証人の担保財産が不動産であるときは，
保証人は，あらかじめ代位の付記登記をしなければ，物上保証人に対して代
位することができないと規定されていたが（旧501条後段6号），改正民法で
は削除された。

> ＊物上保証人の共同相続　　物上保証人が死亡して共同相続により担保不動産
> が共有となった場合には，物上保証人の数は，当初の1人ではなく，弁済の
> 時における共有持分権者をそれぞれ1名として計算される（最判平9・12・18
> 判時1629号50頁）。弁済による代位は，弁済によって生ずる法律関係であり，
> 弁済の時点では，各相続人が相続によって取得した共有持分を担保に供して
> いるのであるから，各相続人が物上保証人に当たるといえるからである。

(b)　保証人と物上保証人を兼ねる者がいる場合

> 【設例V-12】　【設例V-11】において，物上保証人CがSの連帯保証人を兼
> ねていた場合には，BCDE間の代位関係はどうなるか。

　【設例V-12】にように，保証人と物上保証人を兼ねる者がいる場合，この
保証人兼物上保証人を1人と計算するのか，それとも2人と計算するのか問
題となる。これについては，見解として，①保証人として1人と数える説，
②物上保証人として1人と数える説，③保証人兼物上保証人として1人と数
える説，④保証人1人，物上保証人1人として2人と数える説がある。

　民法改正前の判例は，「複数の保証人及び物上保証人の中に二重の資格を
もつ者が含まれる場合における代位の割合は」，旧501条後段4号〜6号の
「基本的な趣旨・目的である公平の理念に基づいて，二重の資格をもつ者も
一人と扱い，全員の頭数に応じた平等の割合であると解するのが相当であ
る」として③説をとった（最判昭61・11・27民集40巻7号1205頁［百選II3版-

43]）。学説でもこの判例の見解を支持するのが多数説である。これによれば，【設例Ⅴ-12】については，BCDE 間ではそれぞれ 500 万円（2000 万円 ÷ 4）について債権者に代位する。

> ＊保証人と物上保証人を兼ねる者を 2 人と数える④説も，学説では有力である[39]。これによれば，【設例Ⅴ-12】では，まず，2000 万円を保証人と物上保証人の合計人数 5（保証人 CDE＋物上保証人 BC）で割ることになる（2000 万円 ÷ 5 ＝ 400 万円）。そして，2000 万円から保証人 CDE の負担部分総計 1200 万円（400 万円× 3）を差し引いた 800 万円について，甲土地と乙土地の価格に応じて B と C の負担部分が決定される（B：800 万円× 5 分の 3 ＝ 480 万円，C：800 万円× 5 分の 2 ＝ 320 万円）。したがって，保証人 D が保証債務を履行して G が全額弁済を受けた場合，D は，他の保証人 CE に対してはそれぞれ 400 万円につき保証債権を行使し，物上保証人 B に対しては 480 万円につき甲土地上の抵当権を行使することができ，他の物上保証人 C に対しては 320 万円につき乙土地上の抵当権を行使することができる。C は，一般財産上で 400 万円，乙土地上で 320 万円，合計 720 万円負担することになる。C は，債権者 G に対してより重い負担を引き受けた以上，他の法定代位権者 BDE との関係でもより重い負担を忍ばなければならないと考えられるので[40]，私見はこの④説を支持する。

(3) 代位者と債権者間

債権者は，弁済者の代位を容易にするために一定の義務を負う。

(ア) 全部代位と一部代位 **(a) 全部代位** 代位弁済によって全部の弁済を受けた債権者は，債権に関する証書（借用書などの債権の存在の証拠となる書類）および自己の占有する担保物（留置権による留置物や質物など）を代位者に交付しなければならない（503 条 1 項）。代位者の権利行使にとって必要なものであるからである。

(b) 一部代位 (i) 一部代位と担保権の行使 債権の一部について代位弁済があった場合も代位が生じる（一部代位）。この場合には，代位者は，債権者の同意を得て，弁済した価額に応じて，債権者とともに権利を行使することができるが（502 条 1 項），債権者は，単独でその権利を行使することができる（同条 2 項）。「債権者とともに権利を行使すること」の意味について，

---

39) 我妻・261 頁以下，潮見・総論Ⅱ 160 頁，潮見・プラクティス 379 頁など。
40) 潮見・総論Ⅱ 159 頁以下，潮見・プラクティス 378 頁以下。

民法改正前では担保権の実行につき，判例は，債権者だけでなく代位者も単独で行使することができるとしていた（大決昭6・4・7民集10巻535頁-抵当権［百選II 6版-40]）。しかし，学説では，代位者は債権者と共同しなければ行使することができないと解するのが通説であった。代位者の単独での実行を認めると，債権者が実行時期の選択の利益を奪われ，望まない時期に担保権が実行されることがあり，また代位制度の目的は求償権の保護に尽きるのであり，債権者を害してまでこれを認めることはその目的を逸脱するからである[41]。そして，改正民法は，502条1項・2項によって代位者の権利行使は債権者との共同行使であることを明確にした。次に，担保権の実行による売却代金の配当について，民法改正前では，判例は，債権者が優先するという立場をとっており（最判昭60・5・23民集39巻4号940頁-抵当権［百選I 8版-94]），学説も，同様に解するのが多数説であった。これについても，改正民法では，債権の担保目的財産の売却代金その他の債権者の権利行使によって得られる金銭の配当について債権者が優先する旨を明確に規定した（502条3項）。

(ii)　**一部代位と契約解除**　　一部代位の場合，債務不履行による契約解除は，債権者のみがすることができる（502条4項前段）。解除権は契約当事者の地位に付随するものであり，代位者は契約当事者の地位を取得するのではないから，この規定は当然のことを定めたにすぎない。なお，債権者が解除したときは，代位者から得た価額およびその利息を代位者に償還しなければならない（同項後段）。

(iii)　**債権証書への代位の記入など**　　一部代位の場合には，債権者は，債権に関する証書に一部代位の旨を記入し，かつ自己の占有する担保物の保存を代位者に監督させなければならない（503条2項）。

---

41)　我妻・255頁，中田・358頁。

(イ)　債権者による担保の保存　(a)　意義・要件・効果

> 【設例Ⅴ-13】　GのSに対する 1500 万円の貸金債権について，Sは自己所有の甲土地（評価額 1000 万円）に抵当権を設定し，またBがSのために保証人になっていた。その後，甲土地の売却を望んでいるSに懇願されて，Gは，保証人Bの資力が十分だから抵当権は不要と考えて，甲土地上の抵当権を放棄した。この場合において，甲土地上の抵当権につき債権者Gに代位することができなくなった保証人Bは，Gの請求に対して保証債務全額（1500 万円）を弁済しなければならないか。

（i）**意　義**　債権者が故意または過失によって担保を喪失または減少させたときは，弁済をするについて正当な利益を有する者（代位権者）は，代位をするに当たって担保の喪失または減少によって償還を受けることができなくなった限度で責任を免れる（504 条 1 項前段）。【設例Ⅴ-13】の場合，保証人Bが債務者Sに代わって弁済すると，甲土地上の抵当権が存在すればできたはずの求償金額の回収ができなくなる。そこで，Bは，抵当権の放棄によって回収できなくなった額の限度で保証債務を免れることになる。具体的には，BのGに対する保証債務は，500 万円（1500 万円 = 1000 万円）に縮減する。

　代位権者が物上保証人である場合，その者から担保目的財産を譲り受けた第三者およびその特定承継人（転得者）も，同様に免責される（504 条 1 項後段）。債権者が抵当権の放棄などにより担保を喪失または減少させた後に，物上保証人所有の他の抵当不動産を取得した者も旧 504 条の免責を主張できるとした判例法理（最判平 3・9・3 民集 45 巻 7 号 1121 頁）を一般化したものである[42]。

（ii）**要　件**　故意・過失は，担保の喪失または減少についての故意・過失であり，免責を生じる関係についての故意・過失ではない（通説）。積極的な担保の放棄だけでなく，担保の保存を怠ったことによる権利の喪失（例えば，債権者が抵当権の登記を怠っている間に所有者が目的不動産を第三者に売却して移転登記を完了した場合 ［大判昭 6・3・16 民集 10 巻 157 頁など］）も含まれる。

---

42)　潮見・概要 195 頁。

　(iii)　効　果　　保証人や連帯債務者のような債権者に対して債務を負う者は，債務の全部または一部を免れる。物上保証人や第三取得者のような債権者に対して債務を負担しない者については，その担保物の負担する責任の全部または一部が消滅する。ただし，債権者の担保の喪失または減少について，取引上の社会通念に照らして合理的な理由があると認められるときは，責任は減免されない（504 条 2 項）。

　(b)　担保保存の免除特約　　銀行取引では，銀行（債権者）と保証人や物上保証人との間で，銀行の担保保存を免除する旨の特約が結ばれることが通常である。判例は，この特約を有効と解している（最判昭 48・3・1 金法 679 号 34 頁など）。しかし，場合によっては特約の効力の主張が信義則違反または権利濫用になるとする（最判平 2・4・12 金法 1255 号 6 頁）。その基準として，「当該保証等の契約及び特約が締結された時の事情，その後の債権者と債務者との取引の経緯，債権者が担保を喪失し，又は減少させる行為をした時の状況等を総合して」，債権者の行為が「金融取引上の通念から見て合理性を有し，保証人等が特約の文言にかかわらず正当に有し，又は有し得べき代位の期待を奪うものとはいえないときは」，原則として特約の効力の主張は信義則違反・権利濫用に当たらないとする（最判平 7・6・23 民集 49 巻 6 号 1737 頁［百選 II 8 版-37]）。

　なお，債権者が担保の放棄をしたが，担保保存の免除特約の効力によって物上保証人に免責の効果が生じなかった後に，物上保証人から抵当不動産を譲り受けた第三取得者も，債権者に対して免責の効果を主張できないとした判例がある（前掲最判平 7・6・23 ［百選 II 8 版-37]）。免責の効果が生じるか否かは，債権者と物上保証人間の特約で決着しており，第三取得者は，免責の効果が発生していない重い負担のついたままの不動産を取得したという構成である[43]。

---

43)　中田・375 頁。

第3節　代物弁済

3.1　代物弁済の意義

3.1.1　意　義

　代物弁済とは，債務者の負担した給付（本来の給付）に代えて他の給付を行うことによって債務を消滅させる債権者と弁済者（債務者を含む）の契約をいう（482条）。例えば，G から 30 万円を借りている S が，G の承諾を得て，30 万円の返済に代えて自己の宝石を給付することによって G の貸金債権を消滅させる契約を結んだ場合である。代物弁済は，本来の給付を行う債務を消滅させて他の給付を行う債務を新たに発生させるものではない点で，更改（513条→ 6.1 参照）と異なる。したがって，前例でいえば，GS 間の契約が更改であれば，G は 30 万円の貸金債権の代わりに宝石の引渡債権を新たに取得するが，代物弁済であれば，G は 30 万円の貸金債権を失わない。

3.1.2　法的性質

　代物弁済の法的性質について，改正前では代物弁済を要物契約であると解する要物契約説が通説であった。すなわち，代物弁済は，当事者の合意のほかに，本来の給付に代わる給付（代物給付）が現実になされないと成立しないとされていた。これに対し，近年では，代物弁済を諾成契約ととらえ，代物給付が現実に行われることによって債権が消滅すると解する諾成契約説が有力になっていた[44]。この説によれば，代物弁済によって代物給付義務が発生し，この義務の履行によって本来の債権が消滅することになる。

　これまでの通説が代物弁済を要物契約と解した理由として，①代物給付を約束しただけでは債務の消滅に不十分であること，②本来の給付を行う債務が消滅して新たに別の給付を行う債務が発生する更改と本来の給付を行う債務が消滅しない代物弁済を区別するために代物給付義務を否定したことがあ

---

44)　鈴木・403 頁，潮見・総論 II〔第 3 版〕221 頁，潮見・プラクティス〔第 4 版〕319 頁，中田・387 頁以下など。

げられる。しかし，諾成契約説でも，本来の債務は諾成契約としての代物弁済から発生した代物給付義務の履行によって消滅すると解するので，代物給付の約束だけでは本来の債務が消滅しないことは要物契約説と同じである。また，代物給付が完了しない限り本来の債務は消滅しないので，更改のように新たに債務（代物給付債務）が発生するわけではなく，更改と代物弁済の区別のために代物給付義務を否定する必要はないと考えられる[45]。そして，改正民法では要物契約説は明確に否定された（482条参照)[46]。

3.2 　代物弁済の要件と効果

3.2.1　要　件

代物弁済の要件は，次のとおりである。

(1)　債権の存在

代物弁済は債務の消滅を目的とするものであるから，本来の債務が存在していなければならない。本来の債務が存在しないのに，代物弁済によって他の給付がなされた場合には，非債弁済となり705条によって処理される。

(2)　債権者と弁済者の合意

代物弁済は，本来の給付に代えて他の給付を行うことを目的とする契約であるから，債権者と弁済者の合意が必要である。合意の当事者は債権者と債務者に限られない。第三者が弁済をすることができる場合には，その第三者も債権者との間で合意することができる。

(3)　給付が本来の給付に代えてなされること

給付が本来の給付に「代えて」なされることが必要である。代物給付の内容・種類に制限がない。手形・小切手の交付，債権の譲渡（大判大4・11・20民録21輯1871頁)，預金証書の交付（大判大15・9・30民集5巻698頁)，動産・不動産の譲渡などいずれでもよい。給付は，単に約束しただけでは足りず，現実になされて完了することが必要である。代物給付が物の給付である場合には，債権者への所有権の移転の効果は，意思主義（176条→松井・物権57頁

---

45)　潮見・総論II〔第3版〕221頁以下，潮見・プラクティス〔第4版〕319頁など。

46)　潮見・概要180頁以下。

以下参照）により，原則として代物給付の合意によって生じる（最判昭 57・6・4 判時 1048 号 97 頁，最判昭 60・12・20 判時 1207 号 53 頁など）。しかし，債権消滅の効果は，第三者に対する対抗要件（177 条・178 条）を備えなければ生じない（最判昭 39・11・26 民集 18 巻 9 号 1984 頁，最判昭 40・4・30 民集 19 巻 3 号 768 頁）。なお，代物給付の価格は問わない。本来の給付よりも価格が小さい場合であっても，債権の一部だけの代物弁済でない限り，債権全部が消滅する。

3.2.2　効　果

　代物弁済は弁済と同一の効力を有する（482 条）。したがって，債権は消滅し，これを担保していた担保権や保証債務も消滅する。給付された代物に契約不適合があるときは，代物弁済は本来の債権の消滅と他の給付とが対価関係に立つ有償契約であるので，売主の担保責任の規定（562 条以下）が準用され（559 条），履行の追完請求，損害賠償請求や契約解除が問題となる。

3.2.3　代物弁済の予約

　例えば，G が S に 2000 万円を貸し付けるに際して，期限に弁済しないときは S 所有の土地を G に譲渡する旨をあらかじめ合意することがある。このような合意には，①期限に弁済がないときは目的物の所有権が当然に債権者に移転する趣旨のものと，②期限に弁済がないときは債権者の意思表示により目的物の所有権が債権者に移転する趣旨のものがある。前者は厳密には代物弁済の予約ではなく，停止条件付き代物弁済であり，後者が真の意味の代物弁済の予約である。金融取引界では，不動産を目的とする代物弁済の予約（停止条件付き代物弁済を含む）は債権担保のために利用され，その合意に基づく所有権移転請求権を仮登記（不登 105 条）で保全することが行われていた。そして，昭和 53（1978）年にそれまでの判例法を集大成した「仮登記担保契約に関する法律」（仮登記担保法）が制定され，物的担保の 1 つとして規制されている（→松井・担保 171 頁以下参照）。

第4節 弁済供託

4.1 弁済供託の意義

> 【設例Ⅴ-14】 ＳはＧに借り受けた金銭を返済しようとしたが，Ｇは貸し付けた金額について誤解しており，金額の不足を理由に受け取ろうとしない。この場合，Ｇの受領がない限り，Ｓは債務を免れることができないか。

　【設例Ⅴ-14】のように，債務者が約定に従って弁済の提供をしたのに債権者がこれを受領しないときは，債務者は，弁済の提供の効果として債務を履行しないことによって生ずべき責任を免れる（492条）。しかし，弁済の提供によって債務そのものは消滅するわけではなく，その債務に抵当権や保証などの担保が付いているときはそれも消滅しない。また，金銭以外の物の給付が目的となっているときは，債務者は，債権者の受領があるまで目的物を保管しなければならない。そこで，【設例Ⅴ-14】のような，債務者（弁済者）が弁済の提供をしたのに債権者が受領しない場合に，弁済の目的物を供託所に寄託して債務そのものを消滅させる制度が設けられている。これを**弁済供託**という。そして，債務者が債権者の協力なしに債務を消滅させ，弁済の目的物の保管義務を免れることができる点に，弁済供託の実益がある。弁済供託は，供託者（通常は債務者）が供託所に目的物を寄託し，債権者が供託所に対してその引渡請求権を取得するという構成をとる。したがって，弁済供託の法的性質は，供託者と供託所との間で結ばれる第三者（債権者）のためにする寄託契約と解されている（通説）。供託には下記のようにいくつかの種類があるが，以下の本文では弁済供託について説明する。

　＊供託の種類[47]　　供託とは，広くは，法令の定める一定の場合に，金銭・有価証券その他の物を供託所または一定の者に寄託することをいう。そして，供託には，弁済供託のほかに，担保のための供託（366条3項・461条2項など），保管のための供託（394条2項・578条，商527条など），執行供託などが

47）　潮見・プラクティス298頁以下，平野・422頁。

ある。執行供託には，金銭債権を差し押さえられた第三債務者が権利として
債権額を供託することができる権利供託（民執156条1項）と，重複差押えな
どにより差押債権者が競合する場合に第三債務者に金銭の供託が義務づけら
れる義務供託（同条2項）がある。これら2つの供託は執行法上のものである
が，弁済供託としての性質をも有する。また，改正民法では，譲渡制限の意
思表示がされた債権が譲渡された場合の供託を規定している（466条の2・466
条の3→**第6章 1.2.1**(3)参照）。

4.2　弁済供託の原因と方法

4.2.1　供託の原因

弁済者が供託をするためには，次の供託原因のいずれかがなければならな
い。

(1)　債権者の受領拒絶

第1は，弁済者が弁済の提供をした場合において，債権者が弁済の受領を
拒んだときである（494条1項1号）。改正前の民法では，債権者の受領拒絶に
ついて弁済の提供が必要かどうかは規定されていなかった。そのため，債権
者の受領拒絶を理由に供託をする場合，弁済の提供が必要かどうかについて
判例・学説では説が分かれていた。改正民法では，債権者の受領拒絶を理由
とする供託には弁済の提供があったことを要求し，弁済者は弁済の提供をし
て受領を拒絶された上でなければ供託できないとする判例の立場を採用した
（大判大10・4・30民録27輯832頁）[48]。もっとも，債務者が弁済の提供をしても
債権者が受領しないことが明確な場合には，弁済の提供をせずに直ちに供託
することができる（大判大11・10・25民集1巻616頁）。

(2)　債権者の受領不能

第2は，債権者が弁済を受領することができないときである（494条1項2
号）。この場合は，弁済者が供託をするには弁済の提供は要らない。

(3)　債権者の確知不能

第3は，弁済者が過失なく債権者を確知することができないときである

---

48)　潮見・概要187頁。

(494条2項)。例えば，債権者が死亡して相続が開始されたが，誰が相続人か不明な場合や，債権の二重譲渡において譲受人の対抗要件具備の先後が不明な場合などである。

4.2.2　供託の方法

供託の方法については，民法以外に供託法および供託規則に詳細な定めがある。

(1)　供託の当事者

供託の当事者は，供託者と供託所である。供託者は，弁済者であり，債務者に限られない。共同債務者や弁済をすることができる第三者も含まれる。供託すべき場所は，債務履行地の供託所である (495条1項)。すなわち，①金銭や有価証券については，法務局または地方法務局など (供1条)，②その他の物品については，法務大臣の指定する倉庫営業者または銀行 (供5条)，③上記①と②によって供託所が定まらない場合には，弁済者の請求により，裁判所の指定する供託所または裁判所の選任する供託物の保管者である (495条2項)。なお，供託者は，遅滞なく債権者に供託の通知をしなければならないが (同条3項)，これは供託の有効要件ではない。

(2)　供託の目的物

供託の目的物は，原則として弁済の目的物である。金銭であることが多いが，有価証券・動産・不動産も対象となる。そして，弁済の目的物が，①爆発物などのように供託に適しない物，②生鮮食料品などのように滅失・損傷その他の事由による価格の低落のおそれのある物，③家畜などのように保存について過分の費用を要する物，④そのほか供託することが困難な事情のある物であるときには，弁済者は，裁判所の許可を得て弁済の目的物を競売に付し，その代金を供託することができる (497条)。自助売却の1つの場合である (商524条も参照)。

(3)　一部供託

供託が債権消滅の効果を生じるためには，債務の本旨に従った弁済と同一内容の目的物が供託されなければならない。したがって，金銭債権の一部を供託しても無効であり，供託した部分についても債権は消滅しないのが原則

である（大判昭 12・8・10 民集 16 巻 1344 頁など）。しかし，供託金の不足額が極めて少額である場合には，信義則上供託が有効とされることがあり（最判昭 35・12・15 民集 14 巻 14 号 3060 頁–15 万 4500 円のうち 1360 円が不足していた事例），この場合には，供託額の範囲において債権は消滅する。また，一部供託が繰り返されて供託金の合計が債権全額に達する場合には，債権全額について有効な供託としての効力が生じる（最判昭 46・9・21 民集 25 巻 6 号 857 頁）。さらに，当事者間に債権額の争いがある場合において，債権者の主張する金額に足りない供託であっても，債権者が特段の留保の意思表示などをせずに供託金を受領したときは，原則として債権全額について供託の効力が生じる（最判昭 33・12・18 民集 12 巻 16 号 3323 頁，最判昭 42・8・24 民集 21 巻 7 号 1719 頁）。

4.3　弁済供託の効果

4.3.1　債権の消滅

弁済者が供託した時に，債権は消滅する（494 条 1 項柱書後段）。しかし，弁済者は，供託後も一定の期間までは供託物を取り戻すことができ，供託物が取り戻されると供託されなかったものとみなされる（496 条 1 項）。したがって，この場合には債権は消滅しなかったものとみなされる（496 条 1 項）。この法律関係については，供託物の取戻しを解除条件として供託時に債権が消滅する，すなわち供託によって債権は消滅するが，供託物が取り戻されると供託時に遡って債権は消滅しなかったことになる，と解する解除条件説が通説である。

4.3.2　債権者の供託物還付（引渡）請求権

弁済の目的物または 497 条の代金が供託されると，債権者は，供託所に対して供託物の還付（引渡し）を請求することができる（498 条 1 項，供託物還付〔引渡〕請求権）。これは，債権者のために供託物が供託所に寄託されることから，当然に生じる効果であり，債権者にこの権利が認められるから，債権消滅の効果が生じる。前述したように，弁済供託は第三者のためにする契約であるが，債権者がこの権利を取得するには，受益の意思表示を必要としない。537 条 3 項と異なる点である。

　なお，売買目的物が供託されたような場合，代金支払いのような反対給付をなすべき義務が債権者にあるときは，債権者は，その反対給付をしなければ還付請求権を行使して寄託物を受け取ることができない (498 条 2 項)。

4.3.3　供託物の所有権移転

　供託物が金銭のような代替物である場合，供託者と供託所の間で消費寄託 (666 条) が成立し，供託所が供託物の所有権を取得し，債権者が供託所からそれと同種・同質・同量の物を受け取った時に，所有権が債権者に移転する。これに対し，供託物が特定物である場合には，供託所が所有権を取得することはなく，供託の時点で弁済者から債権者に所有権が移転する (通説)。

4.3.4　供託物の取戻し

　供託は弁済者の利益のために認められた制度であるので，弁済者は供託物を取り戻すことができる (供託物取戻権)。しかし，次の場合には取戻しをすることができない。

　①債権者が供託を受諾した場合，または供託を有効とする判決が確定した場合 (496 条 1 項前段の反対解釈)。この場合には，債権者または債務者の利益を害してはならないので，取戻しができない。

　②供託によって質権または抵当権が消滅した場合 (496 条 2 項)。供託によって債権が消滅すると質権や抵当権は付従性によって消滅するので，取戻しを認めて債権と抵当権などを復活させると，抵当権などの消滅を信じた第三者に不測の損害を与えるからである。

　③弁済者が取戻権を放棄した場合。

　④供託物取戻権が時効で消滅した場合。民法改正前の判例では，供託は民法上の寄託契約の性質を有することから，取戻権は一般債権の 10 年の消滅時効 (旧 167 条 1 項) にかかるとされていた (最大判昭 45・7・15 民集 24 巻 7 号 771 頁，最判平 13・11・27 民集 55 巻 6 号 1334 頁)。改正民法では，権利行使の可能を知った時から 5 年または権利行使の可能時から 10 年である (166 条 1 項)。時効の起算点は，旧判例によれば供託の基礎となった債務について，紛争の解決などによってその不存在が確定したり，消滅時効が完成するなど

して，供託者が免責の効果を受ける必要が消滅した時であった（前掲最大判昭
45・7・15，前掲最判平 13・11・27）。消滅時効は権利行使の可能時から進行する
ので（旧 166 条 1 項），供託者は債務について免責の効果を受ける必要が消滅
した時から供託物取戻権を行使することができるからである。改正民法で
も，同様に供託者が免責の効果を受ける必要が消滅すれば供託物取戻権を行
使できるので，免責の必要性の消滅を知った時または免責の必要性の消滅時
がそれぞれの時効の起算点であると考えることができる。

第 5 節　相　殺

5.1　相殺の意義と機能

5.1.1　相殺の意義

> 【設例Ⅴ-15】　A が B に対して 500 万円の甲貸金債権を有し，B が A に対し
> て 300 万円の乙売掛代金債権を有している場合において，A が B に支払いを
> 求めたとき，B は 500 万円を支払わなければならないか。

(1)　意　義

　【設例Ⅴ-15】の場合，B は，300 万円について自己の乙債権でもって A の
甲債権と相殺することができ，それによって差額の 200 万円だけを支払えば
よい。すなわち，B が相殺の意思表示をしたとすると，双方の債務が対当額
の 300 万円について消滅するので，B の乙債権は消滅し，A の甲債権が 200
万円に減少する。反対に A が自己の甲債権でもって B の乙債権と相殺する
場合にも同様のことがいえ，A の甲債権はやはり 200 万円に減少する。し
たがって，いずれの場合でも，B は 200 万円を A に支払えばよい。このよ
うに，債権者と債務者が相互に同種の債務を負担する場合に，いずれも一方
的な意思表示によって双方の債務を対当額について消滅させることを**相殺**と
いう（505 条 1 項本文・506 条 1 項前段）。
　そして，相殺の意思表示をする側の債権を**自働債権**，相殺される側の債権

を**受働債権**という。【設例Ｖ-15】でいえば，Ｂから相殺する場合には，Ｂの乙債権が自働債権，Ａの甲債権が受働債権であり，Ａから相殺する場合には，Ａの甲債権が自働債権，Ｂの乙債権が受働債権になる*。

　民法は 505 条以下の規定で相殺を定めているが，この相殺は，法律の規定に基づくものであり，一方当事者の意思表示によってなされる単独行為である（506 条 1 項前段）。これを**法定相殺**という。以下で説明するのは，特に断りのない限り，法定相殺についてである。

> ＊反対債権という言葉が使われることもあり，自働債権を指す場合が多いが，受働債権を指す意味で使われる場合もある。反対債権とは，ある債権に対立して存在する債権を指す言葉にすぎないが，【設例Ｖ-15】のように，Ａが甲債権の弁済を求めたのに対し，Ｂが自己の乙債権で相殺をする場合，Ｂの乙債権，すなわち自働債権を反対債権と呼ぶのが一般的である。しかし，Ｂからみると，自働債権の反対にあるのは受働債権なので，Ａの甲債権を反対債権と呼ぶこともある[49]。

(2)　相殺契約による相殺

　相殺は，債権者と債務者双方の合意によって行うことができる。この合意を**相殺契約**という。法定相殺と比べて，相殺契約による相殺には次のような特徴がある。すなわち，①相殺契約に基づく相殺は，民法の定める法定相殺の要件（→ 5.2 参照）に従う必要がない。例えば，双方の債務が同種の債務である必要はなく，また一方当事者からの相殺の意思表示も不要である。②相殺契約に基づく相殺には法定相殺における種々の制約がない。例えば，不法行為による債権（509 条→ 5.3.3 (1)参照）や差押禁止債権（510 条→ 5.3.3 (2)参照）を受働債権とする相殺も可能である。

　相殺契約には，停止条件付き相殺契約（将来一定の事由が生じたときに当然に相殺の効力が生じる旨の合意）や相殺予約（将来一定の事由が生じたときに，当事者が予約完結権を行使することによって相殺の効力が生じる旨の合意）などがある（これらを含めて〔広い意味の〕相殺予約と呼ばれることもある）。これらは，銀行などの金融機関の貸出業務において，貸金債権の回収手段として広く利用されている（〔広い意味の〕相殺予約の効力は，法定相殺の場合と同様に，「差押えと相殺」において

---

49)　中田・390 頁。

問題になる→ **5.3.3**(3)(イ)参照)。

5.1.2　相殺の機能

　相殺には，簡易決済機能，公平維持機能および担保的機能と呼ばれる3つの機能がある。

(1)　簡易決済機能

　相殺は，両当事者間で対立している債権を対当額で消滅させるものである。そのことから，相殺には，双方の債権の取立てや支払いに要する時間や費用を節約して，簡易に決済するという機能がある。これを**簡易決済機能**という。

(2)　公平維持機能

　相殺制度があることから，決済において両当事者間の公平を維持することができる。例えば，【設例Ⅴ-15】でBが倒産して支払不能に陥ると，Aは自己の債務額300万円は全額請求されるのに対し，自己の債権額500万円は全額弁済されないことになり，不公平な結果になる。この場合にAB間で相殺することができると，Aは自己の債権額500万円のうちの300万円は確実に回収できることになり，上記のような不公平は生じない。このように，相殺には両当事者の公平を維持するという**公平維持機能**がある。

(3)　担保的機能

　(2)で述べたことから，AB相互間に債権が存在するということは，ABは自己の債権の弁済を確保するために，対立する債権をその対当額の範囲で相互に引当にしているということができる。【設例Ⅴ-15】の場合，AはBに対する債権額500万円のうち300万円を相殺によって回収できたことになるが，この回収はBの債権額300万円を引当にして実現されたといえる。同じことは，BのAに対する300万円の債権についてもいうことができる。このように，相殺においては，対立している債権が対当額の範囲で相互に担保的な役割を果たしており，相殺は簡易でかつ確実な担保（債権回収）手段であるということができる。このような相殺の機能を**担保的機能**という。

＊銀行などの金融機関が自行の定期預金者にその預金債権を見返りとして融資することが多く行われており，この場合には，貸付債権の担保のために預金債権に質権を設定せず，預金債権と貸付債権との相殺によって貸付金を回収する方法が多く用いられている。

5.2　相殺の要件

　相殺の要件は，①債権が対立していること，②双方の債権が同種の目的を有すること，③双方の債権が弁済期にあること，④債権の性質が相殺を許すものであること，の 4 つである。そして，対立している債権について相殺の要件が備わっている状態，すなわち双方の債権が相殺できる（相殺に適した）状態にあることを**相殺適状**という。相殺適状は，原則として相殺の意思表示がなされる時に存在していなければならない。

5.2.1　債権の対立

(1)　債権の対立

　相殺をするためには，原則として相殺をする者と相手方の間に債権が対立していなければならない。この要件は，「二人が互いに……債務を負担する場合において」（505 条 1 項本文）と定められていることに由来するものである。この要件の例外として，まず第三者が相手方に対して有する債権を自働債権とする相殺を主張して自己の債務の履行を拒絶することができる場合がある。例えば，①連帯債務者は，他の連帯債務者が債権者に対して有する債権を自働債権とする相殺を主張して自己の債務の履行を拒絶することができ（439 条 2 項→**第 7 章 4.2.4**(2)(イ)参照），②保証人は，主たる債務者が債権者に対して有する債権を自働債権とする相殺を主張して自己の債務の履行を拒絶することができる（457 条 3 項→**第 7 章 5.3.3**(2)(オ)参照）。次に，相殺の相手方以外の者に対する債権を自働債権として相殺することができる場合がある。例えば，①事前の通知を怠って弁済した連帯債務者の他の連帯債務者に対する求償について，求償を求められた他の連帯債務者は債権者に対する債権を自働債権として求償債権との相殺を主張することができ（443 条 1 項→**第 7 章 4.2.4**

(3)(ウ)参照。通知を怠って弁済した保証人の主たる債務者に対する求償についても同様の規定がある〔463 条 1 項→**第 7 章 5.4.3**(1)参照〕）、②債権譲渡において，債務者は譲受人の請求に対し，対抗要件具備時より前に取得した譲渡人に対する債権を自働債権とする相殺を主張することができる（469 条 1 項→**第 6 章 1.2.2**(5)(ウ)参照）。

　これに対し，受働債権は相殺の相手方が相殺者に対して有する債権であることが必要である。したがって，判例は，抵当不動産の第三取得者は，抵当権者に対する自己の債権を自働債権として抵当権者の債務者に対する債権（被担保債権）と相殺することができないとする（大判昭 8・12・5 民集 12 巻 2818 頁）。しかし，学説は，相殺者が物上保証人や抵当不動産の第三取得者のような弁済をするについて正当な利益を有する者である場合には，債権者に対する自己の債権と債務者に対する債権者の債権とを相殺することができると解するのが多数説である。

(2)　債権の存在

　対立する債権はいずれも意思表示の時に存在していなければならない。意思表示の前に一方の債権が消滅すれば相殺することができない（最判昭 54・7・10 民集 33 巻 5 号 533 頁 [百選 II 3 版-43]）。しかし，自働債権が時効で消滅した場合でも，その消滅前に相殺適状にあれば，その債権者は相殺することができる（508 条）。債権が相殺適状になった以上，当事者としては相殺によって債権関係が決済されることを期待しているので，その相殺の利益を保護するためである。したがって，すでに時効で消滅した債権を譲り受けて，これを自働債権として相殺することはできない（最判昭 36・4・14 民集 15 巻 4 号 765 頁）。なお，除斥期間を経過して消滅した債権についても 508 条を類推して，これを自働債権として相殺することができる（最判昭 51・3・4 民集 30 巻 2 号 48 頁 [百選 II 2 版-69]）。

5.2.2　同種の目的を有する債権

　相殺をするためには，対立する双方の債権が同種の目的を有するものであることが必要である（505 条 1 項本文）。もっとも，多くの場合，相殺は金銭債権相互において行われる。双方の債権の目的が同種であればよいから，債権

の発生原因が同一であることは必要でない。また，双方の債権の履行地が異なっていても，相殺することができる（507条前段）。そして，履行地が異なるために相殺によって相手方に損害を与えた場合には，相殺者は損害を賠償する義務を負う（同条後段）。もっとも，債権の目的が金銭の支払いである場合には，この規定はほとんど問題にならない。

5.2.3　弁済期の到来

(1)　弁済期の到来

　相殺をするためには，双方の債権が弁済期にあることが必要である（505条1項本文）。そして，自働債権は，必ず弁済期にあることが必要とされる。自働債権が弁済期に到来していないのに相殺が認められると，相手方は，弁済期前に弁済したのと同様になり，理由もなく期限の利益（136条1条）を奪われることになるからである。例えば，【設例V-15】において，Aの甲債権の弁済期は到来しているが，Bの乙債権の弁済期が未到来である場合，Aの請求に対してBの相殺の主張を認めると，Aは期限が到来していないのに代金を支払ったことになり，期限の利益を奪われることになる。しかし，自働債権である乙債権の債務者Aについて，破産手続開始の決定や担保の滅失・損傷などの法定の期限の利益喪失事由（137条）が生じれば，Aは期限の利益を失い，乙債権は弁済期に到来するので，債権者Bは相殺することができる。

　これに対し，受働債権は必ずしも弁済期にある必要はない。というのは，相殺者は，自己の債務（受働債権）について期限の利益を放棄することができるからである（136条2項）。もっとも，すでに弁済期にある自働債権と弁済期の定めのある受動債権が相殺適状にあるというためには，受働債権について，期限の利益を放棄できるというだけでなく，期限の利益の放棄または喪失などにより，弁済期が現実に到来していることが必要である（最判平25・2・28民集67巻2号343頁［百選II 8版-38]）。したがって，上記の例の場合，Aの側からは，自己の債務（Bの乙債権）について期限の利益を放棄して確実に期限を到来させたうえで，自己の甲債権（自働債権）とBの乙債権（受働債権）を相殺することができる。

(2)　弁済期に関する特約

　弁済期に関する特約（期限の利益喪失特約）とは，債務者について差押えや破産などの信用不安に関わる一定の事由が生じた場合に，当然にまたは債権者の意思表示によって債務者は期限の利益を失う旨の合意をいう。そして，双方の債務の弁済期が未到来であっても，自働債権についてはこの特約により，受働債権については上記の期限の利益の放棄によって，双方の債権の弁済期を到来させて相殺することができる（法定相殺の場合）。また，この特約は，前述の停止条件付き相殺契約や相殺予約と組み合わされて，合意に基づく相殺にも利用されている（→ 5.3.3 (3)(イ)参照）。

5.2.4　性質上相殺が許される債権

　債務の性質が相殺を許さないときは，相殺が認められない（505条1項ただし書）。例えば，互いに労務を提供する債務や騒音を出さない不作為債務を負担している場合のように，双方が現実に履行しない限り債務の目的が達成されない場合には，双方の債務は同種の目的であるが，債務の性質上相殺することができない。このように，なす債務や不作為債務について，相殺が許されないことが多い。

5.3　相殺の禁止・制限

　相殺適状にある債権であっても，次の場合には相殺が禁止または制限される。

5.3.1　当事者の意思表示による禁止・制限

　当事者が相殺を禁止しまたは制限する旨の意思表示をした場合，その意思表示は，第三者がこれを知りまたは重大な過失によって知らなかったときに限り，第三者に対抗することができる（505条2項）。債権が契約により発生する場合は，両当事者の合意によって，債権が単独行為により発生する場合は，その単独行為によって，相殺を禁止または制限することができる。しかし，このような意思表示がなされることはほとんどないと言われている。

5.3.2　抗弁権が付着している自働債権による相殺の禁止

　自働債権に相手方の抗弁権が付着している場合は，相殺は許されない。この場合に相殺を許すと，相手方の抗弁権を一方的に奪うことになるからである。例えば，売主が売買代金債権を自働債権として相殺しようとしても，目的物の引渡しが完了していないため買主が同時履行の抗弁権 (533条) を主張することができる場合には，相殺は許されない (大判昭13・3・1民集17巻318頁)。また，保証人は債権者に対して催告と検索の抗弁権 (452条・453条→**第7章5.3.3**(1)参照) を有しているので，債権者はそれらの抗弁権を喪失させる手続を経た上でないと保証債権を自働債権として相殺することができない (最判昭32・2・22民集11巻2号350頁)。これに対し，受働債権に抗弁権が付いている場合は，相殺者 (受働債権の債務者) はこの抗弁権を放棄することができるので，相殺をすることが許される。

5.3.3　法律による禁止

　民法は，受働債権が現実に履行されることを確保するために，次の3つの場合について相殺を禁止している。

(1)　受働債権が不法行為等により生じた債権である場合

> 【設例Ⅴ-16】　車を運転していたAは，過失による交通事故で損害を与えたBから治療費などの損害賠償を請求されたが，Bに対して貸金債権を有していたので，これを自働債権としてBの損害賠償債権と相殺したいと考えている。このような相殺は許されるか。

　改正前の民法では，不法行為によって生じた債権を受働債権とする相殺を全面的に禁止していた (旧509条)。したがって，【設例Ⅴ-16】の場合，Aは，Bに対する貸金債権 (自働債権) とBの損害賠償債権 (受働債権) とを相殺することはできなかった。しかし，改正民法では，旧509条による相殺禁止の趣旨を考慮に入れて，相殺禁止の範囲が次のように制限された[50]。

　第1は，悪意による不法行為に基づく損害賠償債権を受働債権とする相殺の禁止である (509条1号)。これは，債権者が債務者に対する不法行為によ

---

50)　潮見・概要197頁，中舎・377頁。

る損害賠償債務（債権）と自己の債権を相殺して決済を図るなどの形での不法行為の誘発を防止するためである。本号にいう「悪意」は，故意では足りず，それ以上の積極的な害意を意味すると解されている。したがって，【設例Ⅴ-16】では，Ａの相殺の主張は認められよう（しかし，次の第 2 の場合によって相殺が否定されることになろう）。

　第 2 は，人の生命または身体の侵害による損害賠償債権を受働債権とする相殺の禁止である（509 条 2 号）。これは，損害賠償の現実の支払いによって被害者を救済すべきであるという被害者保護の要請に基づくものである。本号は，不法行為に限られず，債務不履行（医療事故や安全配慮義務違反など）を理由とする損害賠償債権にも適用される。

　もっとも，上記の損害賠償債権を他人から譲り受けた第三者は，それを受働債権として相殺することができる（509 条ただし書）。この場合は，不法行為の誘発防止や被害者保護の要請という相殺禁止の趣旨に当てはまらないからである[51]。さらに，不法行為の被害者が上記の損害賠償債権を自働債権として相殺することは許される。判例も，不法行為による損害賠償債権を自働債権として，不法行為による損害賠償債権以外の債権と相殺することを認めている（最判昭 42・11・30 民集 21 巻 9 号 2477 頁［百選Ⅱ初版-42］）。自働債権と受働債権が当事者双方の過失による同一の交通事故から生じた損害賠償債権である場合には，これまでの判例では，相殺は許されないとされていた（最判昭 32・4・30 民集 11 巻 4 号 646 頁—自働債権が物損で受働債権が人損，最判昭 49・6・28 民集 28 巻 5 号 666 頁—双方の債権が物損）。しかし，悪意によらない不法行為に基づく物損の賠償債権には 509 条は適用されないので，同一の交通事故による物損の賠償債権相互の相殺は認められよう[52]。

(2)　受働債権が差押禁止の債権である場合

　賃金債権や退職手当債権の 4 分の 3（民執 152 条 1 項），労災給付債権（労基 83 条 2 項），生活保護受給権（生活保護 58 条）などのような，その全部または一部につき差押えが禁止されている債権については，債務者は，これらの債権の全部または差押えが禁止されている部分を受働債権として相殺すること

51）　潮見・概要 198 頁。
52）　中舎・377 頁。

ができない (510 条)。これらの債権は，それによって生活を支えている者に
とって現実に給付されることが必要である。そのために差押えが禁止されて
いるのであり，相殺を認めると差押えを禁止した趣旨が失われるからであ
る。なお，労働者の賃金は，通貨で直接労働者に全額を支払わなければなら
ないとされているので (労基 24 条 1 項)，賃金債権を受働債権とする使用者に
よる相殺は，一部差押えを許す民事執行法の規定 (民執 152 条) にもかかわら
ず，原則として全額について相殺が許されない (最大判昭 36・5・31 民集 15 巻 5
号 1482 頁―自働債権は使用者の労働者に対する不法行為上の損害賠償債権。例外として，
最判昭 44・12・18 民集 23 巻 12 号 2495 頁―自働債権は使用者の労働者に対する過払い賃
金の不当利得返還請求権)。

(3)　受働債権が差押えを受けた場合

> **【設例V-17】**　Ａ が Ｂ に対して 500 万円の甲貸金債権を有し，Ｂ が Ａ に対し
> て 300 万円の乙売掛代金債権を有している場合に，Ｂ の債権者 Ｃ が乙債権を
> 差し押さえてその支払いを差し止めた。

　【設例V-17】の場合，Ａ は，Ｂ に対する甲債権を自働債権，Ｂ の差し押さ
えられた乙債権を受働債権として相殺することができるかどうかが問題とな
る。また，Ｂ が乙債権を Ｃ に譲渡した場合にも，Ａ は，甲債権を自働債権
とする譲渡された乙債権との相殺をすることができるかどうか問題となる。
これらは「差押えと相殺」および「債権譲渡と相殺」と呼ばれる問題である
が，後者の問題は第 6 章で扱い (→**第 6 章 1.2.2** (5)(ウ)参照)，ここでは前者の問
題を検討する。

　差押えと相殺の問題には，法定相殺の場合と相殺予約の場合とがある。

　**(ア)　法定相殺の場合　(a)　民法改正までの議論　(i)　民法旧 511 条の意
義**　改正前の旧民法 511 条は，「支払いの差止めを受けた第三債務者は，
その後に取得した債権による相殺をもって差押債権者に対抗することができ
ない」と定めていた。したがって，**【設例V-17】**の場合，第三債務者 Ａ が
Ｃ の差押え前から甲債権 (自働債権) を有しているときには，Ａ は Ｂ の乙債
権 (受働債権) との相殺をすることができるが，Ａ が Ｃ の差押え後に甲債権
を取得したときには，相殺は認められない。これは，Ａ が Ｃ の差押え前か

ら甲債権を有しているときには，相殺適状になればこれを自働債権としてＢの乙債権と相殺することができるというＡの相殺の利益は，合理性があるとして相殺を認めるが，ＡがＣの差押え後に甲債権を取得したときには，相殺を認めるとＣの差押えは意味を失い，またそもそもＣの差押え時にはＡは甲債権（自働債権）を有していなかったので，Ａの相殺の利益には合理性がなく，相殺は認められないとするものである。

(ii) **両債権の弁済期との関係**　相殺は双方の債権が弁済期にあることを要件としている（505 条 1 項本文）。したがって，【設例Ⅴ-17】において，Ｃの差押えの時に甲債権（自働債権）と乙債権（受働債権）の弁済期が到来している場合には，Ａが相殺できることについては問題がない。これに対し，ＡがＣの差押え前に甲債権を取得しても，差押えの時に甲債権と乙債権の一方または双方の弁済期が未到来の場合には，Ａは相殺できるかどうかが問題となった。これについて場合を分けて説明すると，次のとおりである。

① **差押時に自働債権の弁済期が到来している場合**　この場合には，差押時に受働債権の弁済期が未到来であっても，第三債務者Ａは相殺することができる。というのは，Ａは期限を放棄して乙債権（受働債権）の弁済期を到来させて自己の甲債権（自働債権）との相殺をすることができるので，この相殺の利益をＡの関係しない事由によって奪うことは公平に反するからである（最判昭 32・7・19 民集 11 巻 7 号 1297 頁—受働債権の譲渡および転付命令と相殺に関する事案）。

② **差押え時に自働債権と受働債権の弁済期がともに未到来の場合**　この場合については，以下のような判例の変遷がみられた。

ⓐ **昭和 39 年大法廷判決**　最大判昭 39・12・23（民集 18 巻 10 号 2217 頁）は，ⓘ自働債権の弁済期が差し押さえられた受働債権のそれよりも先に到来するときは，相殺をすることができるが，ⓘ自働債権の弁済期が受働債権のそれよりも後に到来するときには相殺できない，と判断した。その理由は，ⓘの場合は，被差押債権（受働債権）の弁済期が到来して差押債権者Ｃが履行を請求することができる時には，それ以前に自働債権の弁済期が既に到来しているので，第三債務者Ａは自働債権により被差押債権と相殺することができ，このＡの将来の相殺に関する利益は正当に保護されるべきである

が，ⅱの場合には，被差押債権の弁済期が到来して，差押債権者ＣがＡに対し履行の請求をすることができる時には，Ａは，自働債権の弁済期が到来していないから相殺を主張することができず，差押当時相殺について正当な利益を有していない，また既に弁済期の到来した受働債権の弁済を拒否しつつ，自働債権の弁済期の到来をまって相殺を主張するような不誠実な者を保護する理由はない，というものであった。

　このⅱの場合には相殺できないとする昭和 39 年大法廷判決の見解は，相殺を制限する方向で旧 511 条を解釈することから，制限説と呼ばれる。しかし，この見解は維持されず，次に述べる昭和 45 年大法廷判決によって変更されるにいたった。

　ⓑ　昭和 45 年大法廷判決　最大判昭 45・6・24（民集 24 巻 6 号 587 頁［百選Ⅱ 8 版-39]）において，第三債務者Ａは，その自働債権が差押え後に取得されたものでない限り，自働債権と受働債権の弁済期の先後を問わず，相殺適状に達すれば，差押え後においても相殺をすることができるとされた。その理由として，ⓘ相殺は，債権債務を簡易に決済して債権関係を円滑・公平に処理することを目的とする合理的な制度であり，相殺する債権者からすれば，債務者の資力が不十分な場合でも自己の債権について確実かつ十分な弁済を受けたのと同様な利益を受けることができる点で，担保権を有するのと似た地位が与えられ，相殺制度のこの目的・機能は，現在の経済社会において取引の助長に役立つから，この制度によって保護される当事者の地位はできるだけ尊重すべきであり，ⓘ旧 511 条は，第三債務者が債務者に対する債権で差押債権者に対し相殺できることを当然の前提としたうえで，差押え後に発生した債権または差押え後に他から取得した債権を自働債権とする相殺のみを例外的に禁止することによって，その限度で差押債権者と第三債務者間の利益の調節を図ったものあるということがあげられた。

　この見解は，相殺の担保的機能を重視するものであり，旧 511 条の文言どおり，受働債権が差し押さえられた後に取得された自働債権による相殺だけが認められないとしている。そして，旧 511 条を制限しないで文言どおりに適用することから，無制限説と呼ばれる。

　(ⅲ)　学　説　学説は，昭和 39 年大法廷判決のとる制限説と昭和 45 年大

法廷判決のとる無制限説とに大きく分かれていたが，制限説が有力であった[53]。両説の争点はいくつかあるが，もっとも実質的な争点は，自働債権の弁済期が受働債権の弁済期よりも後に到来する場合に，受働債権の弁済期が到来しても弁済せずにいて，自働債権の弁済期が到来すれば相殺するという第三債務者 A の相殺の利益をどのように評価するかであった。制限説は，このような不誠実な第三債務者の相殺の利益は保護すべきでないとする。これに対し，無制限説は，銀行取引のような債権（貸付金債権と預金債権）が継続的に発生したり消滅したりする場合には，弁済期の先後は偶然の事情によって左右されるから，弁済期の先後によって相殺の可否が決まるのは不当であり，第三債務者の債務不履行については遅延損害金を支払わせれば足りると反論する。しかし，制限説からは，弁済期の先後が偶然の事情によって左右されるのは銀行取引に特有の事情であり，それに関しては次に検討する相殺予約の問題として考えれば足りるという再反論が述べられている[54]。

(b) **改正民法**　改正民法は，まず 511 条 1 項で，「差押えを受けた債権の第三債務者は，差押え後に取得した債権による相殺をもって差押債権者に対抗することはできないが，差押え前に取得した債権による相殺をもって対抗することができる」と規定した。旧 511 条の条文と内容的な違いは明確ではないが，「差押え前に取得した債権による相殺をもって対抗することができる」という文言を付け加えることによって，昭和 45 年大法廷判決のいわゆる無制限説を採用する意図が示されている[55]。

　次に同条 2 項では，本文で「前項（1 項—筆者注）の規定にかかわらず，差押え後に取得した債権が差押え前の原因に基づいて生じたものであるときは，その第三債務者は，その債権による相殺をもって差押債権者に対抗することができる」とした。例えば，差押え前に委託を受けて保証人となった者は，差押え後に保証債務を履行したことにより取得した事後求償権（→**第 7 章 5.4.2 (1)(ア)参照**）による相殺を差押債権者に対抗することができる。これは，

53)　制限説を採るものとして，平井・231 頁，林＝石田＝高木・347 頁，淡路・608 頁，潮見・総論Ⅱ〔第 3 版〕390 頁，潮見・プラクティス［第 4 版］441 頁，内田・262 頁，中田・413 頁以下などがあり，無制限説を採るものとして，奥田・589 頁，近江・363 頁などがある。

54)　中田・411 頁。

55)　潮見・概要 198 頁，平野・450 頁。

債権の発生原因が差押え前にすでに成立している場合における第三債務者の相殺の利益を保護したものである[56]。しかし,「第三債務者が差押え後に他人の債権を取得したときは」,相殺を対抗することができない(511条2項ただし書)。この場合,差押時には債権の対立またはその可能性がなく,第三債務者に相殺の利益が存在しないからである[57]。

(イ)　相殺予約の場合　(a)　相殺予約の必要性

【設例V-18】　A銀行は,B会社に対して800万円の甲貸付金債権を有しており,その弁済期は平成24年7月6日であった。他方,B会社は,A銀行に600万円の乙定期預金債権を有しており,その満期日は平成24年6月29日であった。それまで順調であったBの事業は平成23年に入ると折からの円高の影響を受けて不振となり,国税を滞納するようになった。そこで,国(C)は,平成24年5月11日にBの乙債権を差し押さえた。これに対し,Aは,甲債権を自働債権,Bの乙債権を受働債権とする相殺を,Cに対して主張した。このAの相殺の主張は認められるか。なお,AとBの各債権は,Cの差押え以前から存在していた。

　差押えと法定相殺の問題について無制限説の立場をとったからといって,差押債権者に対して常に相殺を主張することができるとは限らない。というのは,無制限説でも,双方の債権が相殺適状にないと,特に自働債権が弁済期に達しないと,現実には相殺することができず,したがって【設例V-18】のような差し押さえられた受働債権の弁済期が先に到来する場合には,相殺者Aは,差押債権者Cからの取立てに応じなければならなくなるからである。そこで,弁済期が先に到来する受働債権が差し押さえられても相殺することができるようにするために,自働債権の債務者Bに差押えなどの一定の信用不安が生じた場合に自働債権について直ちに債務者に期限の利益を失わせて相殺することができるとする相殺予約が必要とされ,とりわけ銀行取引で多く用いられている。この相殺予約は,債務者Bについて一定の信用不安が生じた場合に条件成就または債権者Aの意思表示によって自働債権の弁済期が到来する旨の期限の利益喪失条項と,条件成就または債権者の意

56)　潮見・プラクティス435頁。
57)　潮見・プラクティス436頁,中舎・478頁。

思表示によって相殺の効力を生じさせる停止条件付き相殺契約または（狭い意味の）相殺予約から成り立っている。したがって，【設例V-18】においてこのような相殺予約がAとBの間で結ばれていた場合には，Bの乙債権（受働債権）に対して差押命令が発せられるとAの甲債権（自働債権）についてBは期限の利益を失い，Aの相殺が可能となるので，Aは，この相殺をCに対抗することができる。

(b)　相殺予約の第三者に対する効力　　相殺予約が当事者間で有効であることには異論がない。しかし，当事者以外の第三者（差押債権者）に対しても，相殺予約が効力を有するかどうかが問題となる。なお，改正民法は，この問題に関しては解釈に委ねている[58]。

(i)　判例　　この問題についても，最高裁の見解には次のような推移がみられる。まず，差押えと法定相殺について制限説の見解をとった昭和39年大法廷判決（前掲最大判昭39・12・23）は，法定相殺が認められる場合，すなわち自働債権の弁済期が受働債権の弁済期よりも先に到来する場合に，相殺予約の効力を第三者に対抗することができるとした。その理由は，法定相殺が許されない場合にも第三者に対する相殺予約の効力を認めることは，私人間の特約によって差押えのできない債権を作り出すことになり，契約自由の原則によっても許されないからである。

しかし，無制限説をとった昭和45年大法廷判決（前掲最大判昭45・6・24［百選II 8版-39]）は，相殺予約が契約自由の原則上有効であることを理由に，自働債権の弁済期と受働債権の弁済期の先後を問わず，無条件に相殺予約の第三者に対する効力を認めるにいたった。

(ii)　学説　　学説でも，相殺予約の第三者に対する効力を認めるのが支配的である。しかしその中でも，昭和45年大法廷判決のように無条件に第三者に対する効力を認めるのではなく，差押債権者の利益と相殺者の相殺の利益を比較考慮して，後者を優先させる合理的根拠がある場合にのみ，相殺を差押債権者に対抗できるとする見解が多数説と解されている[59]。この見解については合理的根拠の判断基準が問題となるが，特に銀行取引においては，

---

58)　潮見・概要199頁。
59)　潮見・プラクティス441頁。

第1に，銀行の取引先に対する貸付金債権と取引先の銀行に対する預金債権は，相互に密接な牽連関係に立ち，預金債権は貸付金債権の担保としての機能を営んでおり，銀行取引における相殺予約は，この預金債権の担保的機能を確保するための手段であり，銀行はこの特約を活用する期待のもとに貸付をしていること（貸付金債権と預金債権の牽連性），第2に，銀行とその取引先との間の取引約定書中に相殺予約の定めがとり入れられていることは，取引界においてほぼ公知の事実となっていること（相殺予約の公知性）から[60]，銀行が相殺を差押債権者に対抗できる合理的根拠があると解されている。

5.4　相殺の方法と効果

5.4.1　相殺の方法

相殺は，当事者の一方から相手方に対する意思表示によってなされる（506条1項前段）。そして，相殺の意思表示には，条件または期限を付けることができない（同項後段）。相殺の意思表示は形成権の行使であり，形成権の行使に条件を付けると，一方的に相手方を不安定な状態にすることになり，また，後述するように相殺は遡及効を有しているので，期限を付けることは無意味であるからである。

5.4.2　相殺の効果

(1)　債権の消滅・相殺充当

(ア)　**債権の消滅**　　相殺の意思表示がなされると，自働債権と受働債権はその対等額において消滅する（505条1項本文）。

(イ)　**相殺充当**　　自働債権と受働債権が複数あり，相殺によってそれら全部を消滅させることができないときは，相殺充当が行われる。改正前の民法では弁済充当の規定が準用されたが，改正民法では相殺独自の規定が設けられた（512条・512条の2）。それによれば，相殺充当は当事者が別段の合意をすればそれによるが，合意がないときには次の順序による[61]。

60）　昭和45年大法廷判決の大隅裁判官の意見（民集24巻6号605頁以下）。
61）　詳細は，潮見・プラクティス405頁以下参照。

①複数の自働債権と受働債権では，相殺適状になった時期の順序に従って，対当額において相殺によって消滅する（512条1項）。これは民法改正前の判例（最判昭56・7・2民集35巻5号881頁）を明文化したものである[62]。

②上記①によっても自働債権が受働債権全部を消滅させるのに足りない場合（512条2項）や受働債権が自働債権全部を消滅させるのに足りない場合（同条3項）には，弁済充当の規定（488条4項2号〜4号・489条）が準用される。この場合には，指定充当は認められない。

③1個の自働債権または受働債権について数個の給付すべきものがある場合にも相殺充当の問題が生じるので，上記①と②が準用される（512条の2）。

(2) 相殺の遡及効

相殺による債権消滅の効果は，相殺の意思表示の時ではなく，双方の債権が相殺適状になった時にさかのぼって生じる（506条2項）。したがって，相殺適状の時から利息は発生しなかったことになり，利息を支払っていたときは不当利得の返還の問題になる。また，相殺適状の時から履行遅滞も消滅する。もっとも，遡及効が認められるといっても，相殺の意思表示の時点で相殺適状が現存することが必要である。したがって，相殺適状が生じた後で相殺の意思表示がなされる前に，一方の債権が弁済などで消滅した場合には，相殺適状は消滅し，その後は相殺ができなくなる。

第6節　更改・免除・混同

6.1 更　改

6.1.1 更改の意義

更改とは，当事者が旧債務を消滅させ，新たな債務を成立させる契約である（513条1項）。ここでいう新たな債務には，①給付の内容について重要な変更をした債務，②債務者が交替した債務，③債権者が交替した債務が規定

62）　潮見・概要200頁。

されている。更改における旧債務と新債務の間には同一性がなく，旧債務についていた担保や抗弁権も原則として消滅するため（→**6.1.3** 参照），更改は取引上好ましいものではない。しかも，債権者の交替については債権譲渡を，債務者の交替については債務引受を，債務の目的の変更については債務の内容を変更する合意・代物弁済・和解契約を用いることができるので，更改が利用されることは少ない。

6.1.2　更改の要件

(1)　旧債務の存在

更改は旧債務を消滅させて新たな債務を成立させる契約であるから，消滅すべき旧債務が存在しなければならない。したがって，旧債務が存在しないときには，更改は無効であり，新たな債務も成立しない（大判大8・3・7民録25輯405頁）。

(2)　新たな債務の成立

新たな債務が何らかの理由で有効に成立しない場合には，更改は無効となり，旧債務も消滅しない。改正前の民法は，①新たな債務が不法な原因（例えば公序良俗違反）のために成立しないとき，②新たな債務がそれ以外の当事者の知らない事由（例えば不能の給付を目的とした場合）によって成立しないとき，③新たな債務が当事者の知らない事由（例えば債務者の制限行為能力）によって取り消されたときは，旧債務は消滅しないとしていた（旧517条）。そして，上記②と③の反対解釈によって，当事者（債権者）が新たな債務の不成立や取消しの原因を知っているときには，更改は有効であり，旧債務は消滅すると解されていた。しかし，新たな債務が成立しなければ更改にはならず，またこれらの原因を知りながらあえて更改をした債権者は旧債務を免除したといえるので，このような規定は不要として改正民法では削除された[63]。

(3)　契約の当事者

(ｱ)　債務者の交替による更改　　債務者の交替による更改は，債権者と新債務者との契約によって行うことができるが，債権者が旧債務者に対して契

---

63)　中舎・365頁。

約をした旨を通知した時に，効力を生ずる (514条1項)。この場合，新債務者は，旧債務者に対して求償権を取得しない (同条2項)。

(イ)　**債権者の交替による更改**　　債権者の交替による更改は，新旧の両債権者と債務者の三面契約で行われる (515条1項)。債務者も契約の当事者になる点が債権譲渡と異なる。債権者の交替による更改は，債権譲渡と類似するので，確定日付のある証書によってしなければ，第三者に対抗することができない (同条2項)。第2の更改の当事者による通謀によって，第1の更改による新債権者を害することを防止する趣旨である (467条2項参照→**第6章 1.2.2**(6)(ア)参照)。

(ウ)　**給付内容の重要な変更による更改**　　給付内容の重要な変更による更改は，同一当事者間の契約によってなされる。

6.1.3　更改の効果

(1)　旧債務の消滅と新債務の成立

更改によって旧債務が消滅し，新債務が成立する。新旧の両債務には同一性がない。したがって，旧債務のために存在していた質権・抵当権や保証債務などの担保も原則として消滅する。例外的に，質権や抵当権については，債権者 (債権者の交替の場合は旧債権者) は，旧債務の目的の限度で新債務に移転することができるが，これらの権利が第三者の設定したものであるときは，第三者の承諾を必要とする (518条1項)。この質権または抵当権の移転は，更改の前か更改と同時に更改の相手方 (債権者の交替の場合は債務者) に対する意思表示のよってしなければならない (同条2項)。

(2)　契約の解除

新債務が履行されない場合，更改契約を解除することができるかということが問題となる。更改は，旧債務の消滅と新債務の成立を目的とする契約であるから，新債務が成立すれば更改契約は不履行とならない。したがって，新債務の不履行があっても，それは更改契約の解除事由にならない (通説)。

6.2 免 除

6.2.1 免除の意義

例えば，Bに10万円を貸しているAがBの経済的事情を考慮して，その全額または一部を返さなくてもよいとする場合がある。このように，無償で(対価なしで)債権を消滅させる債権者の一方的な意思表示を**免除**という(519条)。免除は債権の放棄であり，債権者の一方的な意思表示で行う単独行為であり，債務者の承諾を必要としない。しかし，利益を受ける債務者の意思を無視して一方的に利益を押しつけるのは，第三者弁済(474条2項)・第三者のためにする契約(537条3項)・贈与(549条)などの規定との均衡を考えると妥当ではなく，契約にすべきであるとする立法論上の批判がある。もっとも，債権者債務者間の契約によって免除を有効に行うことができる。この契約を免除契約という。

6.2.2 免除の方法と効果

(1) 免除の方法

免除は，債権者の債務者に対する一方的な意思表示によってなされる(519条)。免除の意思表示は特別の様式を必要とせず，明示であると黙示(借用書の送付など)であるとを問わない(大判明39・2・13民録12輯213頁)。免除は単独行為であるが，条件・期限を付けることはできる。条件・期限を付けても，債務者に特に不利益を与えることにはならないからである。

(2) 免除の効果

免除によって債権は消滅する(519条)。債権の一部だけを免除することもできる。債権の全部が免除されたときは，これを担保していた担保物権や保証債務なども消滅する。しかし，免除によって第三者の利益を害することは許されないから，債権に質権(債権質)が設定されているときのように，債権が第三者の権利の目的となっているときには，免除の効果を第三者に対抗することはできない。

6.3　混同

6.3.1　混同の意義

例えば，A から 100 万円を借りている B が A を単独で相続したとすると，B が自己に対して 100 万円の貸金債権を有することは無意味であるから，この貸金債権は消滅する。このように，同一の債権について債権者の地位と債務者の地位が同一人に帰属することを，**混同**という。前記の債権者と債務者の単独相続のほかに，債権者である会社と債務者である会社が合併した場合や債務者が債権を譲り受けた場合などにも，混同が生じる。

6.3.2　混同の効果

債権は，原則として混同によって消滅する（520 条本文）。所有権と他の物権または所有権以外の物権とこれを目的とする他の物権が同一人に帰属した場合の物権の混同（179 条→松井・物権 143 頁以下参照）と同様である。

しかし，前例において，A が 100 万円の貸金債権に質権を設定して第三者 C から融資を受けていたときには，混同による貸金債権の消滅を認めると，質権の目的がなくなって質権が消滅し，C の利益が害されることになる。そこで，債権が第三者の権利の目的である場合には，物権の混同の場合と同様に，債権は混同によって消滅しない（520 条ただし書）。また，転借人が賃貸人の地位を承継しても，賃貸借関係と転貸借関係は，当事者間に合意がない限り消滅しない（最判昭 35・6・23 民集 14 巻 8 号 1507 頁）。混同による賃貸借と転貸借の消滅を認めると，賃借人の利益を害するからである。このほか，債権を存続させることに法律上の実益がある場合にも，混同の例外として債権は消滅しないと解されている[64]。例えば，不動産の賃借人が賃貸人から当該不動産を買い受けたが未登記の間に，第三者がその不動産を二重に買い受けて先に登記を経由したため，第 1 譲受人である賃借人が不動産の取得を第 2 譲受人である第三者に対抗できなくなった場合には，一たん混同によって消滅した賃借権は，第三者に対する関係では消滅しなかったことになる（最判昭 40・12・21 民集 19 巻 9 号 2221 頁）。

---

64)　前田・521 頁。

第6章 債権譲渡・債務引受・有価証券

第1節 債権譲渡

1.1 序 説

1.1.1 債権譲渡の意義

債権譲渡とは，債権の同一性を変えないで，法律行為によって債権を移転することをいう。例えば，GのSに対する100万円の金銭債権をGH間の契約によってHに移転することをいう。その結果，以後はHがSに対する債権者になる。この債権譲渡は，債権者Gからみれば，債権を動産や不動産のように売買することを可能にする制度であり，債務者Sからみれば，債権者の交替である。債権は，通常契約によって移転するが，契約以外に，法律上当然に（損害賠償による代位〔422条〕・弁済による代位〔499条〕）あるいは裁判所の命令（転付命令〔民執159条〕・譲渡命令〔民執161条〕）や遺言によっても移転することができる。以下では，もっぱら契約による債権の移転について述べる。

1.1.2 債権譲渡の法的性質

債権譲渡は，譲渡人（旧債権者）と譲受人（新債権者）の間の契約でなされる。前例でいえば，GのSに対する100万円の金銭債権の譲渡は，譲渡人Gと譲受人Hの間の契約で行われる。債権譲渡を生じる原因となる契約（原因行為）には，売買や贈与など色々なものがあり得る。そして，債権譲渡が行われた場合，債権は同一性を維持したままで譲受人に移転する。したがって，①譲渡された債権に付随している権利（従たる権利—基本権たる利息債権・違約金債権・保証債権・抵当権などの担保物権など）や，②譲渡された債権に付着

している各種の抗弁（同時履行の抗弁・期限の猶予など）も，当然に譲受人に移転する。この点において，債権譲渡は債権者の交替による更改（513条3号）と異なる。更改の場合には，例えばＡのＢに対する債権をＣのＢに対する債権に切り替えることによって，従前のＡの債権が消滅し，同一性のないＣの新しい債権が成立することになる。したがって，旧債権のために存在していた質権・抵当権や保証債務などの担保は消滅する。ただし，例外的に質権や抵当権を新債権のために移転することが認められている（518条）。

1.1.3　債権譲渡の機能
債権譲渡の機能として，次のようなものをあげることができる[1]。
(1)　換価のための債権譲渡

【設例Ⅵ-1】　中小企業を経営しているＧは，友人Ｓの事業のために500万円の資金を5年の期限で貸し付けたが，2年後に経営が苦しくなってＳに対する貸付金を回収する必要にせまられた。しかし，返済期限がまだ来ていないので，ＧはＳに対し返済を請求することができない。Ｓに対する債権を利用して現金を得たいと考えているＧにとって，どのような方法があるか。

弁済期前に現金が欲しいＧは，Ｓに対する債権を，例えばＨに売却して対価を得ることができれば，弁済期を待たずに債権を現金化することができる。この場合，債権譲渡は弁済期到来前の債権を売却して現金に換えるという機能を果たしている。ただし，Ｈは，500万円という債権の額面どおりの金額では購入せず，弁済期までの期間の長さやＳの資力などを考慮して，額面より安い金額で（金額を割り引いて）買い受けるのが通常である。

(2)　弁済のための債権譲渡

【設例Ⅵ-2】　【設例Ⅵ-1】において，Ｇから500万円を借りているＳは，現金がないために返済期限の5年を過ぎても借り受けたお金をＧに返済することができない。しかし，ＳはＴに対し500万円の売掛代金債権を持っている。この場合において，Ｇが債権者代位権や強制執行の方法によらずに債権

1）　内田・203頁以下，大村・73頁以下，中田・551頁以下，中舎・386頁以下，平野・302頁以下。

> を回収する方法として，どのようなものがあるか。

　この場合，ＳのＴに対する売掛代金債権を代物弁済（482条）としてＧが
Ｓから譲り受けることが考えられる。金銭による弁済に代えてＳが有する債
権をＧが譲り受けるという形でＧが弁済を受ける方法である。この場合，
ＧＳ間に特段の合意がない限り，ＧがＴから額面どおりの500万円を取り立
てることができなくても，ＧのＳに対する500万円の貸金債権は消滅する。

(3) 担保のための債権譲渡

> 【設例Ⅵ-3】 【設例Ⅵ-1】において，経営が苦しくなったＧは，Ｓに対する
> 貸金債権を売却以外の方法で利用することによって，現金を得たいと考えて
> いる。どのような方法があるか。

　この場合，ＧはＳに対する債権を担保にして融資を受けることが考えら
れる。例えば，ＧがＵから融資を受ける際にＳに対する債権を譲渡し，も
し期限までにＧが借金を返済することができなかったときには，この債権
は最終的にＵに帰属し，Ｕが債権を取り立てる権限を取得するという方法
である。担保のための債権譲渡（**債権の譲渡担保→松井・担保220頁以下参照**）で
ある。

(4) 資金調達手段としての債権譲渡

　例えば，クレジット会社Ａが多数のローン債権を一括してＢ会社に売却
し，これによってＡが必要な資金を調達する方法である。この場合，Ｂ会
社は買い受けた債権を小口の証券にして投資家に販売し，あるいは買い受け
た債権を引当てにして社債を発行し，投資家から資金を調達することにな
る。ただし，ローンの回収はＡがＢの委託を受けて行い，ＢはＡから引き
渡された回収資金を投資家に分配する（**債権の流動化または証券化**）。この債権
の流動化または証券化との関わりで，債権譲渡の対抗要件の簡略化が必要と
なり，特別法が制定されている（**→ 1.2.2**(7)参照）。

(5) 取立てのための債権譲渡

　債権の取立てのみを目的として債権譲渡が行われる場合である。債権の取
立てを第三者に代わって行ってもらうためには，第三者に取立ての代理権を

与えればすむが，あえて債権譲渡をいう形式をとることがある（→ **1.2.3** 参照）。ただし，現在ではあまり利用されていないといわれている。

1.2　債権の譲渡

1.2.1　債権の譲渡性

(1)　譲渡性の承認

(ア)　原　則　　債権は，原則として譲渡することができる（466条1項本文）。そして，債権を譲渡するには債務者の承諾は不要であり，譲渡人と譲受人の合意だけで譲渡することができる。もっとも，債権の譲渡性は歴史的には自明のものではなく，古くローマ法では，債権は債権者と債務者を結ぶ法の鎖（法鎖）であり，債権者や債務者の変更は債権の同一性を失わせることを理由に債権譲渡は認められていなかった。しかし，経済が発展するにつれて次第に債権の財産的価値が承認されるようになり，近代民法の下では債権は原則として譲渡できるものとされている。そして，現代の資本制経済社会では，債権譲渡は前述のような様々な機能を果たしている。

(イ)　将来債権の譲渡

【設例Ⅵ-4】　病院勤めを辞めた医者Sは，自宅で新しく医院を開業することにしたが，自宅の改築や医療機器などの購入のための資金が必要であった。そこで，Sは，2020年1月から6年間にSが取得する社会保険診療報酬支払基金に対する将来の保険診療報酬債権を担保のために譲渡して金員を借り受け，自宅の改築や医療機器などの購入を行おうと考えた。そして，2019年6月Gに上記の6年間の診療報酬債権を譲渡して金員を借り受けた。このような将来債権の譲渡は有効か。

＊保険診療報酬債権とは，医師が保険診療を行なった場合に得られる，社会保険診療報酬支払基金や国民健康保険団体連合会に対する診療報酬債権をいい，診療を受けた個々の患者に対する債権をいうのではない。

　債権は，すでに述べたように担保の目的で譲渡されることがある。譲渡人の債権者が譲渡人の有する債権の譲渡を受けておき，譲渡人が債務を弁済しない場合に，譲受人が債権者として権利を行使することによって債権の回収

を図るというものである。それでは，【設例Ⅵ-4】の場合のように，将来債権の譲渡も認められるであろうか。改正前の民法では規定がなかったために，その有効性について議論がなされた。

　(a)　従来の考え方　(i)　**被譲渡債権発生の確実性**　　将来債権を有効に譲渡することができるためには，従来，譲渡債権発生の確実性のあることが必要であると解されていた。判例は，【設例Ⅵ-4】のような医師の将来の保険診療報酬債権が譲渡された事案について，支払担当機関（社会保険診療報酬支払基金や国民健康保険団体連合会など）に対する医師の保険診療報酬債権は，医師が通常の診療業務を継続している限り，一定額以上の安定したものであることが確実に期待されるものであるとして，将来の保険診療報酬債権を有効に譲渡することができるとした（最判昭53・12・15判時916号25頁）。

　　しかし，譲渡された将来債権が現実に発生しなかった場合，譲渡の当事者間ではそれは履行不能の問題として処理すれば足りるので，債権発生の確実性を問題にする必要はないと解されるようになった。そして，その後の判例は，債権譲渡の時から8年3ヶ月間にわたる保険診療報酬債権の譲渡について，将来債権の譲渡契約においては，契約当事者は，譲渡債権の発生事情を斟酌して債権発生の可能性の程度を考慮し，債権が発生しなかった場合に譲受人に生ずる不利益については譲渡人の契約責任の追及により清算することとして，契約を締結するものと見るべきであるから，契約の締結時において債権発生の可能性が低かったことは，契約の効力を当然に左右するものではないと判示して，譲渡契約の有効性にとって債権発生の確実性は不要とした（最判平11・1・29民集53巻1号151頁［百選Ⅱ8版-26]）。

　(ii)　**被譲渡債権の範囲の特定**　　次に，【設例Ⅵ-4】のように，一定期間の将来債権をまとめて譲渡する場合，そのような譲渡契約が有効であるための要件として，譲渡される将来債権の範囲が特定されることが必要とされた。この譲渡債権の範囲を特定する基準として，判例は，適宜の方法で期間の始期と終期を明確にすることや（前掲最判昭53・12・15，前掲最判平11・1・29［百選Ⅱ8版-26]），債権者と債務者および譲渡債権の発生原因となる取引が特定されていること（最判平12・4・21民集54巻4号1562頁［百選Ⅰ5版補-98]―担保のための集合債権の譲渡予約の事案）などを挙げている。もっとも，このよう

な一定期間の将来債権をまとめて譲渡する契約の内容が譲渡人の営業活動な
どに対して社会通念上相当な範囲を著しく超える制限を加え，または他の債
権者に不当な不利益を与えるとみられるなどの特段の事情が認められる場合
には，右契約は公序良俗に反し，その効力の全部または一部が否定されるこ
とがあるとされた (前掲最判平 11・1・29 [百選Ⅱ 8 版-26])。

(b)　**改正民法**　改正民法は，「債権の譲渡は，その意思表示の時に債権
が現に発生していることを要しない」として，将来債権も譲渡することがで
きるという原則規定を設けた (466 条の 6 第 1 項)。要件については何も規定し
ていないが，譲渡される将来債権の範囲が特定されていない場合や契約内容
が公序良俗違反になる場合には，譲渡契約が無効となる可能性を否定するも
のではないであろう[2]。

　将来債権の譲渡では，譲受人は，債権が発生した時に当然に債権を取得す
る (466 条の 6 第 2 項)。債権発生後取得のために改めて譲渡の意思表示を行う
ことは不要という趣旨である。譲渡人に発生した債権を譲受人が承継取得す
るのか，それとも譲受人のもとで債権が発生するのかという理論的な問題
は，解釈に委ねられている[3]。

　将来債権の譲渡についても，譲渡の時点 (債権発生前の時点) で債務者に対
する対抗要件と第三者に対する対抗要件を具備することができる (467 条 1 項
括弧書→ **1.2.2** 参照)。

(2)　**譲渡性の制限**

　債権の譲渡性が制限される場合として，次のものがある。

(ｱ)　**債権の性質上譲渡が制限される場合**　債権の性質が譲渡を許さない
場合には，債権を譲渡することができない (466 条 1 項ただし書)。このような
債権として，次のようなものがある。

　①債権者の変更により給付内容に変更が生じる債権　例えば，画家に自
分の肖像画を描かせる債権や家庭教師をして貰う債権など。

　②債権者の変更により権利行使に著しい差異を生じる債権　例えば，賃
借人の債権 (賃借権) や雇用契約における使用者の債権など。これらの債権

---

2)　中舎・407 頁。
3)　潮見・概要 156 頁。

は，継続的契約関係における人的信頼関係に基づいて譲渡性に制限が加えられているので，債務者（賃貸人や労働者など）の承諾があれば譲渡が可能である（612条1項・625条1項）。

　③特定の債権者との間で決済される必要のある債権　　例えば，交互計算（商529条以下）に組み入れられた債権など。

　(イ)　**法律上譲渡が制限される場合**　　法律が生活保障の見地から本来の債権者に対してのみ給付させようとする債権については，明文で譲渡が制限されている。法律上譲渡が制限されている債権として，扶養請求権（881条），年金受給権（国年24条），労働災害の補償受給権（労基83条2項），生活保護受給権（生活保護59条）などがある。

　(3)　**譲渡制限特約**

　(ア)　**改正前の民法**　　改正前の民法は，債権者と債務者の間で**譲渡制限特約**が結ばれた場合には，債権を譲渡することができないと定めていた（旧466条2項本文）。この譲渡制限特約によって債権は譲渡性を奪われ，特約に違反して譲渡された場合，譲渡人と譲受人の間で債権譲渡の効力が生じない（譲渡は無効）とするのがこれまでの判例・通説であった（物権的効力説）*。しかし，譲渡制限特約は絶対的なものではなく，善意の第三者に対して対抗することができないとされていた（同項ただし書）。すなわち，譲渡制限特約の存在を知らない善意の第三者が譲り受けたときには，債権は有効に移転する。

> ＊学説の中には，譲渡制限特約によって債権者は債権を譲渡しない義務を負うだけであり，特約に違反して譲渡されても債権譲渡は有効であり，譲渡人（旧債権者）は債務者に対して債務不履行責任（損害賠償責任）を負い，債務者は悪意の譲受人に対して譲渡の無効を主張することができるとするものがあった（債権的効力説）。

　(イ)　**改正民法**　(a)　**譲渡制限特約の効力**　　改正民法は，譲渡制限特約の効力について債権的効力説を採用し，当事者が債権譲渡を禁止または制限する旨の意思表示をしても，債権譲渡は，効力を妨げられないとした（466条2項）。したがって，この特約に違反しても，債権譲渡は有効であり，譲受人が債権者になる。そして，譲受人の善意・悪意は問題とされておらず，譲受

人が悪意または重過失であっても，債権譲渡の効力が生じる[4]。

(b)　悪意・重過失の第三者との関係　　譲渡制限特約のあることを知り，または重大な過失によって知らなかった譲受人その他の第三者に対しては，債務者は，債務の履行を拒絶することができ，かつ譲渡人に対する弁済その他の債務消滅事由を対抗することができる（466 条 3 項）。その他の第三者とは債権質権者をいい，債権の差押債権者は含まれない（466 条の 4 第 1 項参照）。改正前では，悪意や重過失の譲受人は譲渡制限特約によって債権を取得することができないと解するのが判例（最判昭 48・7・19 民集 27 巻 7 号 823 頁［百選 II 5 版補-27]）・多数説であった。しかし，改正民法では，悪意や重過失の譲受人に対する債権譲渡は有効であり，譲受人が債権者となる。したがって，債務者が譲渡人に弁済しても無効になるはずであるが，法定の効果として，債務者は，悪意または重過失の譲受人に対して，債務の履行を拒絶でき，かつ譲渡人に対する弁済その他の債務消滅事由を対抗できるとした。

　悪意または重過失の譲受人その他の第三者が債務者に請求しても履行が拒絶され，他方で債務者が譲渡人に対しても履行しない場合には，いずれにも履行しないという閉塞状態が生じる。この状態を解消するために，①債務者が履行しない場合に，②譲受人その他の第三者が相当な期間を定めて譲渡人への履行を催告し，③その期間内に履行がないときは，466 条 3 項の適用が否定される（466 条 4 項）。したがって，債務者は譲受人からの履行請求を拒絶することができなくなる。

(c)　譲渡制限特約付きの債権の供託　(i)　**債務者による供託**　　譲渡制限特約の付いた金銭債権が譲渡されたときは，債務者は，債権全額に相当する金銭を債務の履行地の供託所に供託することができる（466 条の 2 第 1 項）。譲渡制限特約があっても譲渡が有効なので，供託原因の債権者不確知（494 条 2 項）には当たらないが，債務者が譲渡人と譲受人のいずれに弁済すべきか迷うことがあることを配慮したものである[5]。供託をした債務者は，遅滞なく譲渡人と譲受人に供託の通知をしなければならない（466 条の 2 第 2 項）。供託された金銭は，譲受人だけが還付を請求することができる。譲受人は悪意ま

---

4)　潮見・概要 199 頁，平野・312 頁。
5)　潮見・概要 151 頁，中舎・392 頁。

たは重過失であっても債権者なので，還付請求することができて当然である。その結果，譲渡人は還付請求することができず，その債権者は還付請求権を差し押さえることができない。

　(ii)　**譲受人の供託請求権**　　譲渡制限特約の付いた金銭債権が譲渡された場合において，譲渡人について破産手続開始の決定があったときは，債権全額を譲り受け，債権譲渡を債務者その他の第三者に対抗することができる譲受人は，譲渡制限特約を知りまたは重大な過失によって知らなかったときであっても，債務者に債権全額に相当する金銭を債務の履行地の供託所に供託させることができる（466条の3前段）。この場合にも，債務者に遅滞なく譲渡人および譲受人へ通知する義務があり（466条の3後段による466条の2第2項の準用），また譲受人だけが供託金額の還付請求権を有する（466条の3後段による466条の2第3項の準用）。この規定により，譲受人は，譲渡人の破産手続外で，譲渡された債権の回収を図ることができる[6]。

　(d)　**譲渡制限特約付きの債権に対する差押・転付命令**　　これは，譲渡制限特約は差押・転付命令（民執145条・159条）という強制的な債権移転にも適用されるかという問題である。

> 【設例Ⅵ-5】　AのSに対する債権を，Aの債権者Gが差し押さえ，転付命令を得た。ところが，この債権にはAS間の合意で譲渡制限特約が付いていた。この場合，Gが得た転付命令の効力はどうなるか。

　民法改正前では，【設例Ⅵ-5】の場合，転付命令の実質は債権移転であり，譲渡制限特約は転付命令に対しても有効であるとすると，差押債権者Gが得た転付命令は効力を生じないことになる。このことは，転付命令という法律が定めた債権執行の手段を当事者の合意で奪ってしまう結果になる。言い換えれば，私人間の合意で強制執行の対象にならない財産を作り出してしまうことになる。そのため，判例（最判昭45・4・10民集24巻4号240頁）・学説は，差押債権者の善意・悪意を問わず，転付命令については譲渡制限特約の効力は及ばないと解していた。

---

6)　潮見・概要152頁，中舍・392頁。

　改正民法は，譲渡制限特約の付いた債権に対して強制執行をした差押債権者について，466 条 3 項の適用を否定し（466 条の 4 第 1 項），差押債権者の善意・悪意・重過失の有無を問わず，譲渡制限特約付き債権であっても差し押さえることができるとした。上記の判例を明文化したものである。これに対して，担保権の実行として差押えをした者が譲渡制限特約の存在について悪意または重過失であるときは，466 条 3 項の譲受人その他の第三者に該当し本条の適用がない（ただし，法定担保物権である先取特権の実行として差押えをした者は，一般債権者と同視して本条の適用が否定される）[7]。

　他方で，譲受人その他の第三者が譲渡制限特約の存在について悪意または重過失である場合において，その債権者が強制執行をしたときは，債務者は，債務の履行を拒むことができ，かつ譲渡人に対する弁済その他の債務消滅事由をもって差押債権者に対抗することができる（466 条 4 第 2 項）。譲受人その他の第三者の債権者は，その債務者（譲受人その他の第三者）以上の保護を受けられないからである[8]。

　(e)　預貯金債権の特則　　預貯金債権についてなされた譲渡制限特約は，悪意または重過失の譲受人その他の第三者に対抗することができる（466 条の 5 第 1 項）。これは，譲渡制限特約付きの預貯金債権が譲渡された場合，悪意または重過失の譲受人などの第三者との関係では，466 条 2 項と異なり，債権譲渡が絶対的に無効（物権的無効）であることを述べたものである[9]。したがって，この場合，譲受人が債権者になるのではなく，譲渡人が債権者にとどまる。また，譲渡制限特約付きの預貯金債権に対して強制執行をした差押債権者については，譲渡制限特約を対抗することができない（466 条の 5 第 2 項）。改正前の判例に従ったものである。

　このように預貯金債権について特則を設けたのは，預貯金債権に譲渡制限特約が付いていることは周知のことであり，金融機関も譲渡を前提とした管理システムを構築しておらず，改正前からの取扱いを維持することが妥当であり，これを変更して預貯金債権の流動化を図る必要性もないと考えられた

7）　潮見・概要 153 頁，中舎・392 頁。
8）　平野・314 頁。
9）　潮見・概要 154 頁。

からであるとされている[10]。

(f) 譲渡制限特約付きの債権譲渡に対する債務者の承諾　これは，譲渡制限特約の存在を知っている者に対して債権譲渡が行われた場合において，債務者が債権譲渡を承諾したとき，債権譲渡の効力はどうなるかという問題である。

(i) 民法改正前　①第三者の出現前の承諾

【設例Ⅵ-6】　Gは，Sからビルの一室を賃借し，保証金を預託したが，この保証金返還請求権には譲渡制限特約が付いていた。Gは，保証金返還請求権をHに譲渡し，同時にSに対し確定日付ある証書でその旨を通知したが，Hは，譲渡制限特約の存在を知っていた。Gからの通知の到達後，Sは，Gに対し債権譲渡を承諾する旨の通知をした。ところが，Sの承諾後にGの債権者Aが保証金返還請求権を差し押さえて転付命令を得た。この場合において，Aは，GH間の債権譲渡の無効を主張して，転付を受けた債権の支払いをSに求めることができるか。

譲渡制限特約はもっぱら債務者の利益のためにあるから，債務者が譲渡を承諾する以上，債権譲渡を無効にする必要はなく，したがって第三者に債権譲渡無効を主張させる必要もない。そこで，【設例Ⅵ-6】の場合のように，第三者の出現前に債務者が譲渡を承諾した場合について，民法改正前の判例は，譲受人が譲渡制限特約の存在について悪意または重過失であっても，その後債務者が債権譲渡について承諾を与えたときは，債権譲渡は譲渡の時にさかのぼって有効になり，譲渡に際し債権者（譲渡人）から債務者に対して確定日付ある譲渡通知がされている限り，債務者は，承諾後に債権を差し押えて転付命令を得た第三者に対しても，債権譲渡が有効であることを対抗することができるとしていた（最判昭52・3・17民集31巻2号308頁［百選Ⅱ2版-33]）*。

---

10)　中舎・393頁。

＊【設例Ⅵ-6】における S の承諾は，次の **1.2.2** で取り扱う債権譲渡の対抗要件
としての債務者の承諾とは異なることに注意する必要がある。なぜなら，【設
例Ⅵ-6】では既に譲渡人 G から債務者 S に対して債権譲渡の通知がなされて
おり，これが対抗要件となるからである。

②**第三者の出現後の承諾**　　それでは，【設例Ⅵ-7】のように第三者の出
現後に債務者の承諾がなされた場合はどうなるか。

> 【設例Ⅵ-7】【設例Ⅵ-6】において，GH 間の債権譲渡後に G の債権者 A が
> 保証金返還請求権を差し押さえて転付命令を得たが，その後に S の承諾がな
> された場合はどうか。

　民法改正前の判例は，譲受人が譲渡制限特約の存在について悪意または重
過失であっても，その後債務者が債権譲渡について承諾を与えたときは，債
権譲渡は譲渡の時にさかのぼって有効となるが，116 条の法意に照らし，第
三者の権利を害することはできないとした（最判平 9・6・5 民集 51 巻 5 号 2053
頁〔百選Ⅱ 8 版-25〕）。すなわち，第三者の出現後に債務者の承諾がなされた
場合，債権譲渡は遡及的に有効となり，譲渡時になされた確定日付ある通知
によって第三者に対抗できるとすると，承諾前に現れた第三者の利益を害す
ることになる。そこで，譲渡制限特約の違反により無効な譲渡の承諾を無効
な無権代理行為の追認と同様に捉え，無権代理行為の追認の遡及効は第三者
を害することができないという 116 条の趣旨を援用したわけである。

　(ii)　改正民法　　改正民法では，466 条 2 項により譲渡制限特約付きの債
権が譲渡されても有効であり，悪意または重過失の譲受人であっても債権を
取得する。したがって，譲受人は，第三者対抗要件を備えることによって，
債権譲渡を第三者に対抗することができる（467 条→ **1.2.2** 参照）。また，譲渡
制限特約はもっぱら債務者の利益のためにあるから，改正民法においても，
債務者が譲渡を承諾した場合には，譲受人が譲渡制限特約の存在について悪
意または重過失であっても，制限特約の効力は失われると解される[11]。しか
し，改正民法では譲渡制限特約は債権譲渡の効力を奪うものではないから，

---

11)　中舎・393 頁。

債務者の譲渡の承諾は債権譲渡の有効・無効にはなんら関係しない。

　このように解することができるならば，第三者の出現前に承諾がなされた場合（【設例Ⅵ-6】の場合）と第三者の出現後に承諾がなされた場合（【設例Ⅵ-7】の場合）のいずれにおいても，先に第三者対抗要件（譲渡人Gの確定日付ある証書による通知）を備えているGH間の債権譲渡が優先し，転付命令を得たAの主張は認められないことになる。

　(8)　将来債権の譲渡と譲渡制限特約　　　将来債権が譲渡された場合において，譲渡人による通知または債務者による承諾がなされた時（債務者対抗要件具備時）までに譲渡制限特約が付されたときは，譲受人その他の第三者は特約の存在について悪意とみなされ，466条3項によって，債務者は，譲受人その他の第三者に対して，債務の履行を拒絶しかつ譲渡人に対する弁済その他の債務消滅事由を対抗することができる（466条の6第3項）。本条によれば，将来債権が譲渡された場合において，①債務者対抗要件具備の後に譲渡制限特約が付されたときは，譲受人その他の第三者の主観的態様を問わず，債務者は特約を対抗することができず，②債務者対抗要件具備の前に譲渡制限特約が付されたときは，譲受人その他の第三者はその主観的態様を問わず悪意とみなされるので，債務者は特約を対抗することができる[12]。なお，譲渡制限特約が付された譲渡債権が将来の預貯金債権の場合には，466条の5第1項により，債務者は，譲受人その他の第三者に特約を対抗することができる（466条の6第3項括弧書）。

1.2.2　債権譲渡の対抗要件

(1)　序　説

　債権譲渡の対抗要件について，467条は，まず1項で債務者その他の第三者に対する対抗要件を規定し，次いで2項で債務者以外の第三者に対する対抗要件を規定している。このことから，結局，①債務者に対する対抗要件（以下では「債務者対抗要件」という）は，467条1項により，譲渡人からの債務者に対する債権譲渡の通知または債務者による債権譲渡の承諾であり，②債

---

12)　潮見・概要157頁。

務者以外の第三者に対する対抗要件 (以下では「第三者対抗要件」という) は,
同条 2 項により, 確定日付ある証書による通知または承諾であるということ
になる。

　しかし, 対抗要件といっても, 債務者対抗要件と第三者対抗要件とで, そ
の意味が異なることに注意する必要がある。すなわち, ①債務者対抗要件
は, 譲受人が債務者に対して譲り受けた債権を行使することができるための
要件 (債務者に対する権利行使要件) であり, 債権譲渡は譲渡人と譲受人の意思
表示のみによって生じるから, 弁済すべき相手方を債務者に認識させること
によって債務者の二重弁済の危険を防ぐためのものである。これに対し, ②
第三者対抗要件は, 同一債権を二重に譲り受けた者同士や同一債権を譲り受
けた者と差し押さえた者など, 同一債権に関して両立し得ない地位を争う者
同士の優劣を決定するための要件であり, これが本来の意味の対抗要件
(177 条の登記や 178 条の引渡しと同様のもの) である。

(2)　債務者対抗要件としての通知または承諾

　債務者に対する債権譲渡の対抗要件は, 前述したように, 譲渡人から債務
者への通知または債務者の承諾である。この債務者対抗要件としての通知ま
たは承諾は, 一定の形式を必要としない。なお, 法定代位による債権移転に
は対抗要件を必要としないが, 任意代位による債権移転には 467 条が準用さ
れる (500 条)。

　467 条 1 項が通知または承諾を対抗要件としたのは,「債権を譲り受けよ
うとする第三者は, 先ず債務者に対し債権の存否ないしはその帰属を確か
め, 債務者は, 当該債権が既に譲渡されていたとしても, 譲渡の通知を受け
ないか又はその承諾をしていないかぎり, 第三者に対し債権の帰属に変動の
ないことを表示するのが通常であり, 第三者はかかる債務者の表示を信頼し
てその債権を譲り受けることがあるという事情の存することによるものであ
る。このように, 民法の規定する債権譲渡についての対抗要件制度は, 当該
債権の債務者の債権譲渡の有無についての認識を通じ, 右債務者によつてそ
れが第三者に表示されうるものであることを根幹として成立している」(最
判昭 49・3・7 民集 28 巻 2 号 174 頁 [百選 II 8 版-29])。すなわち, 債権を譲り受け
ようとする者は, 通常, 債務者に対して債権の存否や帰属を確かめたうえで

債権を譲り受けることから，債務者をいわば債権譲渡に関する「情報センター」(債権譲渡の公示機関) ととらえて，通知または承諾を対抗要件としたのである。

　なお，この通知または承諾は，譲受人が債権を行使するための積極的な要件ではなく，債務者が通知または承諾の欠けていることを主張して，譲受人の債権行使を阻止することができる要件と解されている (判例〔最判昭56・10・13判時1023号45頁〕・通説)。

(3)　債務者への通知

(ア)　通知の意義　通知とは，債権が従来の債権者 (譲渡人) から譲受人に譲渡された事実 (債権譲渡の事実) のあったことを通知することをいい，観念の通知に当る。したがって，通知は，債権譲渡の効力を生じさせようと欲する意思表示ではない。しかし，意思表示に準じて意思表示に関する規定を類推適用すべきとするのが判例・通説である。

　通知は，譲渡人がしなければならない。これは，詐称譲受人からの虚偽の譲渡通知を防ぐためである。債権譲渡がなされたのに譲渡人が通知をしない場合，譲受人が譲渡人に代位して (423条) 通知しても，通知の効力は生じない (大判昭5・10・10民集9巻948頁)。譲受人は，譲渡人に対し，債務者に通知をするように請求することができるだけである。もっとも，通知には代理の規定が類推適用されるので，譲受人が譲渡人の代理人として通知することは可能であり (最判昭46・3・25判時628号44頁)，また譲渡人の使者として通知することも可能である。通知の相手方は，債務者であるが，債務者破産の場合は破産管財人である (最判昭49・11・21民集28巻8号1654頁)。

(イ)　通知の効力　**(a)　債務者に対する対抗力**　通知が債務者対抗要件としての効力を生じるのは，債務者に通知が到達した時からである (97条1項の類推適用)。通知は遡及効を有しない (大判大3・5・21民録20輯407頁)。また，債務者が通知を認識したかどうかも問わない。通知の時期は，債権譲渡と同時でなくてもよい。譲渡の後に通知されると，通知が到達した時から効力を生じる。なお，譲渡人から譲渡の通知があったときは，債権譲渡が真に行われたものと推定される (推定力) (大連判昭2・3・23民集6巻114頁，最判昭34・7・14民集13巻7号990頁)。したがって，債務者は，債権が譲渡されなか

ったことを主張立証しない限り，譲受人からの請求を拒むことができない。

　(b)　事前の通知　　債権を譲渡する前にあらかじめ通知をしても（事前の通知），債務者対抗要件としての効力を生じないとするのが通説である。譲渡前の通知では，果たして譲渡があったのか，またいつあったのか不明であり，このような通知に効力を認めると債務者を不安定な地位に置くことになるからである。しかし，後に債権譲渡が行われれば，その時から効力を生じるとする説もある。将来債権の譲渡の場合には，債権成立前でも有効に譲渡の通知をすることができ（467条1項括弧書），通知がなされると，将来現実に債権が成立した時に改めて通知をすることを必要としない（大判昭9・12・28民集13巻2261頁）。

(4)　債務者の承諾

　(ア)　承諾の意義　　承諾とは，債務者が債権の譲渡された事実についての認識を表明することであり，観念の通知に当る。したがって，譲渡の通知と同じく，債権譲渡の効力を発生させる意思表示ではない。しかし，意思表示の規定が類推される。承諾の相手方は，譲渡人と譲受人のいずれでもよい（通説・判例〔大判大6・10・2民録23輯1510頁など〕）。

　(イ)　承諾の効力　　債務者が承諾を発信した時に債務者対抗要件としての効力が生じる。承諾は，通知と同様に，債権譲渡と同時になされる必要はない。譲渡後に承諾がなされると，その時から債務者対抗要件としての効力が生じる。事前の承諾について，①判例は，譲渡の目的たる債権と譲受人がいずれも特定している場合には，譲渡前にあらかじめ承諾しても，債務者に二重弁済その他不測の損害を及ぼすおそれはないから，事前の承諾によって，譲受人は債務者に対して債権譲渡を対抗できるとする（最判昭28・5・29民集7巻5号608頁）。これに対し，②学説は，譲受人が特定しない場合でも，事前の承諾は債務者対抗要件になりうるとするのが通説である*。なお，将来債権の譲渡についても，承諾は対抗要件になる（467条1項括弧書）。

＊前述したように，債務者を債権譲渡に関する「情報センター」ととらえることから通知または承諾が対抗要件とされたことを考慮すれば，通知と同様に，承諾も具体的に特定された譲受人に関するものであることが必要である。したがって，私見としては，判例と同様に，譲渡目的の債権と譲受人が特定さ

れている場合にのみ，事前の承諾は有効と解すべきである。

＊＊**民法改正前の異議をとどめない承諾**　　民法改正前では，債務者が債権譲渡について異議をとどめないで承諾した場合には，譲渡人に対抗することができた事由があっても，譲受人に対抗することができないと規定されていた（旧468条1項）。すなわち，異議をとどめない承諾によって，債務者は，譲渡人に主張することができた抗弁を譲受人に主張することができないということである。例えば，弁済がなされていても，債務者が異議をとどめない承諾をすれば，弁済による債務の消滅を譲受人に主張することができない。この異議をとどめない承諾については，その法的性質や効果，とくに譲渡された被担保債権の弁済による消滅を異議をとどめない承諾によって主張することができない場合における抵当権の消滅の可否の問題について，判例・学説で議論がなされていた（→本書旧版218頁以下参照）。しかし，民法改正に際して，債務者の債権譲渡の認識の単なる表明に抗弁の喪失という重大な効果を認めるのは，債務者の保護にとって妥当ではないとされ，改正民法では異議をとどめない承諾という制度そのものが廃止された。もっとも，明文の規定はないが，債務者が抗弁の存在を認識して，意思表示によってそれを放棄することは認められる[13]。

(5)　債務者の抗弁

(ア)　**抗弁事由**　　債務者は，債権譲渡の通知や承諾という対抗要件が具備する時までに譲渡人に対して生じた事由を譲受人に対抗することができる（468条1項）。譲渡人に対して生じた事由とは，例えば債権の不成立，無効・取消し・解除・弁済・相殺などによる債権の全部または一部の消滅，同時履行の抗弁などである[14]。取消しについては，取消事由が債権譲渡前に発生していれば取消可能であり，譲渡後の取消しであっても対抗することができる。心裡留保無効（93条2項）・虚偽表示無効（94条2項）・錯誤取消し（95条4項）・詐欺取消し（96条3項）については，善意または善意・無過失の譲受人に対抗することができない。解除については，解除前の第三者の権利を害することができないという規定（545条1項ただし書）との関係で議論がある。しかし，債権の譲受人は545条1項ただし書の第三者には当たらないと解されているので（大判明42・5・14民録15輯490頁），通知・承諾前の解除は譲受

---

13)　潮見・概要160頁，中舎・401頁以下。
14)　以下の叙述は，中舎・400頁以下による。

人に対抗することができ，通知・承諾後の解除は，解除原因（債務不履行）が譲渡前に発生しておれば対抗することができると解すべきであろう。

(イ)　譲渡制限特約付き債権の譲渡の場合の特則　　譲渡制限特約付き債権が譲渡された場合における譲受人に対抗可能な抗弁の基準時について特則が定められている（468条2項）[15]。すなわち，①譲渡人が譲渡制限特約について悪意または重過失であるときは，譲受人に対抗可能な抗弁の基準時は，466条4項の催告後相当な期間が経過した時とされる。また，②譲渡人について破産手続開始決定があったときは，譲受人に対抗可能な抗弁の基準時は，466条の3の債務者が譲受人から供託の請求を受けた時であるとされる。

(ウ)　債権譲渡と相殺　　債務者は譲渡人に対する債権（自働債権）による相殺を譲受人に対抗することができるかという相殺の抗弁が問題となる。

【設例VI-8】　GはSに対して1000万円の甲債権を有していたが，同時にSもGに1000万円の乙債権を有していた。ところが，Gは甲債権をDに譲渡し，その旨の通知がSに対してなされた。Dからの支払請求に対して，SはGに対する乙債権による相殺を主張することができるか。

(a)　民法改正前　　民法改正前では，この問題は，場合に分けて考えられていた。すなわち，①甲債権の譲渡の通知を受けた後にSがGに対する自働債権乙を取得した場合には，Sは乙債権と甲債権との相殺をDに対抗することができない（大判昭9・9・10民集13巻1636頁）。②甲債権の譲渡の通知を受ける前にSが乙債権を取得していた場合には，譲受人Dに相殺を対抗することができるかどうか，そして相殺を対抗することができるということであれば，乙債権（自働債権）の弁済期が甲債権（受働債権）の弁済期よりも後の場合にも，相殺を対抗することができるかどうかが問題となった。これについて，判例は，差押えと法定相殺についての昭和45年最高裁大法廷判決を踏襲して，債権譲渡の通知を受ける前に自働債権（乙債権）が取得されておれば，甲債権と乙債権の弁済期の前後を問わず，両債権の弁済期が到来すれば，Sは，Dに対し，乙債権と甲債権との相殺を対抗することができる

---

15)　以下の叙述は，潮見・概要160頁による。

と判示していた（最判昭50・12・8民集29巻11号1864頁［百選Ⅱ3版-46]）。

　学説は，上記②の昭和50年判決の事案は特殊であり，また判決自体が「判示の事実関係があるときには」と限定付きであることから，同判決は事例判決であり，債権譲渡と相殺の問題について一般化することはできないと解し，乙債権（自働債権）の弁済期が甲債権（受働債権）の弁済期より早く到来する場合にのみ，Sは相殺をDに対抗することができるとするのが多数説であった。

　(b)　改正民法　　改正民法では，債権譲渡と相殺について，差押えと相殺に関する511条と同様の規定が新設された（469条）[16]。それによれば，債務者Sは，譲渡人Gに対する乙債権（自働債権）が次のいずれかである場合には，相殺をもって譲受人Dに対抗することができる。すなわち，①債権者対抗要件の具備前にSが取得した債権（同条1項），②債務者対抗要件の具備後にSが取得した債権であっても，対抗要件具備前の原因に基づいて生じた債権（同条2項1号），③債務者対抗要件の具備後にSが取得した債権であっても，譲受人Dの取得した甲債権（受働債権）の発生原因である契約に基づいて生じた債権（同項2号）。ただし，②と③については，債務者対抗要件の具備後に債務者が他人から取得した債権では相殺することができない（同項柱書のただし書）。この場合は，差押えと相殺に関する511条2項ただし書と同様に，対抗要件具備時には債権対立の可能性がなく，債務者に相殺の利益が存在しないからである。

　上記①は，差押えと相殺に関する511条1項と同様に，無制限説を採用したものである。上記②も，差押えと相殺に関する511条2項と同様に，債権譲渡の債務者対抗要件の具備前に乙債権の発生原因が生じている場合におけるSの相殺の利益を保護したものである。この場合の対抗要件具備前の発生原因は，上記③と異なり，甲譲渡債権の発生原因と同一のものであることを要しない。また，発生原因は契約に限られず，不当利得や不法行為も含まれる。これに対し，上記③は，債権譲渡の場合の特別な規定であり，差押えと相殺以上にSの相殺の利益を保護するものである。469条2項2号は明文

---

16)　以下の叙述は，潮見・概要161頁以下，中舎・379頁による。

で示していないが，③の場合は，具体的には将来債権が譲渡された場合に限定される。将来債権の譲渡の場合，譲渡後も譲渡人と債務者の間の取引関係が継続することが想定されており，このような継続的取引関係の維持のために，債務者の相殺の利益を差押えと相殺の場合よりも広く保護している。そして，この場合には，自働債権と受働債権は同一の契約に基づくものでなければならない。なお，譲渡制限特約付き債権が譲渡された場合において，譲受人が譲渡制限特約について悪意・重過失であるときおよび譲渡人について破産手続開始決定があったときには，債務者が相殺を対抗することができる基準時は，それぞれ債権譲渡の債務者対抗要件の具備時から他の時点に変更される (469条3項参照)。

(6)　第三者対抗要件

(ア)　対抗要件の方法

> **【設例Ⅵ-9】**　Aが債務者Sに対する債権をBに譲渡し，さらにこの債権をCにも譲渡した。この場合，BとCのいずれが債権を取得することができるか。

　【設例Ⅵ-9】のような債務者以外の第三者であるBとCに二重に債権が譲渡された場合，両者のいずれが債権を取得することができるかを決定する基準は，確定日付ある証書による通知または承諾である (467条2項)。

　(a)　確定日付ある証書　(i)　意　義　　確定日付とは，当事者が後から変更することが不可能な公に確定した日付をいう。そして，**確定日付ある証書**とは，民法施行法5条に規定された，①公正証書 (民施5条1項1号)，②登記所または公証人役場で日付印を押した私署証書 (同項2号)，③郵便認証司が内容証明郵便の認証をした私署証書 (同項6号) などをいう。例えば，債権譲渡の承諾書を公証人役場で公正証書の形で作成してもらうのは①に，私署証書として作成した譲渡通知書に公証人役場で日付印を押してもらうのは②に，また債権譲渡の通知書を内容証明郵便で送るのは③に該当する。更に，裁判所の差押命令や転付命令も，確定日付ある証書と同視される。

　(ii)　確定日付の必要性　　このような確定日付が必要とされるのは，**【設例Ⅵ-9】**でいえば，債権がBとCに二重に譲渡された場合において，債務者Sが債権者A (および第二譲受人C) と通謀して通知を受けた日付または承

諾した日付を遡らせ，A→Cへの第二譲渡の通知の到達または承諾が先に
なされたことを仮装するのを防ぐために，通知を受けた日付または承諾した
日付を動かせないように公的な手続で確定することにあった[17]。

(b)　通知または承諾を確定日付ある証書ですることの意味　通知または
承諾を確定日付ある証書でしなければならないというのは，①通知が到達し
たことまたは債務者が承諾したことを確定日付ある証書によって証明しなけ
ればならないという意味か，あるいは②通知または承諾という行為自体が確
定日付ある証書によってなされなければならないという意味かということが
問題となる。確定日付が要求された趣旨は，上述のように，通知の到達した
時または承諾した時の時間的先後を通謀によって操作されるのを防ぐことに
あった。そうすると，通知の到達したことまたは承諾したことが確定日付あ
る証書によって証明されること（①の意味）が望ましいことになる。しかし，
判例では，467条2項は譲渡人（旧債権者）の通知行為または債務者の承諾行
為について確定日付ある証書が必要である（通知書または承諾書に確定日付がつ
いていることが必要）としたものであって（②の意味），通知の到達または承諾
のあったことを確定日付ある証書によって証明すべきことを規定したもので
はないと解されている（大連判大3・12・22民録20輯1146頁）。そして，学説
も，判例と同様に考えるのが通説である。

(イ)　467条2項の第三者の範囲　(a)　制限説　確定日付ある証書による
通知または承諾（以下では，「確定日付ある通知または承諾」という）がなければ対
抗できない第三者の範囲については，制限説と無制限説の対立があるが，
177条と同様に，第三者の範囲を制限的に捉えるのが現在の判例・学説であ
る（→松井・物権98頁以下参照）。すなわち，①判例は，467条2項の第三者に
ついて，債権譲渡の当事者以外の者であって譲渡された債権そのものに対し
法律上の利益を有する者に限るとし（大判大4・3・27民録21輯444頁，大判大
8・6・30民録25輯1192頁），②学説も，譲渡された債権そのものについて両立
し得ない法律上の地位を取得した第三者に限るとする。両者とも同じ趣旨で
ある。

---

17)　梅・212頁以下。

(b)　第三者に該当する者　　第三者に該当する者として，債権の二重譲受人（大判昭 11・7・11 民集 15 巻 1383 頁），債権質権者（大判大 8・8・25 民録 25 輯 1513 頁），債権を差し押さえた譲渡人の債権者（差押債権者），譲渡人が破産した場合の破産債権者などが挙げられる。

(c)　第三者に該当しない者　　判例によれば，次のような者が第三者に該当しない者として挙げられる。①Ａ の Ｂ に対する債権の譲受人Ｃが譲り受けた債権を自働債権として Ｂ に対する自己の債務（受働債権）と相殺した後に受働債権を差し押さえた Ｂ の債権者Ｄ（大判昭 8・4・18 民集 12 巻 689 頁）や Ｂ から受働債権を譲り受けた Ｅ（東京控判大 11・12・27 新聞 2133 号 19 号）。②Ａ に対する債権の代物弁済として Ａ の Ｂ に対する債権を譲り受けた Ｃ から，その債権を譲り受けた Ｄ（大判昭 9・6・26 民集 13 巻 1176 頁）。③譲渡された債権の債務者の一般債権者（前掲大判大 8・6・30）。④主たる債務者に対する債権が譲渡された場合の保証人（大判大元・12・27 民録 18 輯 1114 頁）。⑤譲渡債権を被担保債権とする抵当権の目的不動産の第三取得者（大判昭 7・11・24 新聞 3496 号 17 頁）。このような者に対しては，譲受人は，通知または承諾が確定日付ある証書によらなくても，債権の譲受けを主張することができる。

(ウ)　対抗の意義　　債権の譲受人は，譲渡につき確定日付ある通知または承諾がないと，債務者以外の第三者に対抗することができない。この対抗の問題は，債権の二重譲渡を例にすると，次のような場合に生じる。

　①債権の二重譲渡における譲受人がともに確定日付ある通知または承諾を備えていない場合。

　②債権の二重譲渡における譲受人の一方のみが確定日付ある通知または承諾を備えている場合。

　③債権の二重譲渡における譲受人がともに確定日付ある通知または承諾を備えている場合。

(a) 譲受人がともに確定日付ある通知または承諾を備えていない場合

> 【設例Ⅵ-10】 Ｓに対して債権を有しているＡは，Ｓから単なる承諾を得た上でこの債権をＢに譲渡した。その後Ａは，この債権をＣに二重に譲渡し，Ｓに対して単に通知をしたにすぎなかった。そして，第一譲受人ＢがＳに対して履行を求めてきた。この場合，ＳはＢに履行しなければならないか。

【設例Ⅵ-10】の場合，ＢＣいずれについても確定日付ある通知または承諾がなされていない以上，ＢＣとも互いに債権の譲受けを対抗することができない。そこで１つの説は，債務者ＳはＢＣいずれに対しても弁済を拒めるが，いずれかに弁済すれば免責されると解する。これに対し，他の説は，ＢＣとも債務者対抗要件を満たしている以上，ＢまたはＣから請求があればＳは弁済を拒絶することができず，ＢまたはＣに弁済すれば免責されるとする。なお，古い判例では，第一譲受人が優先すると解するものがある（前掲大判大 8・8・25）。

(b) 譲受人の一方のみが確定日付ある通知または承諾を備えている場合

> 【設例Ⅵ-11】 【設例Ⅵ-10】において，第二譲受人Ｃに対する債権譲渡について，確定日付ある通知がＡからＳに対してなされた場合はどうか。

【設例Ⅵ-11】の場合には，第一譲受人Ｂは 467 条 2 項により債権の譲受けを第二譲受人Ｃに対抗することができず，その結果債務者Ｓに対しても債権取得を対抗することができないことになり，Ｃが優先して債権者となる（大連判大 8・3・28 民録 25 輯 441 頁［百選Ⅱ初版-34］）。学説も異論がない。したがって，ＳはＢの請求を拒むことができる*。

> ＊以下のような場合には，第一譲受人と第二譲受人との対抗問題にならないことに注意する必要がある。

> 【設例Ⅵ-12】 【設例Ⅵ-10】において，単なる承諾をした債務者Ｓが第一譲受人Ｂに弁済をした後に，ＡがＳに対する債権をＣに二重に譲渡し，Ａから確定日付ある通知がＳに対してなされた。そして，ＣがＳに対して履行を求めてきた場合，ＳはＣに弁済しなければならないか。

　この場合，譲渡債権は S の B への弁済によって既に消滅しており，A から C への譲渡は消滅した債権の譲渡であるから無効であり，C は B に優先しない（大判昭 7・12・6 民集 11 巻 2414 頁）。すなわち，第二譲受人が確定日付ある通知または承諾によって第一譲受人に対抗することができるのは，第二譲受人に債権が有効に帰属している場合に限られる。学説もこのような結論を承認しているが，これにより，譲渡人・債務者・第一譲受人が通謀して弁済の事実を仮装し，確定日付ある第二譲受人の債権取得を妨げることが可能となる点が指摘されている。

(c)　譲受人がともに確定日付ある通知または承諾を備えている場合

> 【設例Ⅵ-13】　A が S に対する債権を B と C に二重に譲渡した場合において，A から B への第一譲渡については，A から 10 月 4 日付の内容証明郵便による通知がなされ，この通知は 10 月 7 日に S に到達した。C への第二譲渡については，A から 10 月 5 日付の公正証書による通知がなされ，これは 10 月 6 日に S に到達した。この場合，B と C のいずれが優先するか。

　(i)　**到達時説**　　既に述べたように，現在の判例・通説は，通知または承諾という行為が確定日付ある証書によってなされねばならないと解している。そうすると，【設例Ⅵ-13】のように，確定日付の日付と証書の到達時が異なる場合，確定日付の日付と到達時のいずれを基準に BC の優劣を判定すればよいのか問題となる*。これについて，判例は，「債権が二重に譲渡された場合，譲受人相互の間の優劣は，通知又は承諾に付された確定日附の先後によつて定めるべきではなく，確定日附のある通知が債務者に到達した日時又は確定日附のある債務者の承諾の日時の先後によつて決すべきであ」るとしている（前掲最判昭 49・3・7［百選Ⅱ 8 版-29]）**。そして，学説もこの**到達時説**をとるのが通説である。確定日付の先後で優劣を決定するという確定日付説をとれば，債務者の知らないところで債権の帰属の優劣が決まってしまい，債権譲渡の有無についての債務者の認識を基礎とする対抗要件制度を採用した 467 条の趣旨に反するからである[18]。もっとも，債権の二重譲渡に

---

18)　潮見・プラクティス［第 4 版］516 頁。

おいて，債務者が対抗要件の劣後した譲受人（劣後譲受人）に弁済した場合，債務者が劣後譲受人を真の債権者と信じ，かつそのように信じたことにつき過失がない（債務者の善意・無過失）ときには，478条による受領権者としての外観を有する者に対する弁済として効力を有する（最判昭61・4・11民集40巻3号558頁［百選Ⅱ8版-33］—ただし決論は否定）。

＊承諾については，確定日付ある承諾が発信された時に債務者以外の第三者に対する対抗力を生じ，相手方への到達時は問題とならないので，確定日付の日付と到達時の分離が問題となるのは通知の場合である。
＊＊債権の譲受人と同一債権に対し仮差押命令または差押・転付命令を得た者との優劣も，確定日付ある通知の到達時または確定日付ある承諾の日時と仮差押命令または差押命令の第三債務者への到達時の先後によって決定される（前掲最判昭49・3・7［百選Ⅱ8版-29］，最判昭58・10・4判時1095号95頁）。

(ii)　**通知の同時到達または到達先後の不明**　それでは，確定日付ある通知が同時に到達した場合または到達の先後が不明の場合には，どうなるか。

【設例Ⅵ-14】　【設例Ⅵ-13】において，AからBへの第一譲渡については，Aから10月4日付の内容証明郵便による通知がなされ，Cへの第二譲渡については，Aから10月5日付の内容証明郵便による通知がなされた。しかし，いずれの通知も10月7日に一緒にSのところへ配達された。そして，第一譲受人BがSに対して債務全額の履行を求めてきた場合，Sはこれを拒絶することができるか。

【設例Ⅵ-14】の場合，両譲受人BCは互いに自己が優先することを主張することができないが（最判昭53・7・18判時905号61頁），次の2つのことが問題となる。
①**債権全額請求の可否**　その1つは，BCはそれぞれSに対して債権全額の弁済を請求することができるかという問題である。これについて，判例は，「指名債権が二重に譲渡され，確定日付ある各譲渡通知が同時に第三債務者に到達したときは，各譲受人は，第三債務者に対しそれぞれの譲受債権についてその全額の弁済を請求することができ，譲受人の一人から弁済の請求を受けた第三債務者は，他の譲受人に対する弁済その他の債務消滅事由が

ない限り，単に同順位の譲受人が他に存在することを理由として弁済の責め
を免れることはできない」としている（最判昭55・1・11民集34巻1号42頁［百
選Ⅱ4版-33］──厳密には到達の先後が不明の事案）。したがって，請求を受けて譲
受人の1人に弁済した債務者は免責されることになる。学説は，多岐に分か
れているが，近時では判例を支持する見解が有力である[19]。ⓐいずれの債権
者も履行請求することができないとすると，債務者は，本来債務を負担して
いるにもかかわらず，いずれの債権者に対しても弁済しなくて良いことにな
り妥当ではなく，またⓑ全額請求を否定して債務者の分割弁済とすること
は，何ら非のない債務者に面倒な分割弁済を課すことになるからである。な
お，通知の到達の先後が不明の場合についても，同時到達の場合と同様に扱
われる（最判平5・3・30民集47巻4号3334頁［百選Ⅱ8版-30］）。

　②**他の譲受人による分配請求の可否**　　他の1つは，債権全額の弁済を受
けた譲受人Bに対して，他の譲受人Cは分配を請求することができるかと
いう問題である。この問題を直接扱った判例は現在のところまだ現れていな
いが，前掲最判平5・3・30の考え方が参考になるとされている。この最判
平5・3・30は，国税滞納処分による債権差押えの通知と譲渡通知の到達の
先後関係が不明なために債務者が債権額相当額を供託した事案について，前
述のように通知到達の先後が不明な場合も同時到達の場合と同様に扱うとし
た上で，「被差押債権額と譲受債権額との合計額が右供託金額を超過すると
きは，差押債権者と債権譲受人は，公平の原則に照らし，被差押債権額と譲
受債権額に応じて供託金額を案分した額の供託金還付請求権をそれぞれ分割
取得するものと解するのが相当である」としている*。これは，同順位権利
者への供託金還付請求権の分割帰属を認めたものである。

　この最高裁の考え方を弁済供託が関係しない場合に適用するならば，各譲
受人は，相互の関係では各自の譲受債権額に応じて按分された被譲渡債権額
を取得できるので，全額弁済を受けた譲受人に対して分配を請求できるとい
う考え方を導くことができるのではないかとされている[20]。

---

19)　学説については，中舎・404頁参照。
20)　平井・150頁，潮見・総論Ⅱ470頁，潮見・プラクティス515頁など。

＊この事案では，債務者の供託金額が 62 万円であり，被差押債権額と譲受債権額は同額の 62 万円で，その合計額（124 万円）が供託金額を超えるので，差押債権者（国）と譲受人はそれぞれ，1 対 1 の割合で，すなわち 31 万円ずつの供託金還付請求権を取得する。

(7) 債権譲渡登記制度

(ア) **動産債権譲渡特例法**　　近年における企業や金融機関の資金調達の方法として，大量の売掛金債権やローン債権などの債権を売却したりあるいは譲渡担保に提供したりして資金を調達することが行われるようになってきた。このような資金調達の方法には，大量の債権が包括的に譲渡されるところに，その特徴がある。しかし，民法が定める債権譲渡の第三者対抗要件は，1 人 1 人の債務者すべてについて確定日付ある通知または承諾が必要であり，大量の債権譲渡について，このような方法は時間・労力・コストがかかり不便であった。そこで，平成 10 (1998) 年に「債権譲渡の対抗要件に関する民法の特例等に関する法律」が制定され，この法律にもとづいて債権譲渡登記制度が設けられ，登記が第三者対抗要件とされるようになった。その後平成 16 (2004) 年に，動産の譲渡や債務者が特定していない将来債権の譲渡についても，登記を第三者対抗要件とするための法改正が行われ，同法の名称も「動産及び債権の譲渡の対抗要件に関する民法の特例等に関する法律」（以下では「動産債権譲渡特例法」と略称する）と改められた。この改正によって，集合動産や集合債権が譲渡されたり譲渡担保に提供されたりした場合にも，動産譲渡登記や債権譲渡登記が第三者対抗要件とされることになった。以下では，この動産債権譲渡特例法が定める債権譲渡登記制度について，その概略を説明する（動産譲渡登記制度については→松井・物権 126 頁以下参照）。

(イ) **動産債権譲渡特例法の適用範囲**　　動産債権譲渡特例法は，すべての債権の譲渡に適用されるのではなく，法人による金銭債権の譲渡のみについて適用される（同法 4 条 1 項）。そして，法人が金銭債権を譲渡する場合，民法の定める対抗要件具備方式によるか，動産債権譲渡特例法の定める対抗要件具備方式によるかは，譲渡人の選択に委ねられている。

㈡　**動産債権譲渡特例法の定める対抗要件**　　動産債権譲渡特例法は，債務者対抗要件と第三者対抗要件を分離している。すなわち，①第三者対抗要件は，**債権譲渡登記ファイル**への譲渡の登記であり，この登記が467条による確定日付ある通知とみなされ，登記の日付が確定日付とされる（同法4条1項）。次に，②債務者対抗要件については，上記の方法によると債務者に知らせずに第三者対抗要件を具備することになるので，債務者保護のために，譲渡人または譲受人が債務者に**登記事項証明書**（同法11条2項）を交付して通知しまたは債務者が承諾することが債務者対抗要件になる（同法4条2項）。そして，債務者は，登記事項証明書による通知を受けまたは承諾をする時までに譲渡人に対して生じた事由を譲受人に対抗することができる（同条3項）。

㈢　**債権譲渡登記**　⒜　**登記所**　　債権譲渡登記に関する事務は，法務大臣の指定する法務局もしくは地方法務局もしくはこれらの支局または出張所（指定法務局等）が，登記所として取り扱う（同法5条1項。具体的には東京法務局が指定されている）。この指定法務局等に磁気ディスクをもって調製する債権譲渡登記ファイルが備えられ（同法8条1項），債権譲渡登記は，譲渡人と譲受人の申請によって，この登記ファイルに一定の登記事項を記録することによって行われる（同条2項）。

⒝　**登記事項**　　登記事項は，①譲渡人の商号または名称と本店または主たる事務所，譲受人の氏名と住所（譲受人が法人の場合には，商号または名称と本店または主たる事務所），譲渡人または譲受人の本店または主たる事務所が外国にあるときは，日本における営業所または事務所（同法8条2項1号・7条2項1号〜3号），②登記番号と登記の年月日（同法8条2項1号・7条2項7号・8号），③債権譲渡登記の登記原因とその日付（同法8条2項2号），④譲渡債権の総額（既発生の債権のみを譲渡する場合に限られる）（同項3号），⑤譲渡債権を特定するために必要な事項で法務省令で定めるもの（同項4号）*，⑥債権譲渡登記の存続期間（同項5号）である。これらは，必要的記載事項と解されている。そして，上記⑥の債権譲渡登記の存続期間は，原則として，譲渡債権の債務者がすべて特定している場合には50年を，これ以外の場合には10年を超えることができない（同条3項）。

　また，本店等所在地法務局等には，磁気ディスクをもって調製する**債権譲渡登記事項概要ファイル**が備えられる（同法12条1項）。

> ＊動産債権譲渡特例法8条2項4号は，旧法5条1項6号が「譲渡に係る債権の債務者」を登記事項と明示していた部分を削除し，「譲渡に係る債権を特定するために必要な事項で法務省令で定めるもの」としたので，債務者が特定していない将来債権の譲渡も，債権の種別・債権発生原因・債権発生期間などの債務者の表示以外の項目によって譲渡債権を特定する方法で公示することが可能となった[21]。

　(オ)　**登記情報の開示**　　知らないうちに譲渡情報を登記される債務者のプライバシーを保護するために，動産債権譲渡特例法は，次のような規定を設けている。すなわち，①何人も，ⓐ指定法務局等の登記官に対し，登記事項の概要を証明した**登記事項概要証明書**の交付を請求することができ（同法11条1項），またⓑ本店等所在地法務局等の登記官に対し，債権譲渡登記事項概要ファイルに記録されている事項を証明した**概要記録事項証明書**の交付を請求することができる（同法13条1項）。これに対し，②ⓐ債権の譲渡人と譲受人，ⓑ債務者その他の債権譲渡につき利害関係を有する者として政令で定められるもの，ⓒ譲渡人の使用人は，指定法務局等の登記官に対し，債権譲渡登記ファイルに記録されている事項を証明した**登記事項証明書**の交付を請求することができる（同法11条2項）として，譲渡債権に関する情報を得ることができる者の範囲を限定している。そこで，これから債権を譲り受けようとする者は，譲渡人に登記事項証明書の交付を要求し，譲渡人は登記所からこの証明書を発行して貰うことができるので，これを見て債権を譲り受けるかどうか判断することができる。そして，もし先行する債権譲渡がなければ，その旨の証明書が作成・交付される。

1.2.3　取立てのための債権譲渡

　取立てのための債権譲渡とは，譲渡人が債権の取立てを委ねる目的で譲受

人に債権を譲渡することをいう。この取立てのための債権譲渡には，2つの型がある。すなわち，1つは，取立権能だけを付与する型であり，この場合は真の債権譲渡ではないので，譲渡人は債権者としてとどまり，譲受人は自己の名で債権を取り立てる権能を有するだけである。他の1つは，取立てのために債権を信託的に譲渡する型である。この場合，債権自体は譲受人に移転し，譲受人は譲渡人に対し取立目的の範囲内で債権を行使する債務を負うが，譲渡や免除などの債権の処分・行使は有効に行うことができると解されている（大判昭9・8・7民集13巻1585頁）。

　当事者の意思が不明な場合に，上記の取立権能付与型と信託的譲渡型のいずれに解すべきかが問題となる。判例は原則として取立権能付与型と解すべき立場に立っているとするのが，学説の一般的理解である。これに対し，学説では，信託的譲渡型と推定すべきとするのが通説である。

第 2 節　債務引受

2.1　序　説

2.1.1　債務引受の意義と種類

　債務引受とは，契約によって同一性を変えずに債務を第三者（引受人）に移転することをいう。例えば，Gに対するSの債務を契約によってDが引き受けてGの債務者となる場合である。広い意味の債務引受には，①債務者と並んで引受人も同一内容の債務を負担する**併存的（重畳的）債務引受**，②引受人のみが債務者となり，旧債務者は債務を免れる**免責的債務引受**，③債務者の負担する債務の弁済義務を引受人が債務者に対して負担する**履行引受**の3つの類型がある。もっとも，③の履行引受によって債権者は引受人に対して債権を取得するわけではないので，これは本来の債務引受ではない。債務引受は，改正前では規定がなかったが，改正民法により明文の規定が設けられた（470条以下）。

2.1.2 債務引受の利用

　債務引受は，改正前では以下のような手段として利用されていた。すなわち，①併存的債務引受は，債務の履行確保の手段として，②免責的債務引受は，ⓐ債権債務関係を簡易に決済する手段（例えば，旧債務者と引受人との間に既存の債務関係があり，その決済の方法として引受人が債務を引き受ける場合や，抵当権の設定されている土地を旧債務者が引受人に売却する場合に引受人がその債務を抵当権とともに引き受けて被担保債権額を控除した額を代金額とする場合など），ⓑ債務の履行を確保する手段（より資力のある引受人が債務を引き受ける場合），ⓒ事業を譲渡する手段（企業の負担している債務をその財産と一体的に譲渡する場合）などとしてである。

2.2 併存的（重畳的）債務引受

2.2.1 要　件

(1)　第三者による債務の実現可能性

　規定はないが，併存的債務引受が成立するためには，債務の内容が第三者によっても実現可能であることが必要である。

(2)　当事者の合意

　㋐　**債権者・債務者および引受人の三面契約**　　この三面契約によって併存的債務引受が成立することについては問題がない。

　㋑　**債権者と引受人の契約**　　債権者と引受人の契約によって併存的債務引受は成立する（470条2項）。併存的債務引受は債務の担保を目的とするものであり，これと類似する保証が債務者の意思に反してもなし得ることから（462条2項→**第7章5.4.2(2)**参照），債務者の意思に反する場合でも併存的債務引受は成立する（大判大15・3・25民集5巻219頁）。学説も異論がない。

　㋒　**債務者と引受人の契約**　　債務者と引受人の契約によっても，併存的債務引受は成立する（470条3項前段）。併存的債務引受は，債権の引当てとなる責任財産を増加させ，債権者にとって利益となるが，債権者の関与なしに効力を生じさせるのは妥当でないので[22]，債権者が引受人に対して承諾した

---

22)　中舎・415頁。

時に効力が生じる（同項後段）。そして，従来の判例（大判大6・11・1民録23輯1715頁）・学説は，この債務者と引受人との契約を第三者（債権者）のためにする契約（537条1項）と解しており，改正民法もこれに従っている（470条4項）。したがって，引受人に対する債権者の債権が発生するためには，債権者の受益の意思表示が必要であるが（537条2項），債権者が引受人に対して承諾をすれば，受益の意思表示になる。

2.2.2　効　果

併存的債務引受の効果として，引受人は，債務者と連帯して，債務者が債権者に対して負担する債務と同一内容の債務を負担する（470条1項）。債務者は債務を免れず，債務者の債務と引受人の債務の関係は，従来の判例（最判昭41・12・20民集20巻10号2139頁［百選II 8版-31]）に従って連帯債務とされている（連帯債務については→**第7章第4節**4.2 参照）。そして，引受人は，引受の効力が生じた当時債務者が主張することができた抗弁（債務の不成立，債務の弁済や同時履行の抗弁など）を債権者に対抗することができる（471条1項）。他方，債務者が債権者に対して取消権または解除権を有するときは，引受人は，債権者から履行の請求があっても，債務者がこれらの権利の行使によって債務を免れる限度で，債権者に対して債務の履行を拒むことができる（同条2項）。引受人は債務者の債務を引き受けただけであるから，取消権や解除権を行使することはできないが，履行拒絶権を認めれば十分であるからである[23]。また，債務者が相殺権を有するときは，連帯債務の規定（439条2項）によって，引受人は，債務者の負担の限度で債務の履行を拒むことができる。なお，併存的債務引受では債務者は債務を負担し続けるから，免責的債務引受と異なり，保証債務や担保権の消滅という問題は生じない。

---

23)　潮見・概要167頁。

2.3 免責的債務引受

2.3.1 要 件
(1) 第三者による債務の実現可能性
　免責的債務引受が成立するためには，併存的債務引受と同様に，まず債務の内容が第三者によっても実現することができるものでなければならない。
(2) 当事者の合意
　(ア)　**債権者・債務者および引受人の三面契約**　　この三面契約によって免責的債務引受が成立することについては問題がない。
　(イ)　**債権者と引受人の契約**　　債務者は免責的債務引受によって利益を受けるので，債権者と引受人の契約によって，免責的債務引受は成立する（472条2項前段）。この場合，債権者が引受人と契約した旨を債務者に通知した時に，免責的債務引受の効力が生じる（同項後段）。なお，債権者と引受人の契約は，債務者の意思に反してもすることができる。
　(ウ)　**債務者と引受人の契約**　　民法改正前では，債務者の交替によって債権の引当てとなる債務者の責任財産（債務者の資力）も変更するから，債権者の意思を無視して債務者と引受人との契約だけでは免責的債務引受は成立しないと解されていた。しかし，改正民法では，免責的債務引受は，債務者と引受人が契約し，債権者が引受人に承諾することによって成立するとされた（472条3項）。債権者の承諾が得られない場合には，免責的債務引受が成立しないだけでなく，併存的債務引受も効力を生じない。併存的債務引受も債権者の承諾が効力発生要件になっているからである（470条3項後段）[24]。

2.3.2 効 果
(1) 引受人の債務負担と債務者の債務免除
　民法改正前では，免責的債務引受によって，債務は同一性を失わずに引受人に移転し，引受人が債務者となる反面，債務者は債務を免れると解されていた。しかし，改正民法では，引受人は債務者の負担する債務と同一内容の

---

24)　中舎・417頁。

債務を新たに負担するとともに，債務者は債務を免除されるという構成をとった（472条1項）。引受人は，免責的債務引受の効力が生じた時に債務者が主張することができた抗弁を，債権者に対抗することができる（472条の2第1項）。債務者が債権者に対して取消権または解除権を有するときは，引受人は，債権者から履行の請求があっても，債務者がこれらの権利の行使によって債務を免れた限度で，債権者に対して債務の履行を拒むことができる（同条2項）。これに対し，債務者が相殺権を有していても，引受人は，債務者の負担の限度で債務の履行を拒むことができない。債務者は債務を免れているからである。

　引受人は，引き受けた債務を履行しても，債務者に対して求償権を取得しない（472条の3）。引受人は，債務者の債務を自己の債務として履行するだけであり，求償権発生の根拠がないからである。もっとも，債務者の委託により引受人が債務を引き受けた場合には，委任事務の処理費用の償還請求が考えられる（649条・650条）[25]。

(2)　保証債務や担保権の帰趨

　債務者が負担していた債務のために設定されていた保証債務や担保権が免責的債務引受によって消滅するかどうかについて，改正民法は，次のような定めを設けている。

　①債権者は，設定された担保権を引受人が負担する債務に移すことができる（472条の4第1項本文）。ただし，引受人以外の者が設定した場合には，その承諾を得なければならない（同項ただし書）。

　②債権者は，担保権を移転させる場合，免責的債務引受をするより前またはそれと同時に引受人に対して担保権を移転する旨の意思表示しなければならない（同条2項）。

　③上記①と②は，保証についても準用される（同条3項）。引受人以外の者が保証した場合の承諾は，書面でしなければ効力を生じない（同条4項）。保証契約の成立に書面が必要なことにあわせたものである（446条2項→**第7章 5.2.1**参照）。承諾がその内容を記録した電磁的記録によってされたときは，

---

25)　潮見・概要170頁。

その承諾は，書面によってされたものとみなされる（同条5項）。

2.4 履行引受

履行引受とは，債務者と引受人の契約によって，引受人が債務者に対して債務の履行を約束することをいう。債権者はこの契約に関係せず，引受人に対する債権を取得しないので，履行引受は債務引受と異なる。

履行引受によって，引受人は，債務者に対しその債務を代わって履行すべき債務を負担する。引受人は債権者に対して債務を負わず，債権者は引受人に対して直接請求する権利をもたない。引受人は，履行しない場合には債務者に対して債務不履行の責任を負う。

2.5 契約上の地位の移転

2.5.1 意 義
(1) 意 義
契約上の地位の移転とは，契約の当事者たる地位を第三者に移転することをいう。例えば，売買契約における売主または買主の地位の移転や，不動産賃貸借契約における賃貸人または賃借人の地位の移転などが挙げられる。そして，契約上の地位が移転するので，契約から生じた主たる債権・債務だけでなく，従たる債権・債務，解除権・(解約)告知権・取消権などの形成権も移転する。

(2) 要 件
原契約の当事者と第三者の三面契約によって契約上の地位を移転できることについては問題がない。これに対し，原契約当事者の一方と第三者の契約による場合には，契約が有効となるためには，原契約の相手方の承諾が必要かどうかが問題となる。これにつき，従来の学説は，一般に，契約上の地位の移転は免責的債務引受を含み，原契約の相手方に不利益を及ぼす可能性があるから，相手方の承諾が必要と解していた。民法改正前の判例は，売買契約上の買主または売主の地位の移転と賃貸人の地位の移転を区別して，前者

については原契約の相手方の承諾が必要と解しているものと考えられていた（大判大14・12・15民集4巻710頁—買主の地位の移転，最判昭30・9・29民集9巻10号1472頁—埋立工事をして宅地として売却できる契約上の地位の移転。賃貸人の地位の移転に関する判例については→ **2.5.2** 参照）。改正民法では，契約上の地位は，原契約の相手方が承諾した時に第三者に移転すると規定された（539条の2）。

2.5.2　賃貸人の地位の移転

　賃貸人の地位の移転は，通常，賃貸不動産が賃貸人から第三者（譲受人）に譲渡される場合に生じる。この場合について，民法改正前では次のように解されていた。すなわち，①賃借人が譲受人に対して賃借権を対抗できるときには，特段の事情のない限り，賃貸不動産の譲渡に伴って当然に賃貸人の地位が譲受人に移転し，譲受人が賃貸人となって賃借人との間で従来の賃貸借契約が存続する（判例〔最判昭39・8・28民集18巻7号1354頁〕・通説）。これに対し，②賃借人が賃借権を対抗できないときには，賃貸人と譲受人の合意があれば賃貸人の地位が譲受人に移転する。この合意による賃貸人の地位の移転については，賃借人の承諾はいらない（判例〔最判昭46・4・23民集25巻3号388頁［百選Ⅱ8版-41]〕・学説）。

　改正民法では，①賃借権が対抗要件を備えている場合の賃貸人の地位の当然の移転（605条の2）と，②合意による賃貸人の地位の移転（605条の3）が定められた。②の場合には，賃借人の承諾は不要とされる。なお，賃借人の地位の移転は，「賃借権の譲渡」といわれ，賃貸人の承諾がなければ認められない（612条）（以上の詳細は，契約法の教科書・参考書に譲る）。

第3節　有価証券

3.1　有価証券の意義

　改正前の民法には，証券的債権の譲渡と質入れに関する規定があり（旧469条以下・旧363条・旧365条），また無記名債権を動産とみなす規定があった

（旧86条3項）。さらに，商法には有価証券の弁済・譲渡・喪失に関する規定があった（商旧516条2項・旧517条以下）。改正民法は，これらの規定を削除して，有価証券に関する一般規定を新設し，債権総則の最後の第7節「有価証券」に規定した（520条の2以下）。

　有価証券を定義する規定はないが，一般に有価証券は私法上の権利を表彰する証券と解されている。債権証書のように債権の証拠のための証券ではなく，表彰されている権利の発生・行使・譲渡に証券を用いることが必要とされる。為替手形・約束手形・小切手のほかに，貨物引換証・倉庫証券・船荷証券などの商法に定めのあるもの，さらに特別規定のない商品券・図書券なども有価証券に含まれる。

　民法は，有価証券を，①指図証券，②記名式所持人払証券，③その他の記名証券，④無記名証券の4つに分けて規定している。

3.2　指図証券

3.2.1　指図証券の意義と譲渡

　指図証券とは，証券に記載された債権者またはその者によって指図される者に給付する旨の記載がある証券をいう。倉庫証券・船荷証券・手形・小切手などは指図証券とされ，商法や手形・小切手法が適用される。

　指図証券の譲渡は，意思表示のほかに，証券の譲渡裏書と譲渡人への交付によって効力を生じる（520条の2）。裏書の方式は，手形法の定める方式に従う（520条の3）。指図証券の所持人は，裏書の連続によりその権利を証明するときは，証券上の権利を適法に有するものと推定される（520条の4）。そして，指図証券の占有を失った者がある場合において，所持人が520条の4によってその権利を証明するときは，所持人は，悪意または重過失によって証券を取得したときを除いて，証券を返還する義務を負わない（520条の5。善意取得）。また，債務者は証券の所持人およびその署名・押印の真偽を調査する権利を有するが，その義務を負わない（520条の10本文）。したがって，調査に要する相当の期間弁済が遅滞しても，履行遅滞にはならず，また真正の権利者でない所持人に弁済しても，その弁済は有効となる。ただし，

債務者に悪意または重過失があるときは，弁済は無効となる（同条ただし書）。

3.2.2　人的抗弁の切断

債務者は，証券に記載した事項および証券の性質から当然に生ずる結果を除き，証券の譲渡前の債権者に対抗することができた事由をもって善意の譲受人に対抗することができない（520 条の 6）。人的抗弁の切断といわれるものである[26]。

3.2.3　弁済など

指図証券の弁済は，債務者の現在の住所においてしなければならない（520 条の 8）。民法では，一般の債務の弁済場所は，原則として債権者の現在の住所地であるが（484 条 1 項。持参債務），指図証券の弁済場所は，その特則として債務者の所在地としている（取立債務）。指図証券の弁済は証券の引渡しとの引換えが必要となるために，債務者は，債務の履行について期限の定めがあっても，期限が到来した後に所持人が証券を提示してその履行の請求をした時から遅滞の責任を負う（520 条の 9）。一般の債務の履行遅滞（412 条 1 項）の特則である。このほか，指図証券の質権設定に関する規定（520 条の 7），指図証券を喪失した場合にそれを無効とするための手続等についての規定がある（520 条の 11・520 条の 12）。

3.3　記名式所持人払証券

記名式所持人払証券とは，債権者を指名（記名）し，しかもその所持人に弁済すべき旨を記載（付記）した証券をいう。例として記名式持参人払小切手がある（小 5 条 2 項）。記名式持参人払証券の譲渡は，意思表示のほかに，証券の譲受人への交付によって効力を生じる（520 条の 13）。譲渡裏書がなく，所持人が適法な権利者と推定される（520 条の 14）。指図証券と同様に，善意取得の規定（520 条の 15）や人的抗弁の切断の規定（520 条の 16）がある。この

---

26)　潮見・概要 207 頁。

ほか，多くの指図証券の規定が準用される (520条の17・520条の18)。

3.4 その他の記名証券

指図証券および記名式持参人払証券以外の債権者が記名されている証券の譲渡または質権設定は，一般の債権譲渡または債権質の設定に関する規定に従ってすることができる (520条の19第1項)。そして，証券の喪失については，指図証券の喪失の手続によることとされている (同条2項)。

3.5 無記名証券

無記名証券とは，債権者が記名されておらず，その所持人に弁済すべきものとされる証券をいう。無記名社債券・持参人払式小切手 (小5条3項) など (商法・特別法上の無記名証券) や商品券・乗車券・入場券など (民法上の無記名証券) がその例である。

民法改正前では，無記名債権は，動産とみなされていたので (旧86条3項)，譲渡は当事者の意思表示のみによって効力を生じ (176条)，証券の引渡し (交付) は対抗要件になると解されていた (178条。ただし，通説は証券の引渡しを譲渡の効力発生要件と解していた)。改正民法では，無記名証券は，有価証券の1つとして記名式所持人払証券に準じた扱いを受けることになった (520条の20)。したがって，譲渡は，意思表示のほかに，証券の譲受人への交付によって効力を生じる (520条の13の準用)。また，善意取得は，所持人が悪意または重過失でなければ認められる (520条の15の準用)。

> ＊**免責証券** 免責証券とは，債務者が証券の所持人に善意・無過失で弁済すれば免責されることを目的として発行されるものをいう。免責証券は，流通を目的とする証券ではなく，この証券上の債権は債権者の特定された指名債権と解されている。手荷物引換証・携帯品預かり証・下足札などがその例である。債権者は，紛失などにより証券を提示できなくても，債権者であることを証明できれば，債権を行使することができる。

第7章　多数当事者の債権関係

第1節　序　説

1.1　意義と種類

1.1.1　意義と種類

多数当事者の債権関係とは，1個の給付について2人以上の債権者または債務者がいる場合の債権関係（債権・債務関係）をいう。例えば，ABCの3人がお金を出し合ってDから1台の自動車を代金300万円で買った場合における，ABCのDに対する自動車の引渡債権の関係や代金300万円の支払債務の関係がこれに当る（自動車の引渡しという給付についてはABCが債権者であり，代金の支払いという給付についてはABCが債務者である）。この多数当事者の債権関係には次に述べるようなものがある。

(1)　分割債権関係

分割債権関係とは，1個の可分給付（分割して実現することができる給付）を目的とした債権または債務が複数の者に分割的に帰属する関係をいう（427条参照）。この分割債権関係では，複数の者が原則として平等の割合で独立して債権を有しまたは債務を負担することになる。そして，前者の場合を**分割債権**，後者の場合を**分割債務**という。この分割債権関係が多数当事者の債権関係の原則的な形態であるとされている。

(2)　不可分債権関係

不可分債権関係とは，給付が性質上不可分の場合において，数人の債権者があるとき，または数人の債務者があるときをいう。前者を**不可分債権**（428条以下），後者を**不可分債務**（430条）という。不可分債権については，各債権者が債務者に対して単独で自己に履行すべきことを請求することができるので，債権の行使または債務の履行が便利であるということ以外に特に述

べるべき機能はない。これに対し，不可分債務は，各債務者が全部を履行すべき債務を負担するので，債権者が債務者各人に対して全部の履行を請求することができ，債務者の数だけ責任財産が存在することになるので，債権担保（人的担保）の機能を有する。

(3) 連帯債権関係

連帯債権関係とは，給付が性質上可分の場合において，数人が連帯して債権を有するとき，または数人が連帯して債務を負担するときをいう。前者を**連帯債権**（432条以下），後者を**連帯債務**（436条以下）という。連帯債権は，数人の債権者が同一の可分給付について各自独立して給付を請求することができ，そのうちの1人が全部の弁済を受ければ他の債権者の債権も消滅するものをいう。民法改正前では規定がなく，下級審判例にはこれを認めたものがあったが（京都地判昭36・10・26判時504号79頁，名古屋地判昭61・12・26判時122号125頁など），改正民法において規定が新設された。連帯債務は，数人の債務者が同一の可分給付について各人給付をなすべき債務をいい，1人または数人の債務者によって全部の給付がなされれば，総債務者について債務が消滅するものをいう。連帯債務についても，不可分債務と同様に，債務者の数だけ責任財産が存在するので，債権担保の機能がある（なお，不真正連帯債務については→ 4.2 末尾＊参照）。

(4) 保証債務

保証とは，債務者がその債務を履行しないときに，他の者（保証人）がその債務を履行する責任を負うことをいい，この履行する責任を負う保証人の**債務を保証債務**という（446条以下）。保証はもっぱら債権担保のための制度であり，人的担保として金融取引実務で広く利用されている。

1.1.2　多数当事者の債権関係における3つの問題

数人の債権者または債務者が存在する多数当事者の債権関係については，債権者と債務者が1人である通常の場合と異なり，次のようなことが問題となる。

(1) 対外的効力の問題

1つは，数人の債権者がいる場合，債務者に対してどのように履行の請求

をすることができるのか，また債務者が数人の場合，債権者に対してどのように債務を履行しなければならないのか，という問題である。**1.1.1** の例でいえば，自動車の引渡しにつき，債権者 ABC の 3 人が共同して D に請求しなければならないのか，それとも各自が単独で請求することができるのかということである。また，代金の支払いにつき，債務者 ABC それぞれが 300 万円を支払う義務を負うのか，それとも各人が例えば 100 万円だけの支払義務を負うのかという問題である。これは，多数当事者の債権関係における「対外的効力」といわれる問題である。

(2) 多数当事者の 1 人に生じた事由の効力の問題

2 つは，数人の債権者または債務者の 1 人について，履行の請求・時効の完成猶予・債務の免除・時効の完成などの債権の効力に影響を及ぼす事由が生じた場合，それが他の債権者または債務者に影響を及ぼすかどうかという問題である。例えば，前例の ABC の代金支払債務につき，債権者 D によるA に対する履行の請求や A の D に対する債務の承認があった場合，これらの事由による代金債務の時効の完成猶予（150 条）または更新（152 条）は，Aに対してのみ生じるのか，それとも他の債務者 BC についても生じるのかということである。これは「多数当事者の 1 人について生じた事由の効力」といわれる問題であり，当該事由が他の債権者または債務者に影響を及ぼすことを「絶対的効力」，影響を及ぼさないことを「相対的効力」という。

(3) 内部関係の問題

3 つは，数人の債権者の 1 人が弁済を受領した場合に，その利益を他の債権者に分配しなければならないか，また数人の債務者の 1 人が弁済した場合に，他の債務者に求償することができるかという問題である。例えば，前例の A が D の請求に応じて代金全額を支払った場合に，他の債務者 BC に求償することができるかということである。これは多数当事者の債権関係における「内部関係」といわれる問題である。

＊**債権・債務の共同的帰属**　多数当事者の債権関係は，1 個の給付を目的とする債権または債務が数人の者に帰属する関係であるから，これはあたかも 1 個の物が数人の者の共同所有に属する関係と類似している。そこで，学説は，物の共同所有の形態として，民法が規定している「共有」（249 条以下）のほか

に,「合有」および「総有」と呼ぶべきものがあると考えられているように (→松井・物権 92 頁以下参照), 債権・債務が数人の者に帰属する場合についても, 債権・債務の「共有的帰属」(準共有)・「合有的帰属」・「総有的帰属」というべきものがあるとしている。そして, 前述の多数当事者の債権関係は債権・債務の「共有的帰属」に当たるので, これについてはもっぱら 427 条以下が適用され, 準共有に関する 264 条の適用の必要性はあまりないと解されている。しかし, このような「共有的帰属」・「合有的帰属」・「総有的帰属」については, 概念それ自体が曖昧であり, その有用性について疑問を呈する向きもある[1]。ただ, 学説・判例では, 入会団体や権利能力なき社団の所有形態を総有と解するのが一般的であるので (最判昭 48・10・5 民集 27 巻 9 号 1110 頁―入会団体, 最判昭 32・11・14 民集 11 巻 12 号 1943 頁, 最判昭 48・10・9 民集 27 巻 9 号 1129 頁―権利能力なき社団), これによれば, それらの団体が債権を取得しまたは債務を負担したときには, 債権・債務の総有的帰属が生じることになる。その内容は, ①団体の債権・債務は, 1 個の債権・債務として団体の構成員全員に総有的に帰属し, 各構成員は, それについて何らの権利を持たず, また個人的な債務や責任を負わない (債権・債務は団体自体に帰属する), ②債権については, 団体の名前で代表者が行使し, それによって得たものは総有財産 (団体自体の財産) になる, ③債務については, 団体がそれ自体の財産でもって弁済する義務を負い, 各構成員は個人的な債務や責任を負わない, というものである (債権・債務の「合有的帰属」については→ **2.1.2** 末尾＊参照)。

1.2　人的担保

　人的担保とは, 債務者が債務を弁済しない場合に備えて, あらかじめ特定の第三者による弁済を確保しておく制度をいい, 保証 (→**第 5 節参照**) がその典型である。例えば, 債権者 G のために B が債務者 S の保証人となった場合, B は G に対して保証債務と呼ばれる債務を負担する。その結果, S の責任財産だけではなく, 保証人 B の責任財産も G の債権の引当てになる。したがって, G から見れば, 強制執行の対象となる財産が増加し, それだけ債権の回収がしやすくなるわけである。この保証のほかに, 本章で取り扱う連帯債務や不可分債務もこの人的担保の機能を持っている。しかし, 人的担保

---

1)　中田・430 頁。

においては，第三者の責任財産が債権の引当てになるので，債権者が確実に債権を回収できるかどうかどうか定かでないところがある（例えば，第三者自身が債務超過の状態にある場合）。そのため，人的担保は，物的担保と併用されて利用されたり，物的担保（特に抵当権設定）のために利用できるめぼしい財産が債務者にない場合に補充的に用いられたりしている。

＊**物的担保**とは，債権の実現（回収）を確保するために，債権者が債務者または第三者の財産の上に権利（担保物権）を取得し，債務不履行の場合にその権利に基づいて目的財産から優先的に弁済を受けることができる制度をいう。債権者が取得する担保物権のもっとも代表的なものが抵当権である（→松井・担保 14 頁以下参照）。

　以上のような多数当事者の債権関係について，本章では，**第2節以下**で分割債権関係・不可分債権関係・連帯債権関係を順次説明し，最後の**第5節**で人的担保の典型である保証（保証債務）を取り上げる。

第2節　分割債権関係

2.1　分割債権関係の意義と成立

2.1.1　意　義

> 【設例Ⅶ-1】　ABC の 3 人は共有している高級 1 眼レフのデジタル・カメラを 30 万円で D に売却した。この場合，ABC による D に対する代金の支払請求はどのようになされるか。

> 【設例Ⅶ-2】　【設例Ⅶ-1】とは逆に，PQR の 3 人が共同して O から高級 1 眼レフのデジタル・カメラを 30 万円で購入した。この場合には，O による PQR に対する代金の支払請求はどのようになされるか。

　分割債権関係とは，1 個の可分給付を目的とした債権または債務について数人の債権者または債務者がいる場合において，各債権者または各債務者が

原則として平等の割合で権利を有しまたは義務を負担する関係をいう（427条）。債権者が数人いる場合が分割債権であり，債務者が数人いる場合が分割債務である。1個の可分給付を目的とする多数当事者の債権関係が存在する場合，当事者間の別段の意思表示（特約），法律の規定（719条，商511条1項など），特段の慣習などがない限り，この分割債権関係が生じる。したがって，【設例Ⅶ-1】と【設例Ⅶ-2】では，原則としてそれぞれ30万円の分割債権または30万円の分割債務が生じ，ABC各人はDに対し10万円ずつの代金債権を有し，PQR各人はOに対し10万円ずつの代金債務を負担することになる。

2.1.2 成 立

(1) 分割債権の成立

次のようなものが分割債権として認められる。すなわち，①共有物の売却代金債権，共有地の収用の場合の補償金請求権（大連判大3・3・10民録20輯147頁），共有物に対する不法行為に基づく損害賠償債権（最判昭41・3・3判時443号32頁，最判昭51・9・7判時831号35頁など）。②共同相続財産中の金銭債権（法定相続分に応じて各共同相続人に分割して帰属する。大判大9・12・22民録26輯2062頁—生命保険金請求権，最判昭29・4・8民集8巻4号819頁—不法行為による損害賠償債権［百選Ⅲ2版-65]）。

＊共同相続財産中の預貯金債権　共同相続財産中の預貯金債権については，従来の判例は，相続によって預貯金債権は当然に法定相続分に従って各共同相続人に分割され，遺産分割の対象にならないとしていた（最判平16・4・20判時1589号61頁—郵便貯金債権—など）。しかし，最大決平28・12・19（民集70巻8号2121頁［百選Ⅲ2版-66]）は，共同相続された普通預金債権，通常貯金債権，定期貯金債権について，いずれも現金に近いものであること，普通預金債権や通常貯金債権は相続人全員でないと解約することができず，定期預金債権は相続人全員でないと払戻請求することができないことなどから，相続開始と同時に当然に相続分に応じて分割されることなく，遺産分割の対象になるという判断を下した。その後，最判平29・4・6（判時2337号34頁）も，定期預金債権と定期積金債権について同様の判断を示している。

(2)　分割債務の成立

分割債務が成立するかどうかが問題となる場合として，次のようなものがある。

(ア)　複数の者が共同の契約によって債務を負う場合　　例えば，複数の者が共同で物を購入したり金銭を借り受けたりした場合の代金債務や貸金の返還債務については，主として分割債務か連帯債務かが問題となる。判例は，連帯債務が成立するためには，その旨の明示または黙示の意思表示が必要であるとして，連帯債務の推定を認めない（大判大 4・9・21 民録 21 輯 1486 頁）。そして，この場合の代金債務や貸金返還債務は，原則として分割債務になるとする（最判昭 45・10・13 判時 614 号 46 頁―1 船分の木材を共同で買い受けた場合の代金債務。なお，黙示の連帯特約を認めた裁判例として，最判昭 39・9・22 判時 385 号 50 頁がある）。ただし，複数の者が共同の契約によって負担する債務であっても，それは各債務者が不可分的に受ける利益の対価である場合には，性質上不可分債務になる（→ **3.1.2** (2)(イ)参照）。

(イ)　共同相続財産中の金銭債務　　被相続人の金銭債務が共同相続されると，法定相続分に応じた分割債務になる（大決昭 5・12・4 民集 9 巻 1118 頁）。もっとも，連帯債務者の 1 人について共同相続が生ずると，連帯債務も共同相続人に分割され，各共同相続人はその分割された額について他の連帯債務者とともに連帯して債務を負担する（最判昭 34・6・19 民集 13 巻 6 号 757 頁［百選 III 2 版-62］→ **4.2.2** (1)参照）。

＊民法上の組合の債権・債務　　民法上の組合の債権・債務は，給付が可分であっても分割債権・債務とはならず，組合員全員に合有的に帰属すると解されている（債権・債務の合有的帰属）。したがって，組合の債権については，各組合員は自己の権利として取立てや処分をすることができず，業務執行者が組合員全員の名において，または組合員全員が共同で取立てや処分をしなければならない。組合の債務については，債務全額につき債務者（組合員）全員に対する債務が組合財産（合有財産）を引当てとして存在する。そして，債権者は組合員全員を相手に請求しなければならない。なお，民法は，組合の債務について，各組合員の個人財産を引当てとする個人的責任を定めているが（675 条 2 項），これは法政策的に認められたものであって，債務の合有的帰属から生じるものではない。

2.2 分割債権関係の効力

2.2.1 対外的効力

分割債権関係においては，各債権者または各債務者は，一定の割合で分割された債権を有し，または債務を負担する。その割合は，別段の合意がなければ，平等と推定される (427条)。そして，各債権や各債務は相互に全く独立したものとして取り扱われる。したがって，各債権者は一定の割合で分割された自己の債権だけを単独で行使することができ，また各債務者は分割された自己の債務だけを弁済すべきことになる。【設例Ⅶ-1】では，別段の合意がない限り，ABC はそれぞれ単独で D に対し 10 万円の支払いを請求することができ，【設例Ⅶ-2】では，O は PQR に対しそれぞれ 10 万円の支払いを請求することができる。なお，【設例Ⅶ-1】や【設例Ⅶ-2】のように，分割債権関係が1個の契約から生じている場合には，ABC または PQR の債務全部と D または O の債務とは同時履行の関係に立ち (533条)，また契約の解除は，ABC または PQR 全員からあるいはその全員に対してのみすることができると解されている (解除権の不可分性〔544条1項〕)。

2.2.2 債権者または債務者の1人に生じた事由の効力

分割債権関係における各債権や各債務は，相互に独立した債権や債務であるから，1人の債権者または債務者に生じた事由は，すべて相対的効力しかなく，他の債権者または債務者に影響を及ぼさない。

2.2.3 内部関係

427条は，分割債権者または分割債務者とその相手方の関係で債権または債務の割合を原則として平等と規定しているだけであり，分割債権者相互間または分割債務者相互間の内部関係 (各債権者が取得できる利益の割合または各債務者が負担すべき債務の割合) は，これと別個に定めることができる。そして，内部関係が平等でないときには，自分の取得できる割合以上の弁済を受けた債権者はこれを他の債権者に分与すべきであり，また自分の負担すべき割合以上の弁済をした債務者は他の債務者に求償することができる。

第3節　不可分債権関係

3.1　不可分債権関係の意義と成立

3.1.1　意　義

> 【設例Ⅶ-3】　ABC の 3 人は共同で使用するために，D から高級 1 眼レフの
> デジタル・カメラ 1 台を購入した。代金は D に支払われたが，カメラの引渡
> しはまだであった。この場合，ABC によるカメラの引渡請求はどのようにな
> されるか。

> 【設例Ⅶ-4】　O は PQR の 3 人からその共有している高級 1 眼レフのデジタ
> ル・カメラ 1 台を購入した。代金は PQR に支払われたが，カメラの引渡し
> はまだであった。この場合，O によるカメラの引渡請求はどのようになされ
> るか。

　不可分債権関係とは，数人の者が 1 個の性質上不可分の給付を目的する債
権または債務を有する場合をいう。そして，【設例Ⅶ-3】のように債権者が
数人いる場合を不可分債権，【設例Ⅶ-4】のように債務者が数人いる場合を
不可分債務という。

3.1.2　成　立
(1)　性質上の不可分
　不可分債権関係の成立が認められるのは，債権の目的である給付が，性質
上不可分である場合（**性質上の不可分**）である（428 条・430 条）。性質上の不可
分とは，【設例Ⅶ-3】や【設例Ⅶ-4】のように給付が分割できない性質のもの
である場合である。民法改正前では意思表示（合意）により不可分すること
も認められていたが（旧 428 条），給付が可分である場合には後述する連帯債
権・債務（→**第 4 節**参照）の合意とすべきであるとされて，改正民法では不可
分債権・債務から削除された[2]。

2）　中舎・498 頁

解釈上特に問題となるのは，具体的にどのような場合が性質上の不可分給付に当るかである。これは当該給付を目的とする多数当事者の債権関係を不可分債権関係と扱うのが適切かどうかに関わる問題であるから，単に給付内容の物理的・自然的な性状によってではなく，取引の実際や取引上の通念を基準として問題処理の妥当性を考慮して判断される。

(2) 不可分債権関係の成立する場合

不可分債権関係は，次のような場合に成立する。

(ア) 1個の不可分物の所有権移転または引渡し（占有移転）

1台のカメラや1台の自動車あるいは1頭の馬などの所有権移転や引渡しをするというように，数人の者が1個の不可分物の所有権移転や引渡しを目的とする債権を有しまたは債務を負担する場合には，その給付は不可分給付であり，そのような給付を目的とする債権や債務は不可分債権または不可分債務であると解されている。

判例は，①貸主が数人いる場合の使用貸借の終了を原因とする家屋明渡請求権（最判昭42・8・25民集21巻7号1740頁），②共有物の不法占拠者に対する共有者の引渡請求権（大判大10・3・18民録27輯547頁）などは，不可分給付を求める権利であり，不可分債権であるとする。また，ⓐ共同賃借人の賃貸借終了に基づく賃借物返還義務（大判大7・3・19民録24輯445頁），ⓑ不動産賃貸人の共同相続人の賃貸物を使用収益させる義務（最判昭45・5・22民集24巻5号415頁），ⓒ共有山林を売却した共有者（共同売主）の目的物引渡義務（大判大12・2・23民集2巻127頁），ⓓ不動産売主の共同相続人の買主に対する所有権移転登記申請協力義務（最判昭36・12・15民集15巻11号2865頁）などは，不可分債務とされる。

(イ) 不可分的利益に対する対価

本来可分給付の性質を有する金銭の給付であっても，数人の者が不可分的に受ける利益の対価である場合には，不可分給付であるとされる。例えば，家屋の賃借人が死亡して4人の子が共同相続した場合について，「賃貸人トノ関係ニ於テハ各賃借人ハ目的物ノ全部ニ対スル使用収益ヲ為シ得ルノ地位ニ存」ることから，賃料債務は不可分債務とされる（大判大11・11・24民集1巻670頁）。そして，下級審判例では，この「不可分的利益の対価は不可分」という考え方を債権者が数人の場合にも

適用し，不可分的な利益供与の対価である給付も不可分であるべきであるという理由づけで，共同賃貸人の賃料債権を不可分債権と解するものがある（東京地判昭45・7・16判時613号96頁，東京地判昭47・12・22判時708号59頁，大阪高判平元・8・29判タ709号208頁）。

> ＊分割債権関係への変更　不可分債権・債務の目的たる給付が不可分なものから可分なものに変わると，その債権・債務は分割債権・債務となる（431条）。例えば，1棟の家屋の引渡しを目的とする不可分債権・債務が，債務者である売主の帰責事由による建物滅失（履行不能）によって，損害賠償債権・債務（分割債権・債務）に変わるような場合である。

3.2　不可分債権の効力

3.2.1　対外的効力

不可分債権では，各債権者はすべての債権者のために全部の履行を請求することができ，また債務者はすべての債権者のために各債権者に対して履行することができる（428条，432条）。すなわち，各債権者は，単独で自分に履行すべきことを請求することができ，この請求は債権者全員のために効力が生じる。また，債務者は，債権者のうちの1人を任意に選んで，この者に対して履行することができ，この1人の債権者への履行は，債権者全員に対して履行したものと取り扱われる。**【設例Ⅶ-3】**の場合，債権者ABCは，各自単独で自己にカメラを引き渡すようDに請求することができ，またDは，ABCのうちの誰かを任意に選んでカメラを引き渡せばよい。

3.2.2　債権者の1人に生じた事由の効力

(1)　絶対的効力事由

各債権者は，すべての債権者のために履行を請求することができ，この請求はすべての債権者のために効力を生ずるから，請求およびそれに基づく時効の完成猶予（147条1項，150条1項）や履行遅滞（412条3項）にも絶対的効力がある。また，債務者は，債権者の1人に履行すればすべての債権者に履行したことになるから，履行（弁済）だけでなく，弁済の提供（492条）や弁

済と同一の効力を有する供託（494条）・代物弁済（482条），さらには受領遅滞
（413条）も絶対的効力を生ずる。なお，民法改正前では相殺（505条）には絶
対的効力がないと解されていたが，改正民法では相殺に絶対的効力が認めら
れた（428条，434条）。

(2)　相対的効力事由

> **【設例Ⅶ-5】**　**【設例Ⅶ-3】**において，債権者の1人AがDに対してカメラの
> 引渡債務を免除した。その後，他の債権者BがDに対しカメラの引渡しを求
> めた。このBの請求は認められるか。

　(1)で挙げられた以外の事由は，相対的効力を有するにとどまる。したがっ
て，不可分債権者の1人と債務者の間で更改または免除がなされても，他の
債権者は債務の全部の履行を請求することができる（429条前段）。**【設例Ⅶ-
5】**の場合，Aの免除にもかかわらず，BはDに対しカメラの引渡しを請求
することができる。もっとも，この場合，全部の履行を受けた債権者（B）
は，更改または免除をした債権者（A）がその権利を失わなければ分与され
る利益を債務者（D）に償還しなければならない（429条後段）。償還される利
益は，債権者間の内部関係の割合によって分与される持分に代わる価額と解
する説が多い[3]。また，不可分債権者の1人と債務者の混同（435条）も，相
対的効力事由である（428条括弧書）。

3.2.3　内部関係

　不可分債権者間の内部関係については特に規定はないが，弁済を受領した
不可分債権者は，他の不可分債権者に対し内部関係の割合に応じて利益を分
与すべきものと解されている。分与すべき割合は，別段の合意がなければ，
平等と推定されている。

3）　我妻・399頁，奥田・342頁など。

3.3　不可分債務の効力

3.3.1　対外的効力

　債権者は，不可分債務者の1人に対して，またはすべての不可分債務者に対して同時もしくは順次に，全部の履行を請求することができる（430条，436条）。また，不可分債務者の1人が債務を履行（弁済）すれば，すべての不可分債務者について債務が消滅する。したがって，【設例Ⅶ-4】の場合，債権者Oは不可分債務者の1人Pに対してデジタル・カメラの引渡しを請求することもできるし，すべての不可分債務者PQRに対して同時または順次にデジタル・カメラの引渡しを請求することもできる。そして，PQRのうちの1人がカメラをOに引き渡せば，PQR全員の債務は消滅する。

3.3.2　債務者の1人に生じた事由の効力

(1)　絶対的効力事由

　不可分債務者の1人が弁済すれば他の不可分債務者の債務も消滅するので，弁済のほか，これと同視できる供託や代物弁済も絶対的効力を生じる。このほか，弁済の提供やこれに基づく受領遅滞も絶対的効力事由である。また，相殺については絶対的効力があり，不可分債務者の1人が債権者に対して反対債権を有する場合に，その不可分債務者が相殺を援用すると，債権はすべての不可分債務者のために消滅する（430条，439条1項）。

(2)　相対的効力事由

　更改（438条）と相殺（439条1項）以外の事由は，債権者と不可分債務者の1人との間で別段の意思表示をしなければ，相対的効力を生ずるにとどまる（430条，441条）。また，債権者と不可分債務者の1人との混同（440条）も，相対的効力事由である（430条括弧書）。さらに請求は，連帯債務では相対的効力しか有しないので，それに合わせて不可分債務でも相対的効力事由とされている。したがって，不可分債権と異なり，不可分債務では請求やそれに基づく時効の完成猶予や履行遅滞は相対的効力しか生じない。また，債権者と不可分債務者の1人との免除も相対的効力事由である。

3.3.3 内部関係

不可分債務者の1人が債務を弁済した場合，その者は他の不可分債務者に対して内部関係の割合（負担部分）に応じて求償することができる。これについては，求償に関する連帯債務に関する規定（442条以下）が準用される（430条）。

第4節 連帯債権・連帯債務

4.1 連帯債権

4.1.1 意 義

> **【設例Ⅶ-6】** Sが，ある事業を行うための資金として，ABC3人から300万円を借り受た。この場合，ABC各人はSに対して貸金全額の返還を求めることができるか。なお，ABC各人の持分は平等とする。

【設例Ⅶ-6】 の場合，ABC3人の有する貸金債権は，1個の可分給付を目的とする債権であるから，通常は分割債権になる。しかし，債権の目的が性質上可分である場合に，法令の規定または当事者の意思表示によって，数人が連帯して債権を有することが認められている（432条）。これを**連帯債権**といい，改正民法において新しく規定された。この連帯債権は，まず当事者の意思表示によって成立する。したがって，**【設例Ⅶ-6】** において，債権者ABCと債務者Sの意思表示（合意）があれば，ABC各人はSに対して，それぞれ100万円の分割債権ではなく，300万円の連帯債権を有することになる。連帯債権は，また法律の規定によって成立することもある。例えば，代理における復代理人に対する本人の権利と代理人の権利（106条2項参照。復代理人については→民法総則の教科書・参考書参照）や，転貸借における転借人に対する転貸人の権利と原賃貸人の権利（613条参照。転貸借については→契約法の教科書・参考書参照）などである[4]。

4.1.2　効　力

(1)　対外的効力

連帯債権においては，各債権者は，すべての債権者のために全部または一部の履行を請求することができ，債務者は，すべての債権者のために各債権者に対して履行することができる（432条）。すなわち，各債権者は，単独で自分に履行すべきことを請求することができ，この請求は，債権者全員のために効力が生じる。また，債務者は，債権者のうちの1人を任意に選んで，この者に対して履行することができ，この1人の債権者への履行は，債権者全員に対して履行したものとして取り扱われる。【設例Ⅶ-6】の場合，ABC各人はSに対して300万円全額またはその一部の支払いを請求することができ，SはABCの任意の1人に全額または一部を支払うことができる。

(2)　債権者の1人に生じた事由の効力

(ア)　絶対的効力事由　(a)　請求と履行　　連帯債権の各債権者はすべての債権者のために履行を請求することができ，債務者は全ての債権者のために各債権者に対して履行することができるので（432条），請求と履行は絶対的効力事由とされる。したがって，請求の効力である時効の完成猶予（147条1項，150条1項）や履行遅滞（412条3項）も，絶対的効力事由である。また，履行も絶対的効力事由であるので，受領遅滞（413条），履行の提供（492条），代物弁済（482条）や供託（494条）も，絶対的効力を有する。

　請求と履行以外に，更改，免除，相殺および混同が絶対的効力事由とされている（435条の2本文参照）。

(b)　更改・免除　　連帯債権者の1人と債務者の間で更改または免除があったときは，その連帯債権者が権利を失わなければ分与されるべき利益分について，他の連帯債権者は履行を請求することができない（433条）。不可分債権では，更改・免除があっても他の不可分債権者は全部の請求をすることができるが（429条前段），連帯債権では給付は可分なので，更改または免除をした連帯債権者に分与されるべき利益分を除いて請求することが可能であるからである[5]。【設例Ⅶ-6】の場合において，AがSに対して300万円の債

---

4)　潮見・プラクティス 591 頁。
5)　潮見・概要 109 頁。

権を免除すると，BC 各人は，Aの持分に相当する 100 万円を除いた 200 万円の履行を請求することしかできない。

(c) **相 殺**　債務者が連帯債権者の1人に対して相殺をしたときは，他の連帯債権者に対しても効力を生ずる (434条)。連帯債権者の1人に対する弁済と同じだからである。あとは連帯債権者間の利益分与請求の問題になる。【設例Ⅶ-6】において，SがBに対して有する 300 万円の債権でBのSに対する 300 万円の連帯債権と相殺した場合，ACのSに対する 300 万円の連帯債権も消滅する。あとは，AC 各人がBに対して自己の持分に相当する利益 100 万円を請求することになる。なお，規定はないが，連帯債権者の1人から相殺がなされた場合についても，他の債権者の連帯債権は消滅する[6]。

(d) **混 同**　連帯債権者の1人と債務者との間で混同があったときは，債務者は弁済をしたものとみなされる (435条)。したがって，連帯債権は消滅する。あとは連帯債権者間の利益分与請求の問題になる。【設例Ⅶ-6】において，Cが死亡してSがCを単独相続した場合，Sは弁済したものとみなされるので，ABC の連帯債権は消滅する。そして，AB 各人はそれぞれ，Sに対して自己の持分に相当する利益 100 万円の分与を請求することができる。

(イ) **相対的効力の原則**　連帯債権者の1人の行為または1人について生じた事由は，上記の(ア)で述べたものを除いて，他の連帯債権者に対して効力を生じない (435条の2本文)。ただし，他の連帯債権者の1人と債務者が別段の合意をしたときは，当該他の連帯債権者に対する効力は，その合意に従う (同条ただし書)。

(3) **内部関係**

連帯債権者間の内部関係については特に規定はないが，弁済を受領した連帯債権者は，他の連帯債権者に対し内部関係の割合に応じて利益を分与すべきものと解されている。分与すべき割合は，特別な合意がなければ，平等と推定される。

---

6)　潮見・概要 110 頁。

4.2　連帯債務

4.2.1　意　義

> 【設例Ⅶ-7】　ABC の 3 人が，共同事業を行うための資金として，G から 300 万円を借り受た。この場合，G への返済債務を，ABC はどのように負担するか。

　【設例Ⅶ-7】のような場合，ABC のいずれもが借受金全額について弁済義務を負うことを G から要求されるのが通常である。そして，この要求に応じて ABC が G との間で ABC 各人が全額弁済する旨を合意すると，ABC は G に対して 300 万円の返済について連帯債務を負うという関係が成立する。すなわち，連帯債務とは，複数の債務者が各自，債権者に対して同一内容の可分給付を全部弁済すべき義務を負担し，債務者の 1 人が弁済すれば全員の債務が消滅するという多数当事者の債権関係をいう。そして，この連帯債務にあっては，複数の債務者の間に主観的共同関係または相互保証関係があるとみることができる（→ 4.2.2 (2)参照）。このような連帯債務は，債権担保の機能を営むものであり，人的担保手段の 1 つである。

4.2.2　性　質
(1) 複数の独立した債務の存在
　連帯債務では，債務者の数に応じた複数の独立した債務が存在する。つまり，連帯債務者はそれぞれ独立の債務を負担し，しかも各債務の間には主従の区別がない。例えば，【設例Ⅶ-7】では，ABC 各人が，G に対して，独立した 300 万円の借受金債務を負担することになる。その結果，①連帯債務が 1 個の法律行為によって発生した場合でも，連帯債務者の 1 人について法律行為の無効原因または取消原因が存在しても，他の連帯債務者の債務の効力に影響しない（437 条）。例えば，連帯債務者の 1 人 C について未成年を理由にその意思表示が取り消されても，AB の債務にはなんら影響しない。②各連帯債務者の債務は，その態様を異にすることができる。例えば，利息付き債務と無利息債務，期限や条件が異なってもよい。③連帯債務者の 1 人の債

務についてだけ保証債務を成立させたり (464条) (→ **5.4.4**(2)参照), 抵当権を設定させたりすることができる。④連帯債務者の1人について共同相続が生じた場合, 債務が可分給付 (金銭の支払いなど) を目的とするときには, 相続人各自は, 法定相続分に応じて被相続人の債務を分割承継し, その承継した範囲内で, 他の連帯債務者とともに連帯債務者になる (前掲最判昭34・6・19 [百選Ⅲ2版-62])。例えば, 【設例Ⅶ-7】でAが死亡し, その子PQRがAを共同相続した場合, 法定相続分 (900条4号) によったとして, PQRは, 各自100万円の債務を相続により承継し, この100万円の範囲内で, Gに対し, 各自BCと連帯して債務を負担する。

(2) 債務者間の結合関係の存在

連帯債務においては, 各連帯債務者間になんらかの「結合関係」が存在すると解されている。この結合関係の内容をどのように捉えるかについては, これまで①共同目的のための主観的共同関係と解する説 (主観的共同関係説) と②相互保証関係であるとする説 (相互保証説) とがあった*。

①主観的共同関係説とは, 連帯債務が想定している複数の債務者は, 家族とか共同事業者などの一体的な関係 (共同生活関係や共同事業関係などの主観的な共同関係) にある者であるため, 債権者との関係でもこれら複数の債務者が一体として扱われると解する説である。この説によれば, 連帯債務においては, 同一内容の可分給付を目的とする複数の債務は, この連帯債務者間に存在する主観的な共同関係によって緊密に結びつけられているとする。

これに対し, ②相互保証説とは, 連帯債務では, 各連帯債務者は, 債権者との関係では債務を全部履行する義務を負担することによって, 互いに他の連帯債務者の債務の履行を担保しあっている (相互保証関係) と捉える説である。すなわち, それぞれの連帯債務者は, 自己の負担部分については固有の債務を負い, 他の者の負担部分については保証人の地位に立つと考えるものである。この説は, 連帯債務においては, 複数の債務はこの相互保証関係によって緊密に結びつけられているとする。

しかし, 最近では, 改正民法においては, 連帯債務は当事者の意思表示のほかに法律の規定によっも成立するので (436条), 上記のような捉え方は狭いとして, より広く, 債務者間に主観的または客観的に共同関係があり, 合

意または公平の観点から相互に債務を保証し合っている状態と解する折衷的な説も主張されている[7]。

> ＊不真正連帯債務　　従来の判例・多数説によれば，複数の債務者各自が同一内容の可分給付を全部弁済すべき義務を負っているが，債務者間に上記のような結合関係が存在しない場合を**不真正連帯債務**という（→ **4.2.4** 末尾＊参照）。

4.2.3　成　立

連帯債務は，法律の規定または当事者の意思表示によって成立する（436条）。

(1)　意思表示による成立

連帯債務は，契約や遺言（単独行為）などの当事者の意思表示（法律行為）によって成立する。契約によって連帯債務が成立する場合，その契約は必ずしも 1 個であることを必要としない。例えば，ABC 3 人が債権者 G と順次に別個の契約をして連帯債務者となることも可能である。しかし，契約によって成立した債務が連帯債務になるかどうかについて，判例は，分割債務が原則であることを重視して，容易に連帯債務の成立を推定せず，黙示または明示の意思表示が必要であるとする（大判大 4・9・21 民録 21 輯 1486 頁。黙示の意思表示による連帯債務の成立を認めたものとして，最判昭 39・9・22 判時 385 号 50 頁がある）。

(2)　法律の規定による成立

連帯債務は，法律の規定によっても成立する。これは，債権を強化したり，共同行為者の責任を加重したりするためである。民法の規定として，719 条（共同不法行為）や 761 条（日常家事債務）などが挙げられる。しかし，719 条については，従来の通説は不真正連帯債務と解しており，761 条も通常の連帯債務とは異なる。また，改正民法で新設された併存的債務引受では，原債務者の債務と引受人の債務の関係が連帯債務とされている（470 条 1項）。

7）　中舎・505 頁。

4.2.4 効 力

(1) 対外的効力

債権者は，①連帯債務者の1人に対し，または②全ての連帯債務者に対し同時もしくは順次に，債権の全部または一部の履行を請求することができる（436条）。【設例Ⅶ-7】でいえば，債権者Gは，次のような請求をすることができる。

①Gは，連帯債務者中の任意の1人（例えばA）に対して債権の全部（300万円）または一部（例えば100万円）の履行を請求することができる。

②Gは，全ての連帯債務者（ABC）に対して，同時に全部の履行または一部の履行（例えば，Aには150万円，Bには70万円，Cには80万円）を請求することができる。

③Gは，全ての連帯債務者に対して，順次に②と同様の全部または一部の履行を請求することができる。

以上のことは訴訟において意味がある。例えば，【設例Ⅶ-7】のGがABC全員に対して，同時または順次に貸金返還請求訴訟を起こしても，同一の債権について二重・三重の訴えを起こしたことにはならない。つまり，二重訴訟の禁止（民訴142条）に違反しない。

なお，改正前では，連帯債務者全員またはその数人の者が破産手続開始の決定を受けたときは，債権者は，債権全額について各破産財団の配当に加入することができるという規定があった（旧441条）。しかし，この規定は，破産法104条があるため実際上適用されることがなかったので，民法改正において削除された[8]。

(2) 連帯債務者の1人に生じた事由の効力

(ア) 序 説　改正前の民法では，連帯債務者の1人について生じた事由は，相対的効力しか持たないのが原則とされていた（旧440条）。しかし，例外的に絶対的効力を持つ事由が多く定められており（旧434条〜旧439条），原則と例外の逆転現象が生じていた。これに対し，改正民法は，絶対的効力事由をいくつかに限定し，連帯債務者の1人について生じた事由は，他の連帯

---

8) 潮見・概要117頁。

債務者に効力を及ぼさないことを文字通り原則とした (441条本文)。そして，債権者と他の連帯債務者が別段の合意をしたときには，その合意によるとした (同条ただし書)。

(イ)　**絶対的効力事由**　(a)　**弁済およびこれと同視すべき事由**　弁済およびこれと同視すべき代物弁済・供託が絶対的効力を有することは，明文の規定がない。しかし，これらによって債務が消滅するので，絶対的効力を生じるのは当然のことである。したがって，連帯債務者の1人がこれらの行為をしたときは，その者の債務が消滅するのはもちろんのこと，他の連帯債務者も債務を免れる。弁済の提供 (492条) および受領遅滞 (413条) についても，明文の規定はないが，絶対的効力が生じると解するのが通説である (相殺については→(c)(i)参照)。

(b)　**更　改**　連帯債務者の1人と債権者との間で更改契約がなされ，新債務が発生したときには，旧債務である連帯債務は，すべての連帯債務者の利益のために消滅する (438条)。例えば，ABCの3人がGに対して120万円の連帯債務を負担している場合に，AがGとの間で，120万円の債務に代えて，自己の自動車をGに取得させる債務を成立させる更改契約 (給付の内容の重要な変更による更改〔513条1号〕) を結ぶと，BCの債務も消滅する。そして，Aは，各自の負担部分 (→(3)(ア)参照) に応じてBCに求償することができる。

(c)　**相　殺**　相殺も，弁済と同様に債権を消滅させるものであるので，絶対的効力が認められている (439条1項)。

(i)　**連帯債務者の1人による相殺**

【設例Ⅶ-8】　ABCの3人がGに対して300万円の連帯債務を負担しているが，このうちの1人AがGに対して100万円の債権を持っている。この場合に，Aがこの100万円の反対債権でもってGの300万円の債権と相殺をしたとき，ABCの300万円の連帯債務はどうなるか。

連帯債務者の1人が債権者に対して持っている反対債権で相殺を援用したときは，相殺によって消滅した限度で他の連帯債務者も債務を免れる (439条1項)。したがって，【設例Ⅶ-8】の場合，Aの相殺によって，Aだけではなく他の連帯債務者BCも100万円だけ債務を免れ，それ以後はABCは

200万円の連帯債務を負担することになる。

(ii)　他の連帯債務者の相殺権の援用

> **【設例Ⅶ-9】** **【設例Ⅶ-8】**において，反対債権を持っているＡが相殺をしない場合，他の連帯債務者ＢやＣは，Ａに代わってその100万円の反対債権で相殺をすることができるか。

　改正前の民法では，反対債権を有する連帯債務者の1人が相殺を援用しない間は，その連帯債務者の負担部分についてのみ他の連帯債務者は相殺を援用することができると定められていた（旧436条2項）。この規定の解釈について，当時の判例や多数説は，反対債権を有する連帯債務者の負担部分の限度で他の連帯債務者に相殺をする権限を与えたものと解していた（大判昭12・12・11民集16巻1945頁）。これによれば，**【設例Ⅶ-9】**では，ＢやＣはＡの反対債権でＧと相殺することができ，それによってＡの負担部分の限度で連帯債権が減少することになる。したがって，負担部分が平等とすると，100万円の限度で連帯責務は減少するので，ABCの連帯債務は200万円になる。そして，ＢがＧに200万円を弁済すると，Ｃに対して100万円の求償権を取得する。

　これに対し，通説は，反対債権を有する連帯債務者の負担部分に相当する額について，他の連帯債務者に弁済拒絶の抗弁権を与えたものであり，相殺をする権限まで与えたものではないと解していた。これによれば，**【設例Ⅶ-9】**では，ＧからＢに対して300万円の支払請求があった場合，Ｂは，Ａの負担部分に相当する100万円について弁済を拒絶して200万円をＧに支払い，Ｃに対して100万円を求償することができる。他方，ＧとＡの間では，ＧはＡに100万円の債権を，ＡはＧに100万円の債権を有したままとなる。判例や多数説では，ＢやＣに他人の権利であるＡの債権の処分を許すことになり，強い権限を与えることになるので，通説は，抗弁権を与えることでＢやＣの地位は十分保護されると考えていた。

　改正民法は，この通説の見解を採用して，反対債権を有する連帯債務者の1人が相殺を援用しない間は，その連帯債務者の負担部分の限度で，他の連帯債務者は債務の履行を拒むことができるとした（439条2項）。

(d) 混 同　　連帯債務者の 1 人と債権者との間に混同があったときは，その連帯債務者は弁済をしたものとみなされる (440 条)。例えば，連帯債務者の 1 人 A が債権者 G から債権を譲り受けたり，G を相続したりして，A と G の間に混同が生じたときには，A は弁済したものとみなされ，他の連帯債務者 BC は債務を免れる。そして，A は，それぞれの負担部分に応じて BC に求償することができる。

(ウ)　**相対的効力事由**　　(イ)で述べた事由以外は，すべて相対的効力しか有しない (441 条)。改正民法において絶対的効力事由から相対的効力事由に変更されたものとして，履行の請求，免除および時効の完成がある。

(i)　**履行の請求**　　改正前の旧 434 条が削除され，履行の請求は相対的効力事由に変更された。履行の請求が絶対的効力事由とされると，請求を受けていない連帯債務者にとって，自己の知らない間に履行遅滞に陥ったり時効の完成猶予があったりして不利益が大きいので，相対的効力事由とされた。したがって，改正後は，請求を受けた連帯債務者についてのみ履行遅滞や時効の完成猶予が生じる。

(ii)　**免 除**　　改正前の旧 437 条が削除され，免除は相対的効力事由に変更された。これによって，免除された連帯債務者だけが債務を免れることになり，他の連帯債務者は影響を受けなくなった。そして，これまでの一部免除をめぐる判例・学説上の複雑な議論はなくなった (→詳細は，本書旧版 265 頁以下参照)。また，この変更は，不連帯債務者の 1 人に対する免除が他の不連帯債務者の免除の意思を含む場合には全不連帯債務者に免除の効力が及ぶとする判例 (最判平 10・9・10 民集 52 巻 6 号 1494 頁 [百選 II 8 版-21]) を変更するものではないとされている[9]。連帯債務者の 1 人に対して免除がなされた場合でも，その連帯債務者に対して，債権者に弁済した他の連帯債務者は求償することができる (445 条)。

(iii)　**時効の完成**　　改正前の旧 439 条が削除され，時効の完成は相対的効力事由に変更された。この変更によって，連帯債務者の 1 人について時効が完成しても，その者が債権者から履行を請求されないだけであり，他の連帯

---

9)　潮見・概要 115 頁。

債務者には影響しない。連帯債務の担保的機能の強化を企図するものである。そして，時効が完成した連帯債務者に対して，全額弁済した他の連帯債務者は求償することができる (445条)。

(iv) **その他の相対的効力事由**　　上記以外の主な相対的効力事由として，次のものがあげられる。

①判決の効力　　例えば，債権者が連帯債務者の1人に対する請求訴訟で既に弁済されたという理由で敗訴した後に，他の連帯債務者に訴求して勝訴判決を受けることもありうる。

②時効の完成猶予・更新，時効利益の放棄

③債務者の過失　　例えば，連帯債務者の1人に過失があっても，これによって他の連帯債務者に過失があったことにはならない。

④債務不履行　　例えば，連帯債務者の1人が債務不履行をしても，他の連帯債務者がこれによって債務不履行をしたことにはならない。

(3) 連帯債務者の求償

(ア) **求償権の根拠と負担部分** (a) **求償権の根拠**　　連帯債務者の1人が債務を弁済し，その他自己の財産をもって共同の免責を得たときは，その連帯債務者は，他の連帯債務者に対し，免責を得るために支出した財産の額のうち各自の負担部分に応じた額の**求償権**を有する（各自の負担部分に応じて償還を求めることができる）(442条1項)。この求償権の根拠については，連帯債務者間に存在すると解されている「共同関係」に関する2つの説（主観的共同関係説と相互保証説）に対応して，2つの考え方に分かれている。すなわち，1つは，連帯債務者間に出捐（経済的負担）を分担しようとする主観的な共同関係が存在することに根拠を求める説であり，主観的共同関係説による考え方である。他の1つは，連帯債務者間に存在する相互保証関係を根拠にする説である。この連帯債務者間の相互保証関係から連帯債務者の1人による弁済を捉えると，それは他の連帯債務者の債務を保証人的地位において弁済したことになるので，連帯債務者間の利得と損失の調整のために求償権が認められるとする。

(b) **負担部分**　　負担部分とは，連帯債務者相互の内部関係において，各自が債務を分担し合う割合をいう。そして，負担部分は，債務総額をこの割

合で算出した具体的な数額をいうのではない。もっとも，一般的に負担部分と呼ぶときには，この具体的な数額を指していることがある。負担部分の決定は，第1に，連帯債務者間に特約があれば，それによって決まる。第2に，特約がなければ，連帯債務を負担することによって各連帯債務者が受ける利益の割合によって決まる。第3に，以上のことによって決まらない場合には，平等の割合と解される。

　(イ)　**求償権の成立と求償の範囲**　(a)　**求償権の成立要件**　　求償権が生ずるためには，連帯債務者の1人が自己の財産をもって共同の免責を得たことが必要である（442条1項）。共同の免責とは，連帯債務者全員の負っている債務を消滅または減少させたことをいう。そして，共同の免責は，連帯債務者の1人による弁済・代物弁済・供託・相殺・更改（大判大7・3・25民録24輯531頁）・混同（大判昭11・8・7民集15巻1661頁）などの出捐によってなされたことが必要である。これに対し，免除を受けるための一部弁済はともかく，免除それ自体はこの出捐に当らない。

　求償権が生ずるためには，自己の負担部分以上の出捐をして共同の免責を得たことは必要でない。すなわち，連帯債務者の1人が自己の負担部分より少ない額を弁済した場合であっても，求償権は成立する（大判大6・5・3民録23輯863頁）。例えば，ABCの3人がGに対して平等の負担部分で300万円の連帯債務を負っていて，Aが90万円（負担部分は100万円）をGに弁済したときでも，AはBCに対して30万円ずつ求償することができる。Aは，負担部分の100万円を超えた額を弁済したときにはじめてBCに求償することができるのではない。改正民法は，「免責を得た額が自己の負担部分を超えるかどうかにかかわらず」各自の負担部分に応じた額を請求することができるとして，このことを明確にした（442条1項）。ただし，代物弁済などで債務額を超える財産を支出しても，求償することができるのは，債務額に基づく負担部分に応じた額である（同項括弧書）[10]。例えば，前例でAが400万円の価額の財産で代物弁済をした場合でも，AのBCに対する求償額はそれぞれ100万円である。

---

10)　中舎・509頁。

(b) **求償の範囲**　　求償の範囲は，出捐した額，免責のあった日以後の法定利息および避けることのできなかった費用（弁済の費用など）その他の損害（債権者から訴求されたことによる訴訟費用など）の賠償を含む（442条2項）。そして，これらの総額を負担部分に応じて各自に分割した額を求償権者が他の連帯債務者に対して求償することになる。なお，連帯債務者には弁済をするについて正当な利益があるので，求償権を取得した連帯債務者は，求償の範囲において債権者の権利に代位する（499条—法定代位）（大判昭11・6・2民集15巻1074頁，前掲大判昭11・8・7）。

(ウ) **求償権の制限**　　連帯債務者の1人Aが弁済などの免責行為をした場合でも，他の連帯債務者Bがこれを知らずに免責行為をすることがあり，また他の連帯債務者Cが債権者に対して対抗できる事由を有していることがある。このような場合に，免責行為をしたBや債権者に対抗できる事由を有していたCを保護するために，民法は，Aが免責行為をした場合には，BやCに対して事前および事後の通知をしなければならず，Aがこれを怠ると，一定の範囲でその求償権が制限されるものとしている（443条）。

(a) **事前の通知を怠った場合**

【設例Ⅶ-10】　ABC3人が債権者Gに対して平等の負担部分で300万円の連帯債務を負っていたが，Aは，BCに事前の通知をせずに300万円全額を弁済した。ところが，他の連帯債務者Cは，Gに対して相殺適状にある反対債権200万円を有していた。この場合において，Cは，Aからの100万円の求償に応じなければならないか。

(i) **443条1項前段**　　他の連帯債務者があることを知りながら，連帯債務者の1人が，共同の免責を得ることを他の連帯債務者に通知しないで弁済をし，その他自己の財産をもって共同の免責を得た場合において，他の連帯債務者は，債権者に対抗することができる事由（債務の履行を拒むことができる事由）を有していたときは，その負担部分について，免責を得た連帯債務者にこの事由を対抗することができる（443条1項前段）。**【設例Ⅶ-10】**でいえば，Cは，Gに対する200万円の反対債権でGの300万円の債権と相殺することが可能であったから，自己の負担部分についてこの相殺をAに対抗

し，その求償を拒むことができる。すなわち，Aから求償されたCは，G
に対する債権でもってAの求償権と100万円の範囲で相殺することができ，
これによってAのCに対する求償権は消滅する。

　改正前の民法は，連帯債務者の1人が請求を受けたことを通知の内容とし
ていたが，事前の通知制度は債権者に対抗することができる事由を有する連
帯債務者にその行使の機会を失わせないようにすることを目的としているの
で，改正民法は，事前の通知の内容を「債権者から請求を受けたこと」から
「共同の免責を得ること」に変更して，請求を受けずに弁済などをする場合
でも，事前の通知が必要としている。また，改正民法は，事前の通知が必要
な場合を，弁済などをした連帯債務者が他の連帯債務者の存在を知っていた
場合（悪意）に限っている。弁済などをした連帯債務者が善意の場合には，他
の連帯債務者に対する求償の際に債権者に対抗できる事由の対抗を受けない[11]。

　(ii)　**443条1項後段**　　対抗することができる事由が相殺である場合にお
いて，相殺をもって免責を得た連帯債務者に対抗したときは，事前の通知を
しなかった連帯債務者は，債権者に対し相殺によって消滅するはずであった
債務の履行を請求することができる（443条1項後段）。**【設例Ⅶ-10】**でいえ
ば，Cが上述の相殺をしたときは，相殺に供されたCのGに対する債権は
100万円の限度でAに移転し，AはGに対してこの債権の履行を請求でき
ることになる。

　(iii)　**債権者に対抗できる事由**　　債権者に対抗できる事由としては，①前
述の相殺の抗弁，②自己の債務の履行期が未到来であること，③同時履行の
抗弁，④自己の債務を発生させた契約の無効・取消し，⑤消滅時効の完成に
よる自己の債務の消滅などが挙げられる。しかし，①相殺の抗弁以外のもの
が本条でいう事由に当るかどうかについては，学説上見解が分かれている。

　(b)　**事後の通知を怠った場合**

【設例Ⅶ-11】　**【設例Ⅶ-10】**において，Aは，300万円全額を弁済したが，
そのことを他の連帯債務者BCに通知しなかったために，Bが善意で全額弁
済をした。この場合，BのAに対する求償は認められるか。それとも，最初

---

11)　潮見・概要119頁。

> のＡの弁済が有効であり，ＡがＢに求償することができるか。

(i)　**443条2項**　　弁済をし，その他自己の財産をもって共同の免責を得た連帯債務者が，他の連帯債務者があること知りながら免責を得たことを他の連帯債務者に通知することを怠ったため，他の連帯債務者が善意で弁済その他自己の財産をもって免責を得るための行為をしたときは，その連帯債務者はその免責行為を有効であったものとみなすことができる (443条2項)。この場合，善意で弁済などの免責行為をした連帯債務者は，自己の免責行為を有効とみなす旨の意思表示をしなければならない。この意思表示は形成権の性質を有する。事後の通知を怠った連帯債務者が劣後するのは，他の連帯債務者の存在を知っていた場合 (悪意) に限られる。事後の通知をしなかった連帯債務者が善意の場合には，他の連帯債務者が善意で弁済などの免責行為をしても，事後通知をしなかった連帯債務者の弁済などが有効になる[12]。なお，本項は事後の通知がなかったために重ねて弁済などをした連帯債務者を保護するための規定であるから，既に弁済などを知っている連帯債務者に対しては通知の必要がない (判例・学説)。

(ii)　**443条2項の効果**　　善意の連帯債務者が自己の免責行為を有効とみなす効果について，次の2つの考え方に別れている。すなわち，1つは，債権者およびすべての連帯債務者との関係で通知を怠った連帯債務者の行為は効力を失い，後の連帯債務者の免責行為だけが有効となるとする説である (絶対的効果説)。他の1つは，通知を怠った連帯債務者と後に善意で免責行為をした連帯債務者の間だけで相対的に後の行為が有効となるとする説である (相対的効果説)。判例は，後者の相対的効果説をとり (大判昭7・9・30民集11巻2008頁)，学説も，善意の二重弁済者を保護するためには，相対的効果を認めるだけで十分であるとして，判例を支持するのが通説である。

(iii)　**相対的効果説**　　そこで，この相対的効果説に従って【設例Ⅶ-11】におけるABCGの関係を説明すれば，次のようになる。

①善意の第2弁済者ＢがＡに対して自己の弁済を有効と主張すれば，AB

の関係においてのみ B の第 2 弁済が有効なものと取り扱われる。

②しかし，AG 間の第 1 弁済は有効であるので，A は C に対してその負担部分 100 万円を求償することができる。

③ A との関係では B の第 2 弁済が有効とされるので，B は A の求償を拒むことができるだけでなく，反対に A に対してその負担部分 100 万円を求償することができる。

④更に B は，自己の第 2 弁済を A との関係で有効とみなした効果として，A が C から償還を受けた 100 万円を A に対して求償することができる。

⑤ G との関係では A の第 1 弁済は有効であるから，B による G への第 2 弁済は非債弁済（705条）となり，G は B から受領した 300 万円を不当利得として返還しなければならないが，B の G に対する不当利得返還請求権が A に当然に移転するので，G の返還の相手方は A となる。

(c)　事後の通知と事前の通知がともに怠られた場合

> 【設例Ⅶ-12】【設例Ⅶ-10】において，債権者 G に 300 万円全額を弁済した連帯債務者の 1 人 A が，事後の通知をしていなかったところ，他の連帯債務者 B が事前の通知をせずに全額弁済した。この場合，A と B の弁済のいずれが有効となるか。

【設例Ⅶ-12】のような，事後の通知と事前の通知がともに怠られた場合については，民法に規定がない。この場合について，もし 443 条 2 項が適用されるとすると，第 2 弁済者 B は，事前の通知を怠ったにもかかわらず，事後の通知を怠った第 1 弁済者 A に対して自己の弁済を有効とみなして，A に求償することができることになる。しかし，学説は，この場合 AB ともに事後または事前の通知を怠ったという過失があるので，443 条 1 項・2 項の適用はなく，一般原則に戻って第 1 弁済だけが有効と解している（通説）。

判例も，結論的には通説と同様の立場に立っている。すなわち，443 条 2 項の「規定は，同条 1 項の規定を前提とするものであつて，同条 1 項の事前の通知につき過失のある連帯債務者までを保護する趣旨ではない」ことを理由に，事前の通知を怠った第 2 弁済者は，事後の通知を怠った第 1 弁済者に対し，自己の弁済を有効とみなすことができないとしている（最判昭 57・12・

17 民集 36 巻 12 号 2399 頁 [百選 II 8 版-20])。判例が述べる理由は, 443 条 2 項に
よって第 2 弁済を有効とみなすことができる者は, 1 項の事前通知をした者
であることを要するところ, 1 項の事前通知を怠った第 2 弁済者は第 1 弁済
について善意であっても過失があるので (事前通知をしておけば, 第 1 弁済の事
実を知ることができたはずであるから), 2 項にいう善意の者に含まれないとする
ものである。したがって, 判例では, 2 項の「善意」とは「善意・無過失」
と考えることになる。

(エ) 無資力者がいる場合の求償　(a) 無資力者の負担部分の分担

> 【設例VII-13】 【設例VII-10】 において, 連帯債務者の 1 人 A は, 事前の通知
> をした上で 300 万円全額を弁済し, 事後の通知をも行った。そして, 他の連
> 帯債務者 BC に対して平等の負担部分による求償をしたところ, C は無資力
> であったために, A は償還を受けることができない。この場合, C の負担部
> 分 100 万円はどうなるか。

　連帯債務者の中に無資力者 (例えば, 支払不能や支払停止などの破産原因がある
者や強制執行で弁済資力がないことが確定した者など) があるときには, その償還
することができない部分は, 求償者と他の資力のある者の間で各自の負担部
分に応じて分担する (444 条 1 項)。したがって, 【設例VII-13】 の場合, 無資
力者 C の負担部分 100 万円は, A と B の間でそれぞれの負担部分に応じて,
すなわち 50 万円ずつ負担する。それゆえ, A は, B に対して 150 万円 (100
万円 + 50 万円) を求償することができる。ただし, 償還を受けることができ
ないことについて求償者に過失があるときは, 他の連帯債務者に分担を請求
することができない (同条 3 項)。例えば, A がいたずらに求償権の行使を遅
らせている間に, C が無資力になったような場合である。
　【設例VII-13】 で連帯債務者 A と C のみが平等の負担部分を有し, 他の債
務者 B の負担部分がゼロである場合において, C が無資力であるときは, C
の負担部分 150 万円を A と B が分担することはできず, 結局 A のみが全額
負担すると解されている (通説)。また, 【設例VII-13】 で連帯債務者の 1 人 C
のみが負担部分を有し, 他の債務者 A と B の負担部分はゼロである場合に
おいて, 負担部分のある C が無資力であるときは, C の負担部分 300 万円

を負担部分のない A と B が平等に分担する（444 条 2 項）。民法改正前の判例（大判大 3・10・13 民録 20 輯 751 頁）を明文化したものである。ただし，求償者に過失があるときは，他の連帯債務者に分担を請求することができない（同条3 項）。

　(b)　**連帯の免除と無資力者がいる場合の求償**　(i)　**連帯の免除の意義**　　連帯の免除とは，連帯債務者を連帯債務関係から離脱させ，その者の債務を負担部分についての分割債務とする債権者の一方的意思表示をいう。これには，次の 2 つのものがある。

　①　**絶対的連帯免除**　　すべての連帯債務者を連帯債務関係から離脱させる場合である。例えば，【設例Ⅶ-10】において，連帯債務者 ABC に対してG から絶対的連帯免除がなされると，ABC はそれぞれ 100 万円の分割債務を負担することになる。この場合には，各債務者は自己の負担部分に対応した分割債務を負担するだけなので，求償は問題にならない。

　②　**相対的連帯免除**　　一部の連帯債務者についてのみ連帯債務関係から離脱させる場合をいう。この相対的連帯免除がなされると，連帯の免除を受けた債務者の債務だけが負担部分の額に縮減される。しかし，残りの連帯債務者の債務額には影響せず，その者たちは依然として連帯して全額支払うべき義務を負う。したがって，求償関係も存続する。例えば，【設例Ⅶ-10】において，連帯債務者の 1 人 A について G から相対的連帯免除がなされると，A の債務はその負担部分に相当する 100 万円の分割債務になるが，BC は依然として 300 万円の連帯債務を負担することになる。この場合において BがG に 300 万円を弁済すると，AC に 100 万円ずつ求償することができる。

　(ii)　**相対的連帯免除と無資力者がいる場合の求償**

> 【設例Ⅶ-14】【設例Ⅶ-10】において，連帯債務者の 1 人 A は債権者 G から相対的連帯免除を受けた。そして，残りの連帯債務者の 1 人 B が 300 万円全額を弁済したが，他の連帯債務者 C は無資力であった。この場合，C の負担部分 100 万円は誰が負担することになるか。

　改正前の民法では，連帯債務者の 1 人が連帯の免除を受けた場合において，他の連帯債務者の中に無資力者があるときは，債権者は，その無資力者

が弁済できない部分のうち連帯の免除を受けた者が負担すべき部分を負担すると規定されていた（旧445条）。【設例Ⅶ-14】の場合，Bは，AとCに100万円ずつ求償できるが（ABCの負担部分は平等），Cが無資力のときは，Cの負担部分はAが連帯の免除を受けなかったならばAとBで分担されるべきであったから，Aが分担すべきであったCの負担部分の2分の1の50万円は，連帯の免除をしたGが負担することになる。このような解決は，連帯の免除を受けた債務者に負担部分以上の負担を負わせないようにするものである。しかし，それが連帯の免除をする債権者の通常の意思に合致するかどうか疑問が出されており，立法論として批判があった。そこで，改正民法では，この規定は削除され，上記(a)の無資力者の負担部分の分担に関する444条に従って処理されることになった[13]。【設例Ⅶ-14】では，Cの負担部分をABが50万円ずつ負担する。

> **＊不真正連帯債務**　(1)　**意義**　これまで，不真正連帯債務とは，多数の債務者が同一内容の給付について全部履行すべき義務を負うが，債務者間には主観的共同関係がないことから，連帯債務に含まれない多数当事者の債権関係をいうとされてきた。この不真正連帯債務と連帯債務の主な相違点は，第1に，債務者の1人について生じた事由は，弁済・代物弁済などの債権者を満足させる事由を除き，他の債務者に影響を及ぼさず（相対的効力），第2に，債務者間に負担部分が存在しないから，求償関係が生じないことであるとされた。
>
> 　(2)　**具体例**　このような不真正連帯債務と考えられるものとして，次のようなものが挙げられてきた。すなわち，①他人の家屋を焼失させた者の不法行為による損害賠償債務（709条）と保険会社の保険金支払債務，②受寄物を不注意で盗まれた受寄者の債務不履行に基づく損害賠償債務（415条）と窃盗者の不法行為に基づく損害賠償債務（709条），③責任無能力者の監督義務者の損害賠償債務と監督義務者に代わって責任無能力者を監督する者の損害賠償債務（714条），④被用者の加害行為についての使用者の損害賠償債務（715条）と被用者自身の損害賠償債務（709条），⑤共同不法行為者の損害賠償債務（719条）などである。そして，一連の最高裁判例は，④使用者の損害賠償債務と被用者の損害賠償債務（最判昭45・4・21判時595号54頁［百選Ⅱ4版-26］，最判昭46・9・30判時646号47頁），⑤共同不法行為によって生ずる複数

---

13)　潮見・概要121頁。

の損害賠償債務（最判昭 48・2・16 民集 27 巻 1 号 99 頁，最判昭 57・3・4 判時
1042 号 87 頁，最判平 6・11・24 判時 1514 号 82 頁，前掲最判平 10・9・10［百選Ⅱ
8 版-21]），⑥自動車事故につき複数の者が運行供用者として負う損害賠償債
務（最判昭 48・1・30 判時 695 号 64 頁）などについて不真正連帯債務と解して，
連帯債務の絶対的効力事由に関する規定が適用されないことを判示していた。

　(3)　**批判的な考え方**　　不真正連帯債務という統一的な概念を用いて一連
の法律関係を説明しようとする従来の考え方に対しては，以前から批判的な
考え方が主張されていた[14]。それは，不真正連帯債務概念の有用性を疑問視
し，この概念を認めるとしても，それは連帯債務の規定（とくに絶対的効力事
由に関する規定）を適用するのが妥当でない各種の場合の総称にすぎないとす
る説や，不真正連帯債務とは 1 つの統一的な多数当事者の債権関係と考える
べきではなく，これまで不真正連帯債務とされてきた法律関係について，そ
れぞれが関係する法領域でその内容を決めればよいとして，不真正連帯債務
概念につき統一的な理論を定立する必要はないとする説などである。

　(4)　**改正民法**　　改正民法では，これまで絶対的効力事由とされてきた多
くのものが相対的効力事由に変更された（請求・免除・時効の完成）。また，不
真正連帯債務においては求償関係が生じないというこれまでの考え方は，最
近の学説・判例ではもはや維持されていない。求償関係を生じさせる特別な
関係がなくても求償を認めないと，不公平・不当な結果が生じる場合があり
うるからである。とりわけ共同不法行為の場合に，先に損害賠償をした者が
全面的に責任を負担する結果となるのは公平ではなく，損害賠償をした先後
にかかわりなく，他方の加害者に対する求償が認められるべきであると，現
在では解されている。このようなことから，改正民法のもとでは，従来説か
れていた連帯債務と不真正連帯債務を区別する意味はなくなったとして，これ
まで不真正連帯債務とされてきたものは 436 条以下の「連帯債務」に含まれ
ると解されている[15]。

---

14)　中田・464 頁以下。
15)　潮見・プラクティス 566 頁，中舎・512 頁。しかし，理論的には連帯債務と不真正連帯債務
　　には違いがあり，連帯債務の規定の適用には個別的な検討が必要とする見解もある（平野・247
　　頁）。

第5節 保証債務

5.1 保証債務の意義と性質

5.1.1 意 義

> 【設例Ⅶ-15】 Gは，Sに対して1000万円の貸金債権を有しており，この
> Sの債務のために，BがGとの間で保証契約を結んで保証人となった。

保証債務とは，【設例Ⅶ-15】でいえば，保証人Bと債権者Gとの契約（保証契約）によって保証人が債権者に対して負担する債務をいう。そして，Sがその債務を履行しない場合に，保証人BはSに代わって保証契約に基づく債務を履行する責任を負う（446条1項）。このように，保証人Bが保証する他人の債務（Sの負担する1000万円の貸金債権）を**主たる債務**（**主債務**）といい，その債務者Sを**主たる債務者**（**主債務者**）という。

保証債務は，保証人が主債務者に代わって履行するものであるから，原則として主債務と同一の内容のものである。保証される主債務は，代替的給付（金銭の返還のように，主債務者以外の者でも履行できる給付）を目的とするものであるのが通常である。しかし，保証債務はあくまで主債務とは別個の債務であり，両者は併存するが，どちらか一方が履行されれば，保証債務は目的を達して消滅する。

5.1.2 個人保証と法人保証

保証は，保証人が自然人であるか法人であるかによって，**個人保証と法人保証**に区別される[16]。

(1) 個人保証

保証人が個人である場合の保証をいう。この個人保証は，昔から広く行われてきた典型的な保証形態であるが，保証人は，主債務者との特別な人的関

---

16) 中田・477頁，中舎・469頁。

係（家族・親戚・友人など）から義理で債権者と保証契約を結び，過大な債務
を負担する場合が少なくない。そのため，個人保証においては，如何にして
保証人を過大な債務から保護するかということが主たる法律問題となる。

(2)　法人保証

主債務者から一定の信用保証料を受け取って保証人となることを業として
いる法人（信用保証協会や民間の保証会社など）による保証をいう。この法人保
証は，例えば，中小企業の事業資金や個人の住宅取得資金の借入れなどにお
いて，事業者や住宅購入者にとって適当な保証人が見あたらない場合に利用
される。法人保証における保証債務の基本的な法理は個人保証と変わりはな
いが，ここでは，過大な債務からの保証人の保護という問題よりも，保証債
務を履行した保証人の過大な求償から主債務者を如何に保護するかというこ
とが問題となる。

5.1.3　損害担保契約

保証契約と似ているが，それとは異なるものとして，損害担保契約といわ
れるものがある。**損害担保契約**とは，契約の一方当事者が他方当事者に対し
て，一定の事実や法律関係から他方当事者の被った損害を填補することを約
束する契約をいう。例えば，製品の品質をメーカーが保証し，製品の欠陥か
ら買主に生じた損害を賠償することを内容とする品質保証契約や，使用者が
被用者によって被ることのあるすべての損害を担保することを内容とする，
雇用の際に結ばれる身元引受などがこれに当る（身元引受については→ **5.5.3** (5)
参照）。そして，保証契約は主債務を担保するものであり，主債務の成立（債
務者の責任）を前提とするが（保証債務の付従性），損害担保契約は主債務が成
立するかどうか（債権者が責任を負うかどうか）を問わず，生じた損害を填補す
るものである[17]。

---

17)　平野・256 頁。

5.1.4 性 質

(1) 保証債務の別個債務性

保証債務は，保証人と債権者との保証契約によって生じる債務であるから，主債務とは別個の債務である。そのため，主債務と態様を異にすることができ，また消滅原因なども主債務と別個に考えることができる。すなわち，①保証人は，保証債務についてのみ違約金や損害賠償額を約定することができる（447条2項。保証債務の内容における付従性の例外）。②主債務と保証債務とで時効期間が異なることがあり得る。例えば，民法改正前において，主債務が民事債務で，保証債務が商行為によって生じた債務（商事債務）であるときは，前者は10年の民事消滅時効に（旧167条1項），後者は5年の商事消滅時効にかかる（商旧522条）とした判例がある（大判昭13・4・8民集17巻664頁）。

(2) 保証債務の付従性

保証債務は，主債務の履行を担保することを目的とするものであるから，主債務が有効に成立・存続することを前提とし，主債務に従たる性質を持っている。これを**保証債務の付従性**といい，次の3つのものがある。

(ア) 成立における付従性　主債務が成立しなければ，保証債務も成立しない。これを**成立における付従性**という。この意味の付従性は緩やかに捉えられており，①保証契約締結時に主債務が現実に発生している必要はなく，将来の債務や条件付債務のための保証債務も有効であり（最判昭33・6・19民集12巻10号1562頁など），②主債務が不特定の債務であっても，保証債務は有効に成立する（継続的取引から発生する不特定多数の債務を一定の限度額〔極度額〕で保証する根保証→ **5.5.3** 参照）。

(イ) 消滅における付従性　弁済や時効などによって主債務が消滅すれば，保証債務も当然に消滅する。これを**消滅における付従性**という。

(ウ) 内容における付従性　保証債務は，その内容において主債務より重いことは許されない。これを**内容における付従性**という。この付従性により，保証債務の内容（目的・態様など）が主債務より重い場合には，主債務の限度に縮減される（448条1項）。例えば，主債務額が20万円であるのに保証債務額が25万円である場合，保証債務額は20万円に縮減される。また，主

債務の目的・態様が保証契約の締結後に加重されても，保証人の責任は加重されない（同条2項）。

(3)　保証債務の随伴性

保証債務は，主債務に随伴する。つまり，保証債務は主債務の担保を目的とするものであるから，主債務（債権）が債権譲渡などによって第三者に移転すると，保証債務（保証債権）もそれに伴ってその第三者に移転する。これを**保証債務の随伴性**という。

(4)　保証債務の補充性

保証債務は，主債務が履行されない場合に二次的に履行しなければならない債務である。これを**保証債務の補充性**といい，保証人は，債権者からの請求に対して，まず主債務者に請求せよという**催告の抗弁**（452条）と，まず主債務者の財産に執行せよという**検索の抗弁**（453条）を有する（この2つの抗弁については→**5.3.3**(1)参照）。これに対し，連帯保証にはこの補充性がないから，催告の抗弁と検索の抗弁がない（454条）（連帯保証については→**5.5.1**参照）。

5.2　保証債務の成立

5.2.1　保証契約と保証委託契約

保証債務は，保証契約によって成立する。この契約の当事者は，保証人になろうとする第三者と債権者である。第三者は主債務者に頼まれて保証人となることが多い（保証委託契約の存在）。しかし，主債務者と第三者の間に保証委託契約があるか否かは，保証債務の成立に無関係であり，保証人の主債務者に対する求償権の範囲に影響を与えるにとどまり（459条以下）（求償権については→**5.4**参照），また第三者は，主債務者の意思に反しても，保証人になることができる（462条2項参照）。そして，保証委託契約が無効または取消しによって効力を失ったとしても，保証契約の効力には影響しない。

保証契約は，従来，諾成・不要式の契約とされていた。しかし，2004（平16）年の民法改正（いわゆる民法の現代語化）により，保証契約は，書面でしなければ効力を生じないものとされ（446条2項），書面を必要とする諾成・要式の契約となった*。さらに，インターネットを利用した電子商取引などが

増大している近年の状況を考慮して，保証契約がその内容を記録した電磁的記録によってなされた場合には，その保証契約は書面でなされたものとみなされる（同条3項）。

> ＊保証契約について書面を要求したのは，慎重に保証を行わせるために，保証人の保証意思が外部的にも明らかになっている場合に限り契約としての拘束力を認めようという趣旨である。したがって，もっぱら保証人の保証意思がその書面上に示されておれば足り，契約書はもちろんのこと，金融実務で従来から行われてきたいわゆる保証書の差入方式でもよいと解されている[18]。

5.2.2 保証人の要件

(1) 債務者が保証人を立てる義務を負う場合

保証人となる要件については何らの制限もない。しかし，債務者が保証人を立てる義務を負う場合には，保証人は，①行為能力者であること，②弁済の資力を有すること，の2つの要件を備えていることが必要である（450条1項）。債務者が保証人を立てる義務を負う場合としては，ⓐ債権者と債務者の契約による場合，ⓑ法律の規定による場合（301条・461条・576条・650条2項・991条など），ⓒ裁判所の命令による場合（29条1項・830条4項・953条など）がある。

保証人が第2の要件を欠くに至ったときは，債権者は，これら2つの要件を備えた別の保証人を立てることを請求することができる（450条2項）。第1の要件を欠く場合が除かれているのは，保証人が途中で制限行為能力者となっても，そのことで資力が減少するわけでもなく，また法定代理人あるいは保佐人の同意を得た保証人（被保佐人）本人が保証債務を履行することができるので，保証人を代える必要がないからである。もっとも，債権者が特定の人を保証人に指名したときは，2つの要件は問題にならない（同条3項）。

(2) 債務者の義務違反

債務者が2つの要件を備えた保証人を立てる義務があるのに，それができないときは，債務者の担保提供義務の不履行となり，債務者は主債務につい

---

18) 吉田徹＝筒井健夫『改正民法の解説』15頁〔商事法務，2005年〕。

て期限の利益を失い（137条3号），債権者は主債務の発生原因である契約を解除することができる（541条）。このような不利益から債務者を救済するために，債務者は，要件を備えた保証人を立てることができないときには，他の担保を提供して（例えば，質権や抵当権の設定）保証人に代えることができる（451条）。そして，他の担保の提供もできないときには，債務者の期限の利益喪失や債権者の契約解除が生じる。

5.2.3　主債務の存在

保証債務は，主債務を担保するものであるから，主債務の成立を前提とする（保証債務の成立における付従性）。したがって，主債務が契約の無効によって成立しなかったり，契約の取消しによって遡及的に消滅したときは，保証債務も効力を生じない。しかし，これについては，次のような例外がある。

> 【設例Ⅶ-16】　未成年者Sは，親に内緒でGと金銭消費貸借契約を結んで50万円を借り受け，友人のBがSの保証人となった。その後Sは，自己が未成年者であることを理由にGとの契約を取り消したので，Gは，Bに対して50万円の返済を請求した。そこでBは，主債務が契約の取消しによって遡及的に消滅したので，自己の保証債務も付従性により消滅したと主張した。このBの主張は認められるか。なお，Bは成年者であるとする。

民法によれば，行為能力の制限によって取り消すことができる債務を保証した者は，保証契約の当時その取消原因を知っていたときは，その債務の取消しの場合につき，同一の目的を有する独立の債務を負担したものと推定される（449条）*。つまり，保証人は債権者との間で損害担保契約を結んだものと推定されることになる。この規定は，行為能力の制限によって取り消される債務であることを知って保証人となった者には，主債務が取り消されても債権者には損害を被らせないという意思があるという推定に基づいて設けられたものである。

そうすると，【設例Ⅶ-16】の場合，Sの50万円返済の主債務は，契約の取消しによって遡及的に消滅する。しかし，保証人Bは，取消原因を知っていたときには，50万円全額を返済する独立した債務を負担したものと推定される。Bは，契約が取り消されたときにはなんの債務も負担しない意思

であったことを立証しない限り，Gに50万円を返済しなければならない。

　なお，449条の反対解釈によって，詐欺や強迫による取消しの場合には本条は適用されない。詐欺や強迫の場合にまで本条により保証人に独立の債務を負担させると，債権者が詐欺や強迫によって取得した債権の履行を確保できることになって，間接的に詐欺や強迫を奨励することになるからである[19]。

> ＊449条は「主たる債務の不履行の場合」を含めて規定しているが，主債務の不履行につき主債務者に帰責事由がある場合は，主債務は損害賠償債務に変わるので，保証人はこれを保証すればよく，また履行不能につき主債務者に帰責事由がない場合は，主債務は消滅するので，この場合にまで保証人が独立の債務を負担すると推定するのは酷であるから，解釈上「不履行」の場合は無視すべきだとされている（通説）。

5.3　債権者と保証人との関係

5.3.1　保証債務の内容

　保証債務の内容は，保証契約の内容と保証債務の付従性によって定まる。すなわち，①保証債務は保証契約によって成立するので，その内容も保証契約によって定まる。例えば，主債務が200万円である場合に，特約によって150万円だけ保証するという契約は有効である（一部保証→5.3.2(1)参照）。保証債務は主債務と同一の内容であるのが通常であるが，そうでないこともあり得る。次に，②保証債務は付従性を有するので，保証契約によっても保証債務の内容を主債務の内容より重くすることはできない（内容における付従性）。したがって，保証債務の内容が主債務より重い場合は，主債務の限度に縮減される（448条1項）。逆に主債務の内容が保証契約締結後に保証債務より重くなった場合，保証債務の内容は主債務の内容まで拡張されるわけではない（同条2項）。例えば，主債務額が保証契約締結後に500万円から800万円に増えた場合，保証債務額は当然に800万円になるわけでなく，500万円のままである。

---

19)　梅・149頁。

5.3.2　保証債務の範囲

保証債務の範囲は，保証契約で別段の取決めがない限り，主債務のほか，主債務に関する利息・違約金・損害賠償その他主債務に従たるすべてもの（訴訟費用など）を含む（447 条 1 項）。

(1)　一部保証

元本の一部だけを保証することを**一部保証**という。その趣旨については，次の 2 つのものがある。

①債権者が保証された一部額だけ取得できればよいという趣旨のもの
例えば，S の G に対する債務 200 万円について B が 150 万円の保証をしたが，それは，G が S からであれ B からであれ 150 万円を取得できれば，B は保証債務を免れるとする趣旨のものである場合である。この場合，もし S が 50 万円支払えば，B は 100 万円支払えばよい。

②保証人が支払う限度額を保証された一部額までとする趣旨のもの　　上の例で，S が 50 万円支払っても，残債務額が 150 万円あるので，B は 150 万円支払わなければならない。

いずれの趣旨のものであるかは，契約の解釈の問題であり，解釈によって明らかになればそれによるが，そうでないときは，後者と解するのが当事者の通常の意思に合致するとされている（通説）。

(2)　解除による原状回復義務と保証債務

これは，主債務の発生原因である契約が解除された場合，保証債務は解除による原状回復義務（545 条 1 項）をも担保するかどうかという問題である。解除によって損害賠償義務も生じうるが（545 条 4 項），損害賠償義務については，447 条 1 項によって保証債務の範囲に含まれることは認められている[20]。

(ア)　**法定解除の場合**　　従来の判例は，契約解除について直接効果説を採用し，売買契約の解除のように遡及効が認められる場合と賃貸借契約の解除のように遡及効が認められない場合を区別して取り扱ってきた。すなわち，①解除の遡及効が認められる場合については，契約の遡及的消滅により契約

---

20)　中田・490 頁以下。

上の債務も遡及的に消滅するから，解除によって生じる原状回復義務は，契約上の債務とは別個独立のものであり，本来の債務と同一性がないことを理由に，これには保証人の責任は及ばないとしていた（大判明36・4・23民録9輯484頁，大判大6・10・27民録23輯1867頁）。これに対し，②解除に遡及効が認められない場合については，賃借人の目的物返還義務は賃貸借契約に基づく債務にほかならないから，これについては保証人の責任が及ぶと解していた（大判昭13・1・31民集17巻27頁，最判昭30・10・28民集9巻11号1748頁）。

　このような判例の態度に対して，有力な学説から次のような批判がなされた。すなわち，契約当事者のための保証は，通常，契約当事者として負担する一切の債務を保証し，契約不履行によって相手方に損害を被らせない趣旨のものと解すべきであるから，保証人は，解除の性質論に関係なく原状回復義務についても責任を負うべきであるというものである[21]。このような学説の批判を受けて，その後の判例は，特に上述①の場合について，変更されるに至った。

> 【設例Ⅶ-17】　Gは，Sからその所有する住宅内の畳・建具などを買い受け，代金全額を前払いするとともに，BがSの引渡債務を保証した。ところが，Sが期限までに物件の引渡しをしなかったので，Gは，契約を解除し，支払済みの代金の返還をSとBに求めた。この場合，Bの保証債務は，Sの代金返還債務にも及ぶか。

　【設例Ⅶ-17】のようなケースにおいて，最高裁は，「特定物の売買における売主のための保証においては，通常，その契約から直接に生ずる売主の債務につき保証人が自ら履行の責に任ずるというよりも，むしろ，売主の債務不履行に基因して売主が買主に対し負担することあるべき債務につき責に任ずる趣旨でなされるものと解するのが相当であるから，保証人は，…………特に反対の意思表示のないかぎり，売主の債務不履行により契約が解除された場合における原状回復義務についても保証の責に任ずる」と判示した（最大判昭40・6・30民集19巻4号1143頁［百選Ⅱ8版-22]）。これは，解除による原

---

21)　我妻・468頁など。

状回復義務の法的性質にこだわらずに，保証契約の趣旨あるいは保証をめぐ
る当事者の通常の意思を根拠にして，解除による原状回復義務についても保
証債務が及ぶことを肯定した判決ということができる。

　(イ)　**合意解除の場合**　　さらに，合意解除（解除契約）から生じる債務に
ついても，保証人の責任が及ぶことを認めた判例がある。

> 【設例Ⅶ-18】　Ｇは，建設会社Ｓと建物の建設請負契約を結び，ＢがＳの保
> 証人となった。Ｇは，契約に従って工事代金の一部を前払金として支払った
> が，その後Ｓは，資金難に陥り，工事を続行することができなくなった。そ
> こで，ＧとＳは，契約を合意解除し，その際，Ｓは，受け取った前払金の返
> 還を約束した。しかし，Ｓが一向に返そうとしないので，Ｇは，Ｂに対して
> 前払金の支払いを求めた。この場合，Ｂの保証債務は，Ｓの前払金返還債務
> に及ぶか。

　この【設例Ⅶ-18】のような事案において，最高裁は，まず①「保証人の
関知しない合意解除の当事者の意思によつて，保証人に過大な責任を負担さ
せる結果になるおそれがあ」ることを理由に，Ｂは，合意解除によりＳが
約束した前払金返還債務につき責任を負わないとした。しかしこれに続け
て，②前掲最大判昭 40・6・30（[百選Ⅱ 8 版-22]）を援用した上で，「合意解
除が請負人の債務不履行に基づくものであり，かつ，右約定の債務が実質的
にみて解除権の行使による解除によつて負担すべき請負人の前払金返還債務
より重いものではないと認められるときは，請負人の保証人は，特段の事情
の存しないかぎり，右約定の債務についても，その責に任ずべきものと解す
るのを相当とする」と述べ，その理由として，この場合には，保証人の責任
が過大になることがなく，また保証人の通常の意思に反するものでもないこ
とを挙げている（最判昭 47・3・23 民集 26 巻 2 号 274 頁 [百選Ⅱ 2 版-29]）。

　この判決は，保証人の責任が過大にならないように配慮しつつ，保証契約
の趣旨あるいは保証人の通常の意思を根拠に合意解除から生じる債務につい
ても保証債務が及ぶことを認めており，先の大法廷判決の延長線上にあるも
のといえる。

5.3.3 保証人の抗弁

(1) 保証債務の補充性に基づく抗弁

　保証債務は，元来，主債務が履行されない場合に，これに代わって履行されるものであるから（保証債務の補充性），保証人には，債権者からの請求に対して一定の抗弁が認められている。すなわち，催告の抗弁と検索の抗弁である。

　(ア)　**催告の抗弁**　　催告の抗弁とは，債権者が主債務者に請求しないで保証人に保証債務の履行を請求してきた場合に，保証人がまず主債務者に催告をなすべきことを請求できることをいう（452条本文）。有効にこの抗弁がなされた場合には，債権者は，まず主債務者に催告したうえでないと，保証人に保証債務の履行を求めることができない。しかし，催告の抗弁をなされた債権者は，単に主債務者に履行を催促すればよいから，この抗弁の実効性はあまりない。なお，次の場合には，例外として保証人は催告の抗弁を持たない。すなわち，①主債務者が破産手続開始の決定を受けたとき（452条ただし書前段），②主債務者の行方が知れないとき（同条ただし書後段），③保証が連帯保証であるとき（454条。連帯保証については→**5.5.1**参照）。

　(イ)　**検索の抗弁**　　検索の抗弁とは，債権者が主債務者に催告した後であっても，保証人が，主債務者に弁済の資力があることと執行が容易なことを証明して，まず主債務者の財産について執行すべきことを請求することができることをいう（453条）。条文は，「債権者が……主たる債務者に催告をした後」と規定しているが，保証人はいきなり検索の抗弁をしてもよいと解されている（大判明36・11・7民録9輯1213頁）。この抗弁が有効になされた場合，債権者はまず主債務者の財産に対して執行し，弁済を完全に受けられないときに，保証人の財産に対して執行することになる。ただし，連帯保証人はこの抗弁を持たない（454条）。

　弁済の資力は，債務全部を弁済する資力ではなく，債務の一部を弁済する資力で足りるとするのが判例（大判昭8・6・13民集12巻1472頁）・通説である。執行が容易なこととは，執行により現実の弁済を受けることが容易という意味，言い換えれば，執行のために格段の日時と費用を要さずに現実の弁済を受けられるという意味である（前掲大判昭8・6・13）。執行が容易かどうかは，

各場合について具体的に判断するほかないが，一般的には，動産や金銭は執行が容易であるが，不動産はそうではなく，また債権者に近い住所にあるものは執行が容易であるが，遠隔にあるものはそうではないとされている。

(ウ)　**債権者の催告または執行の懈怠**　催告または検索の抗弁がなされたにもかかわらず，債権者が催告または執行を怠り，その後主債務者から全部の弁済を得られなかった場合には，保証人は，債権者が直ちに催告または執行をすれば弁済を得ることができた限度において，義務を免れる (455条)。例えば，検索の抗弁がなされた後債権者が直ちに主債務者の財産に執行しておれば，債権額 200 万円のうち 150 万円は弁済を受けられたのに，債権者が執行を怠ったために，後に執行したときには 100 万円しか得られなかった場合，保証人は，残額 100 万円を全部支払う必要はなく，抗弁の直後に執行されていれば負担したであろう額 50 万円 (200 万円 − 150 万円) を弁済すればよい。

(2)　**保証債務の付従性に基づく抗弁**

(ア)　**契約の無効または取消し**　保証人は，主債務者が主張できる抗弁を債権者に対抗することができる (457条2項)。したがって，主債務の発生原因である契約が無効とされまたは取り消されたために，主債務が成立しなかったり消滅した場合には，保証人は，この事実を立証して保証債務の不存在を主張することができる (ただし，449条参照)。

(イ)　**主債務の消滅時効**　主債務につき消滅時効が完成した場合については，まず①主債務者が消滅時効を援用したときは，主債務は消滅するので，保証人も保証債務の消滅を主張することができる。次に，②主債務者が援用しないときでも，保証人は，主債務の消滅時効を援用して，保証債務の消滅を主張することができる。民法改正前では，旧 145 条の時効援用権者には，保証人も含まれると解されていたが (大判昭 8・10・13 民集 12 巻 2520 頁)，改正民法は，消滅時効について保証人も時効の援用をすることができることを明文化した (145条)。ただし，時効の援用は援用者とその相手方でしか効力を生じないので (援用の相対的効力)，時効を援用しなかった主債務者との関係では主債務は消滅しない。さらに，③主債務の消滅時効完成後，主債務者が時効の利益を放棄しても，保証人は主債務の消滅時効を援用することができ

る（大判昭 6・6・4 民集 10 巻 401 頁）。時効利益の放棄も相対的効力しかないので，時効利益を放棄していない保証人は援用権を失わないからである。

(ウ) **同時履行の抗弁**　主債務者が同時履行の抗弁（533 条）を有する場合には，保証人もこれを主張することができる。

(エ) **期限の未到来**　主債務の期限が到来していない場合には，保証人もその旨を抗弁できる。

(オ) **主債務者が有する反対債権による相殺**　保証人は，主債務者が債権者に対して有する反対債権による相殺を主張することができるかどうか問題となる。

【設例Ⅶ-19】　債権者 G に対して 200 万円の債務を負担する主債務者 S が，G に対して 120 万円の反対債権を持っている場合に，保証人 B が G から保証債務の履行を求められたとき，B は，S の反対債権による相殺を主張して，残り 80 万円だけを支払うことができるか。

改正前の民法によれば，保証人は，主債務者の債権者に対する債権による相殺を債権者に対抗することができると定められていた（旧 457 条 2 項）。これを文字通りに解すると，**【設例Ⅶ-19】**の場合，B は S の反対債権による相殺を主張して，残り 80 万円だけを支払えばよいことになる。しかし，このような解釈は，保証人が他人である主債務者の財産を処分することを認めることになり，行き過ぎであるということができる。そこで，保証人は，相殺によって主債務が消滅する限度で，弁済を拒絶できる抗弁を有するにすぎないとする抗弁説が主張されていた。そして，改正民法は，主債務者が債権者に対して相殺権，取消権または解除権を有するときは，これらの権利の行使によって主債務者が債務を免れるべき限度で，保証人は，債権者に対して債務の履行を拒むことができると規定して（457 条 3 項），上記の抗弁説を採用した。これによれば，**【設例Ⅶ-19】**の場合，B は相殺で消滅する 120 万円の支払いを拒絶することができ，残り 80 万円だけを支払えばよいことになる。ただし，S の反対債権は消滅しない。

5.3.4　主債務者または保証人に生じた事由の効力

(1)　主債務者に生じた事由の効力

　主債務者について生じた事由は，保証債務の付従性により，原則としてすべて保証人に対して効力を及ぼす。しかし，主債務の成立後，主債務者と債権者の合意によって主債務の内容（目的・範囲・態様）を変更しても，保証債務を加重する限り，保証人に効力を及ぼさない（448条2項）。問題となる場合として，以下のものがある。

　(ア)　**主債務者に対する債権が第三者に譲渡された場合**　　主債務者に対する債権（主債権）が第三者に譲渡された場合，随伴性により保証人に対する債権（保証債権）もその第三者に移転するが，主債務者について主債権の譲渡の対抗要件（467条，動産債権譲渡特例法4条）が備われば，保証人についても当然に保証債権譲渡の対抗要件が備わる。つまり，保証債権について独自の対抗要件を具備する必要がない。そして，この場合に，譲渡人が保証人にだけ主債権の譲渡通知をしても，譲受人は主債務者に債権譲渡を対抗することができない。保証人に対して生じた事由は，主債務の消滅行為以外は主債務者に効力を及ばさないからである（→(2)参照）。

　(イ)　**主債務の消滅時効の完成猶予・更新**　　事由の如何を問わず，主債務の消滅時効の完成猶予・更新はすべて，保証人についても効力を生じる（457条1項）。すなわち，保証債務についても時効の完成猶予・更新の効力が生じる。これは，時効の完成猶予・更新は当事者とその承継人の間でしか効力を生じないという原則（153条）の例外である。主債務について時効が完成猶予または更新しているのに，保証債務について時効が進行して消滅することになれば，債権者にとって不利となるからである。

　(ウ)　**主債務者が死亡し，相続人が限定相続した場合**　　相続人は，主債務をそのまま承継し，責任が相続財産の限度に縮減されるだけであるので（922条），保証人の責任は軽減されない。

(2)　保証人に生じた事由の効力

　保証人について生じた事由は，主債務を消滅させる事由（弁済・代物弁済・供託・相殺・更改など）以外は，主債務者に効力を及ぼさない。例えば，保証人が保証債務を承認しても，主債務の消滅時効の更新は生じないし，保証債

務について成立した時効の利益を放棄しても，主債務の消滅時効の成立に影響しない。

5.3.5 債権者の情報提供義務

(1) 主債務の履行状況に関する情報提供義務

保証人が主債務者の委託を受けて保証をした場合において，保証人の請求があったときは，債権者は，保証人に対し，遅滞なく，主債務の元本，利息，違約金，損害賠償その他債務に従たる全てのものについて，それらの不履行の有無並びに残額および弁済期が到来しているものの額に関する情報を提供しなければならない（458条の2）。主債務の不履行の状況を保証人が知らないまま遅延損害金などが膨らみ，いきなり多額の請求を受けることを避けるために，民法改正で新設された規定である[22]。個人保証と法人保証を問わず，委託を受けた保証に適用される。債権者がこの義務に違反した場合の効果は規定されていないが，保証契約上の義務違反による損害賠償請求や保証契約の解除が想定されている[23]。

(2) 主債務者が期限の利益を喪失した場合の情報提供義務

主債務者が期限の利益を喪失したときは，債権者は，保証人に対し，利益の喪失を知った時から2か月以内に，その旨を通知しなければならない（458条の3第1項）。2か月以内に通知をしなかった場合（通知をしなかった場合だけでなく，2か月経過後に通知した場合を含む）は，債権者は，保証人に対し，主債務者が期限の利益を喪失した時からその旨の通知をした時までの遅延損害金（期限の利益を失っていなかったとしても生じていた遅延損害金は除かれる）についての保証債務の履行を請求することができない（同条2項）。通知をした時以降の遅延損害金について保証債務の履行を請求できるだけである。この規定は遅延損害金に関することだけであり，通知をしなかったからといって，主債務者の期限の利益喪失が覆るわけではない。したがって，保証人も期限の利益を主張することができない[24]。なお，本条1項・2項は，個人保証人

---

22)　潮見・概要125頁，中舍・475頁。
23)　潮見・概要126頁。
24)　中舍・476頁。

を保護するためのものであり，法人保証には適用されない（同条 3 項）。

5.4　保証人の求償権

5.4.1　求償権の根拠

　保証人が主債務者に代わって弁済した場合，保証人は主債務者が負う債務の最終的な負担者でないから，弁済した保証人は主債務者に対して弁済額について償還を求めることができる。この権利を保証人の**求償権**という。保証人の求償権は，①主債務者の委託を受けて保証人になった場合には，委任事務処理の費用償還請求権（650 条）に当たり，②委託を受けずに保証人になった場合において，ⓐそれが主債務者の意思に反しないときは，事務管理の費用償還請求権（702 条 1 項），ⓑ主債務者の意思に反するときは，本人の意思に反する事務管理の費用償還請求権（702 条 3 項）または不当利得による返還請求権（703 条）に当る。しかし，民法は，保証人の求償権について 459 条以下で特別な規定を設けているので，委任・事務管理・不当利得の規定は適用されない。もっとも，その内容は両者ともほぼ一致する。民法が定めている場合を簡単に示せば，以下のようである。

> ①主債務者の委託を受けて保証人になった場合→ 459 条〜461 条
> ②主債務者の委託を受けずに保証人になった場合
> 　ⓐ保証人になったことが主債務者の意思に反しないとき→ 462 条 1 項・3 項
> 　ⓑ保証人になったことが主債務者の意思に反するとき→ 462 条 2 項・3 項

5.4.2　求償の範囲

(1)　委託を受けた保証人

(ア)　**事後求償権**　(a)　**意義と範囲**　　委託を受けた保証人は，主債務者に代わって弁済その他自己の財産をもって債務を消滅させる行為（代物弁済・供託・更改・相殺などの債務消滅行為）をしたときには，主債務者に対し，支出し

た財産の額（財産の額が債務消滅行為によって消滅した主債務の額を超える場合には，消滅した債権額）の求償権を有する（459条1項）。これを**事後求償権**という。この場合の求償の範囲は，連帯債務の場合と同様に，主債務を消滅させた弁済額などの出捐額，弁済その他免責のあった日以後の法定利息および避けることができなかった費用（弁済の費用など）その他の損害（訴訟費用など）の賠償である（459条2項・442条2項）。これは，委任を受けた者（受任者）の費用償還請求求権の範囲と同じである（650条1項・3項参照）。もっとも，保証人と主債務者の保証委託契約で，求償の範囲について別段の取決めがあればそれによる。

(b) **弁済期前の債務消滅行為についての求償権**　保証人が期限の利益を放棄して主債務の弁済期前に弁済しても，主債務者には期限が到来するまでに求償することができない（大判大3・6・15民録20輯476頁）[25]。改正民法は，これを明文化して次のような規定を設けた。すなわち，①委託を受けた保証人が主債務の弁済期前に債務消滅行為をしたときは，保証人は，主債務者に対し求償権を有するが（495条の2第1項前段），主債務の弁済期以後でないと求償権を行使することができない（同条3項）。②求償することができるのは，主債務者が債権消滅の当時利益を受けた限度である（同条1項前段）。すなわち，主債務者が債権消滅行為の時点で債権者に対抗することができる事由を有しているときは，その事由によって対抗を受ける分の金額は求償の範囲から除外される[26]。したがって，主債務者が保証人の債務消滅行為の日までに債権者に対する反対債権を取得していたときは，この反対債権を自働債権として保証人の求償権と相殺することができ，その結果，主債務者の反対債権は法律上当然に保証人に移転し，保証人がこの債権の履行を債権者に請求することができる（同項後段）*。また，③主債務の弁済期以降の法定利息と弁済期以後に債務消滅行為をしたとしても避けることができなかった費用その他の損害賠償を求償することができるにすぎない（同条2項）。これは，本人の意思に反しない事務管理における費用償還請求権の範囲と同じである（702条1項）。

25)　平野・278頁。
26)　潮見・プラクティス637頁。

＊例えば，GがSに対して有する500万円の貸金債権について，Bは，Sの委託
を受けて保証人になり，弁済期前にGに500万円を返済してSに求償した。
ところが，Sは，Bによる弁済前にGに対して300万円の売掛金債権を取得
していた。この場合，Sは，Bの求償に対して，Gに対する売掛金債権を自働
債権とするBの求償権との相殺を主張することができる。その結果，Bの求
償の範囲は200万円になるが，Bは，Sから売掛金債権を法律上当然に取得し
て不足分の300万円をGに請求することができる。

(イ)　事前求償権　**(a)　事前求償が認められる場合**　　委託を受けた保証人
については，例外的に，弁済をする前に求償することができる場合が認めら
れている。この権利を**事前求償権**という。委託を受けた保証の場合，主債務
者と保証人の間には委任関係があるから，保証人には受任者として費用の前
払請求権（649条）があるといえる。しかし，保証において弁済に要する費
用を前払いしていては，主債務者にとって保証を付けた意味がないので，費
用の前払請求権を限定的に認めるために設けられたのがこの制度である[27]。
事前の求償が認められる場合として，次のものがある。

　①主債務者が破産手続開始の決定を受け，かつ債権者がその破産財団の配
当に加入しないとき（460条1号）　　この場合，主債務者は無資力となって
おり，債権者は保証人に請求してくるので，保証人に事前求償権を認めて財
団の配当に加入できるようにしたものである。

　②債務が弁済期にあるとき（同条2号本文）　　主債務が弁済期にあるにも
かかわらず債権者が主債務者にも保証人にも請求しないまま時間が経過する
と，その間に主債務者が無資力になる可能性があるので，保証人を保護する
ために事前求償権を認めたものである。ただし，保証契約の後に債権者が主
債務者に期限を許与しても，保証人に対抗することができない（同号ただし
書）。これは，猶予された弁済期が到来するまでの間に主債務者が無資力と
なるおそれがあるので，保証人は，弁済期の猶予に関係なく猶予前の弁済期
を基準として事前の求償ができるとしたものである。しかし，債権者は，猶
予した弁済期が到来するまでは，保証人に対しても請求することはできない

---

27)　我妻・491頁，内田・355頁。

（保証債務の付従性）。

③保証人が，過失なく債権者に弁済すべき旨の裁判の言渡し（確定裁判）を受けたとき（同条3項）　　この場合，保証人は，債権者の申立てがあれば直ちに強制執行を受けることになるので，その保護のために事前求償権を有するものとされている。民法改正前では，(ア)の事後求償権の中で規定されていたが（旧459条1項），弁済前の求償になるので，改正民法では460条に移された。

(b)　事前求償と主債務者　　保証人が事前に求償してきた場合，主債務者は，無条件に応じる必要はない。事前の求償に応じても，保証人が確実に債権者に弁済するかどうか分からないからである。この主債務者の不安を除去するために，①保証人が事前求償権を行使した場合，債権者が全部の弁済を受けない間は，主債務者は，保証人に担保を提供させたり（質権や抵当権を設定したり，他に保証人をたてるなど），自己を免責させるよう請求する（保証人に弁済するよう請求したり，債務を引き受けさせるなど）ことができる（461条1項）。あるいは，②主債務者は，事前の求償に応じないで，保証人に支払うべき金額を供託し，それに相当する担保を提供し，または保証人を免責させて（主たる債務者本人が弁済したり，債権者と交渉して保証債務を免除させるなど），償還の義務を免れることができる（同条2項）。

> ＊物上保証人の事前求償権　　物上保証人（債務者の債務を担保するために自己の財産に質権や抵当権などの担保物権を設定した者）にも事後求償権は認められるが（351条・372条），事前求償権が認められるかどうかについて，下級審判決では否定説と肯定説に分かれていた。これについて，最高裁は，委託を受けた物上保証人には460条を類推適用せず，事前求償権は認められないとした（最判平2・12・18民集44巻9号1686頁［百選Ⅱ5版補-42］──債務者の委託を受けて抵当権を設定した物上保証人）。①物上保証の委託は，債務負担行為ではなく物権設定行為の委託であること，②物上保証人は，抵当不動産の価額の限度で責任を負担するにすぎないこと，③被担保債権の消滅の有無やその範囲は，抵当権の実行による配当などによって確定するので，求償権の存在や範囲は予め確定できないこと，④抵当権の実行による配当や物上保証人の弁済による被担保債権の消滅は委任事務の処理と解することはできないことが，その理由である。

⑵　委託を受けない保証人

委託を受けずに保証人になった者も，債務消滅行為をしたときは，主債務者に対して求償することができる（462条）。求償の範囲は，委託を受けた保証人の場合と異なっており，さらに保証したことが主債務者の意思に反しないかどうかによっても異なる。なお，委託を受けない保証人が弁済期前に債務消滅行為をした場合の求償権は，主債務の弁済期以後でなければ行使することができない（462条3項・459条の2第3項）。

(ア)　保証したことが主債務者の意思に反しない場合　保証人は，弁済などの債務消滅行為をした当時主債務者が利益を受けた限度で求償することができる（462条1項・459条の2第1項→⑴(ア)(b)参照）。したがって，債務消滅行為の日以後の法定利息や損害賠償は請求することができない。これは，本人の意思に反しない事務管理における費用償還請求権の範囲と同じである（702条1項）。

(イ)　保証したことが主債務者の意思に反する場合　保証人は，主債務者が現に（求償の時に）利益を受けている限度で求償することができるにとどまる（462条2項前段）。この場合，法定利息や損害賠償の請求をすることができないだけでなく，主債務者の利得を算定する基準時も「求償の時」になる。これは，本人の意思に反する事務管理における費用償還請求権（702条3項）および不当利得返還請求権（703条）の範囲と同じである。そして，保証人の求償の日以前に，主債務者が債権者に対する反対債権を取得していたときは，この反対債権を自働債権として保証人の求償権と相殺することができ，その結果，主債務者の反対債権は法律上当然に保証人に移転し，保証人がこの債権の履行を債権者に請求することができる（462条2項後段）。

5.4.3　求償権の制限

⑴　保証人の事前通知の懈怠

【設例Ⅶ-20】　SがGから500万円を借り受けるに際して，BがSから頼まれて保証人となった。その後，Bは，Sに通知をしないで500万円をGに支払った。ところが，Sは，Gからの借受け後Gに対して300万円の売掛代金債権を取得し，この債権の弁済期がGの貸金債権の弁済期より前であったの

で，300万円の限度で両債権を相殺する予定であった。BからSに対して500万円の求償がなされた場合，Sは求償どおり支払わなければならないか。BがSから頼まれずに保証人になった場合はどうか。

　【設例Ⅶ-20】において，委託を受けた保証人が弁済などの債務消滅行為をする前に主債務者に通知（事前の通知）をしないときには，主債務者は，債権者に対して対抗することができる事由を主張する機会を失うことになる。そこで，民法は，通知を怠った委託を受けた保証人について，その求償権を制限した。すなわち，主債務者は，債権者に対抗することができた事由を保証人の求償に対抗することができる（463条1項前段）。【設例Ⅶ-20】でいえば，主債務者Sは，債権者Gに対する売掛代金債権を自働債権として保証人Bの求償権と相殺することができる。その結果，Bは200万円しか求償することができず，相殺に用いられたSの売掛代金債権は法律上当然にBに移転し，Bがこの債権の履行をGに請求することができることになる（同項後段）。この他，主債務者は，主債務の履行期の未到来，同時履行の抗弁（533条），主債務を発生させた契約の無効や取消し，消滅時効の完成による主債務の消滅などを保証人に対抗することができる。

　改正前の民法とは異なり，改正民法が事前通知の懈怠による求償権の制限を，委託を受けた保証人に限定しているのは，委託を受けていない保証人については，そもそも求償権に制限が設けられているため（462条参照），更に事前通知の懈怠による求償権の制限を設ける必要はないと考えられたことによる。また，改正前の民法では，通知の内容は債権者から履行の請求を受けたこととされているが，改正民法では，弁済などの債務消滅行為に改められている[28]。

(2) 主債務者の事後通知の懈怠

　【設例Ⅶ-21】【設例Ⅶ-20】において，SがGに500万円を弁済したが，それをBに通知しなかった。そのため，Sの弁済を知らないBは，Gに保証債権を履行した。この場合，Bの履行はどうなるか。

28）　潮見・概要132頁。

保証人が委託を受けて保証をした場合において，主債務者が弁済などの債務消滅行為をしたことについて通知（事後の通知）を怠ったため，保証人が善意で債務消滅行為をしたときは，保証人は，自己の債務消滅行為を有効であったものとみなすことができる（463条2項）。【設例Ⅶ-21】では，Bは，自己の弁済を有効とみなして，Sに対して求償することができる。他方，SとBから二重に弁済を受けたGは，Sに500万円を不当利得として返還しなければならない。この規定も，委託を受けていない保証人には適用されない。委託をしていない以上，主債務者が保証人を知らないこともあり，また知っていても，委託をしていない人にまで通知する負担を主債務者に課すのは妥当ではないからである[29]。

(3) 保証人の債務消滅行為後の主債務者の債務消滅行為

保証人が債務消滅行為をした後に主債務者が債務消滅行為をした場合には，主債務者は，自己の債務消滅行為を有効であったものとみなすことができる（463条3項）。主債務者が自己の債務消滅行為を有効とすることができるのは，①保証人が主債務者の意思に反して保証をしたときと，②保証人が債務消滅行為をしたことを主債務者に通知（事後の通知）することを怠ったために，主債務者が善意で債務消滅行為をしたときである（同項）。②の保証人には，主債務者の委託を受けた保証人と委託を受けていないが主債務者の意思に反しない保証人が含まれる[30]。

5.4.4　主債務者が数人いる場合の保証人の求償権

(1) 数人の主債務者全員のために保証人となった場合

主債務が分割債務の場合には，保証人の求償権も，各主債務者について分割債務になる。例えば，債務総額120万円について債務者 S_1・S_2・S_3 が各自40万円ずつの分割債務を負担している場合に，債務者全員のために保証人となったBが120万円弁済すれば，Bは S_1・S_2・S_3 に対しそれぞれ40万円の求償をすることができる。これに対し，主債務が連帯債務または不可分債務の場合には，求償権も，各主債務者について連帯債務または不可分債務

29)　潮見・プラクティス646頁。
30)　潮見・概要133頁。

になる。

(2) 数人の主債務者の 1 人のために保証人となった場合

　主債務が分割債務の場合には，保証人は，保証された主債務者の 1 人に対し，その負担部分についてのみ求償することができる。これに対し，主債務が連帯債務また不可分債務の場合には，保証人は，保証された主債務者の 1 人に対して全額求償することができることは当然として，他の主債務者に対しても，その負担部分について求償することができる（464 条）。例えば，債務総額 120 万円が S_1・S_2・S_3 の連帯債務である場合に，B が S_1 だけの保証人であっても，B は 120 万円全額を弁済する債務を負うことになり，その弁済は当然に S_2・S_3 の債務を消滅させる。そして，B は，保証された S_1 に対し全額求償することができるが，さらに，S_2・S_3 が各自 40 万円の負担部分を有するときは，S_2・S_3 に対しても 40 万円ずつの求償をすることができる（ただし，負担部分を有する者が S_1 だけであれば，B は S_2・S_3 に対して求償することができない）。

5.4.5　保証人の代位権

　弁済をした保証人は，主債務者に対する求償権を確保するために，債権者に代位して，債権者の債権やこれを担保する質権や抵当権などを行使することができる（499 条・501 条）。保証人は，弁済をするにつき正当の利益を有するので，法律上当然に代位することになる（500 条参照。法定代位）。

5.5　特殊の保証

5.5.1　連帯保証

(1)　意義と性質

(ア)　連帯保証と単純保証の違い　　連帯保証とは，保証人が主債務者と連帯して債務を負担する場合をいう（454 条参照）。連帯保証に対して，補充性のある通常の保証を単純保証という。連帯保証と単純保証の違いは，第 1 に，連帯保証には補充性がなく，連帯保証人は催告の抗弁と検索の抗弁を有しないことである（同条）。そのため，債権者は，主債務者の履行がなけれ

ば，直ちに連帯保証人に対して履行を請求し強制執行をかけることができる。第2に，連帯債務の絶対的効力事由と相対的効力事由に関する規定（438条〜441条）が準用され，連帯保証人について生じた事由が主債務者に効力を及ぼす場合があることである（458条）。第3に，数人の連帯保証人がいる場合，各連帯保証人が債務全額を弁済する義務を負う（分別の利益を持たない）ことである（分別の利益については→ 5.5.2(2)参照）。したがって，債権者は，数人の連帯保証人の誰に対してでも，債務全額を請求することができる。

(イ)　**連帯保証の付従性**　　連帯保証も保証の一種であるから，付従性を有する。したがって，主債務が有効に成立しなければ，連帯保証債務も成立せず（成立における付従性），主債務が弁済や時効などによって消滅すれば，連帯保証債務も消滅し（消滅における付従性），債務の内容において，連帯保証債務は主債務より重いことは許されない（内容における付従性）。

(ウ)　**連帯保証の成立**　　単純保証が原則であるので，連帯保証が成立するためには，保証契約において「連帯」である旨の特約があることが必要である。なお，主債務が商行為によって生じたものであるとき，または保証が商行為であるときは，その保証は連帯保証になる（商511条2項）。

(2)　**連帯保証の効力**

(ア)　**主債務者または連帯保証人に生じた事由の効力**　(a)　**主債務者に生じた事由の効力**　　主債務者に生じた事由は，単純保証と同様に，保証債務の付従性によってすべて連帯保証人にも効力を及ぼす。例えば，主債務者に生じた履行の請求その他の事由による消滅時効の完成猶予・更新は，連帯保証人にも効力を及ぼす（457条1項）。

(b)　**連帯保証人に生じた事由の効力**　　連帯保証では，連帯保証人に生じた事由の効力について，連帯債務の規定（438条〜441条）が準用されるので（458条），更改（438条），相殺（439条1項），混同（440条）が主債務者に効力を及ぼし（絶対的効力），それ以外の事由は主債務者に効力を及ぼさない（441条。相対的効力の原則）。したがって，連帯保証人に対する保証債務の履行請求や連帯保証人による保証義務の承認は主債務者に効力を及ぼさない。

(イ)　**連帯保証人の求償権**

連帯保証人が弁済その他の債務消滅行為をした場合の求償関係は，通常の

保証の場合と同じである（459条以下）。

5.5.2　共同保証

(1)　意　義

　共同保証とは，同一の主債務について数人の保証人がいる場合をいい，こ
れには，数人の保証人が，①単純保証人である場合，②連帯保証人である場
合，③単純保証人であるが，保証人相互間に全額弁済の特約がある場合（**保
証連帯**）の3つに分かれる。③保証連帯とは，主債務者と保証人との関係は
単純保証であるが（連帯保証と異なり，補充性がある），数人の保証人の間に連帯
関係がある場合をいう。これら3つの場合を図で簡単に示せば，以下のよう
になる[31]。

①単純保証人による共同保証　　　　　　②連帯保証人による共同保証

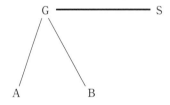
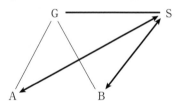

③保証連帯

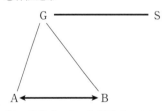

（G：債権者，S：主債務者，AB：保証人，←→：連帯関係）

(2)　分別の利益

　㋐　**意　義**　　単純保証人による共同保証の場合，各保証人は，平等の割

---

31)　野村豊弘ほか『民法Ⅲ〔第4版〕』165頁（有斐閣，2018年）による。

合で分割された額についてのみ，保証債務を負担すればよい（456 条参照）。
これを共同保証人の**分別の利益**という。例えば，図①で，AB が S の G に
対する 100 万円の債務につき単純保証をした場合，AB2 人とも 50 万円の保
証債務を負担すればよい。そして，分別の利益は，AB が S の債務につき 2
人一緒に債権者 G と保証契約を結んだ場合であれ，個別に契約を結んだ場
合であれ，認められる（同条）。この分別の利益については，保証の効力を弱
め，債権者に予期しない不利益を与えるものとして，学説上批判が強い。

　(ｲ)　**分別の利益が認められない場合**　　分別の利益が認められない場合と
して，主債務が不可分債務である場合と各保証人が債務全額を弁済すべき特
約のある場合（共同保証が連帯保証人による保証である場合〔図②の場合〕および保証
連帯である場合〔図③の場合〕）（465 条 1 項参照）が挙げられる。これらの場合に
は，共同保証人各人は債務全額について保証債務を負担する。

　(3)　**共同保証人間の求償関係**

　共同保証人の 1 人が弁済その他の債務消滅行為をした場合，その保証人が
主債務者に対して求償権を有することは，単独の保証の場合と同様である。
さらに民法は，債務全額または自己の負担部分以上の額を弁済した保証人
が，他の共同保証人に対しても求償権を持つことを定めている。この場合に
も，主債務者に対してしか求償することができないとすると，債務全額また
は自己の負担部分以上の額を弁済した保証人だけが，債務者の無資力によっ
て求償を受けられない危険性を負担することになり，共同保証人間の公平に
反するからである。

　(ｱ)　**分別の利益がある場合**　　分別の利益がある場合において，共同保証
人の 1 人が全額または自己の負担部分以上の額を弁済したときは，委託を受
けない保証人の求償権の規定（462 条）が準用され，他の共同保証人に対し
ても求償することができる（465 条 2 項）。分別の利益がある場合，負担部分
以上の額の弁済は，他の共同保証人との関係では，主債務者の委託を受けな
い保証人が弁済した場合と類似するので，462 条が準用される。

　(ｲ)　**分別の利益がない場合**　　分別の利益がない場合における共同保証人
間の関係は，一種の不可分債務関係または連帯債務関係とみることができ
る。そのため，共同保証人の 1 人が全額または自己の負担部分以上の額を弁

済したときは，他の共同保証人に対して，不可分債務者相互間または連帯債務者相互間と同様の求償権を有する（430条または465条1項による442条～444条の準用）。

　なお，この場合の求償は連帯債務における求償と異なる点がある。すなわち，連帯債務では，弁済額が自己の負担部分を超えなくても，負担割合で他の連帯債務者に求償することができるが，共同保証では，弁済額が自己の負担部分を超えないと，他の共同保証人に求償することができない。共同保証では，負担部分については主債務者に対する求償で満足し，それを超えた部分は共同で負担すべきとするのが共同保証の趣旨に合致するからである[32]。

5.5.3　根保証

(1)　意義と種類

　根保証（継続的保証）とは，債権者と主債務者との一定の法律関係から継続的に生じる不特定の債務を担保する保証をいい，次の3つの類型がある*。なお，特定した債務を担保する保証を，根保証と区別して**特定保証**という[33]。

　①信用保証　　継続的な銀行取引契約（当座貸越取引・手形割引取引など）や売買取引契約（継続的物品供給契約など）のような継続的取引契約から生ずる不特定の債務を継続的に保証するものをいう。

　②賃貸保証　　不動産賃貸借契約から生じる賃借人の賃料債務や損害賠償債務などを継続的に保証するものをいう。

　③身元保証　　使用者と被用者との雇用関係に関連して使用者が受けた損害の賠償を保証するものをいう。

> ＊根保証の種類としては，本文で挙げた主債務を発生させる原因関係を基準とした分類のほかに，保証人の責任の限度額や保証期間の制限の有無を基準にして，これらの制限がない包括根保証と何らかの制限のある限定根保証という類型もある[34]。

---

32)　我妻・506頁，我妻・有泉コンメン883頁。
33)　平野・292頁。
34)　平野裕之「根保証（継続的保証）における保証人の地位」内田・大村編『民法の争点』207頁（有斐閣，2007年）。

(2)　個人根保証

(ア)　**序**　信用保証のうちの貸金等債務を個人が保証する根保証（個人根保証）について，2004（平 16）年の民法改正によって貸金等根保証契約の規定が新しく設けられ（旧 465 条の 2〜465 条の 5），それによって規制されるにいたった。貸金等債務とは，消費貸借契約によって交付を受けた金銭の返還債務または手形割引によって割引依頼人が割引人に負担する債務であり（旧 465 条の 2 第 1 項），根保証の一部にすぎなかった。そこで，民法改正において，個人根保証の保護を貸金等債務の保証以外にも広げるとともに（→(イ)参照），事業債務の個人保証の特則（→(3)参照）が新たに設けられた。この拡大によって，個人根保証の規定は，賃貸保証や身元保証にも適用される。

(イ)　**意　義**　**個人根保証契約**とは，「一定の範囲に属する不特定の債務を主債務とする保証契約であって保証人が法人でないもの」をいう（465 条の 2 第 1 項）。また，個人根保証契約であって主債務の範囲に「金銭の貸渡し又は手形の割引を受けることによって負担する債務」（貸金等債務）が含まれるものを**個人貸金等根保証契約**という（465 条の 3 第 1 項）。

(ウ)　**極度額**　個人根保証契約は，極度額を定めなければ効力を生じない（465 条の 2 第 2 項）。**極度額**とは，保証人が保証責任を負う限度額のことであり，主債務の元本のほか，その利息，違約金，損害賠償その他主債務の従たるすべてのもの，および保証債務について約定された違約金や損害賠償額を含む（同条 1 項）。この極度額の定めについては，446 条 2 項と 3 項が準用され（同条 3 項），書面への記載が必要とされている。そして，書面への記載がないため極度額の定めが効力を否定された場合には，個人根保証契約は，極度額の定めがないものとして無効となる（同条 2 項）。

(エ)　**元本確定期日**　(a)　**意　義**　民法は，個人貸金等根保証契約における保証期間を制限する趣旨で，元本確定期日に関する規定を設けている（465 条の 3）。**元本確定期日**とは，「主たる債務の元本の確定すべき期日」をいい（同条 1 項），その期日の到来によって主債務となるべき元本が確定し，その日以降保証人は，確定した元本とこれに対する利息や違約金などについては保証責任を負担するが，その後に生じた主債務の元本については保証責任を負わないことになる。

(b) 元本確定期日の定め　　個人貸金等根保証契約において元本確定期日を定める場合には，その期日は契約締結の日から5年以内でなければならない。契約締結日から5年を経過する日（例えば，2020年4月1日に契約が締結された場合には，初日不参入〔140条本文〕により2025年4月1日）より後の日を元本確定期日として定めた場合には，その定めは無効となる（465条の3第1項）。元本確定期日の定めがない場合には，契約締結日から3年を経過する日が元本確定期日となる（同条2項）。465条の3第1項により元本確定期日の定めが無効となる場合も同様である（同項括弧書）。

(c) 元本確定期日の変更　　契約締結時に定められた元本確定期日を，当事者の合意によってその後変更することができる。また，465条の3第2項によって元本確定期日が定まった場合であっても，その後の変更は可能と解されている。元本確定期日を変更する場合には，変更をした日から5年以内の日を変更後の元本確定期日としなければならない。変更後の元本確定期日がその変更をした日から5年を経過する日より後の日をとなるときは，元本確定期日の変更は無効となる（465条の3第3項本文）。ただし，元本確定期日の前2ヵ月以内に元本確定期日を変更する場合において，変更後の元本確定期日が変更前の元本確定期日から5年以内の日となるときは，その変更は有効とされる（同項ただし書）。例えば，変更前の元本確定期日が2020年4月1日である場合，2020年3月1日に元本確定期日の変更の契約をしたときは，変更前の元本確定期日から5年以内の日である2025年4月1日までの日を変更後の元本確定期日とすることができる。

(d) 書面への記載　　元本確定期日の定めとその変更については，446条2項と3項が準用され（465条の3第4項），極度額の定めと同様に書面への記載が必要とされている。これに違反した場合には，①元本確定期日の定めについては，その定めがないものとして契約締結の日から3年後の日が元本確定期日となり（同条2項），②元本確定期日の変更については，その変更がないものとして当初の元本確定期日に元本確定の効果が生じる。ただし，ⓐ契約締結の日から3年以内の日を元本確定期日とするものと，ⓑ元本確定期日より前の日を変更後の元本確定期日とするものについては，446条2項と3項は準用されない（同条4項括弧書）。これらの元本確定期日の定めやその変

更は，書面への記載などがされなくてもその効力を認めた方が保証人にとって有利となるからである。

　㋺　**元本確定事由**　　民法は，465条の4において，個人根保証契約に共通の元本確定事由と個人貸金等根保証契約に特有の元本確定事由を定めている。

　(a)　**共通の元本確定事由**　(i)　**強制執行または担保権実行の申立て**　　債権者が，保証人の財産について，金銭債権についての強制執行または担保権の実行を申し立てたことが元本確定事由になる（465条の4第1項1号）。債権者が保証人の財産について強制執行を申し立てた場合には，保証人の資産状況が悪化しているという債権者の認識が表示されたと見ることができる。したがって，その後に債権者が主債務者に対して取得した債権まで保証債務の履行を求めるのは衡平に反すると考えられ，また同じことは債権者が保証人の財産について担保権実行の申立てをした場合にもいえることから，保証人の財産についての強制執行や担保権実行の申立てが元本確定事由とされた。ただし，強制執行または担保権実行の手続の開始があった場合に限られる（同項柱書ただし書）。ここでいう債権者は，保証契約の当事者である債権者を意味する。強制執行は，金銭債権についての強制執行であれば足りるから，民事執行法第2章第2節に規定されているものをすべて含む。担保権の実行には，民事執行法第3章に規定されているものすべてが含まれる。

　(ii)　**破産手続開始の決定**　　保証人が破産手続開始の決定を受けたことが元本確定事由になる（465条の4第1項2号）。なお，根抵当と異なり，破産手続開始の決定が事後的に効力を失っても，主債務の元本確定の効力は失われない（398条の20第2項参照）。

　(i)と(ii)で主債務者が含まれていないのは，個人貸金等根保証以外で個人根保証が想定されているのは，賃貸借における賃料債務の根保証（賃貸保証）と継続的売買における代金債務の根保証であり，主債務者である賃借人や買主の資産状況が悪化しても，それだけでは賃貸借契約や継続的売買契約は存続するので，その後の債務を保証人に負担させるのは不合理といえないとされたからである[35]。

(iii) **主債務者または保証人の死亡** 主債務者または保証人の死亡が元本確定事由になる（465条の4第1項3号）。個人が保証人である個人根保証契約は，主債務者と保証人の信用関係に基づいて結ばれるものと考えられる。したがって，主債務者の死亡後にその相続人が負う債務についてまで，保証人は保証責任を負わないとするのが妥当であり，また保証人の死亡後に生じた債務についても，その相続人は保証責任を負わないとするのが妥当であるからである。

(b) 個人貸金等根保証契約に特有の元本確定事由 個人貸金等根保証契約では，上記(a)の事由のほかに，次のものが元本確定事由になる（465条の4第2項）。①債権者が，主債務者の財産について，金銭債権についての強制執行または担保権の実行を申し立てたこと（同項1号）。ただし，強制執行または担保権の実行の手続の開始があったときに限られる（同項柱書ただし書）。②主債務者が破産手続開始の決定を受けたこと（同項2号）。

(カ) 保証人が法人である場合の特則 (a) 個人を保証人とする求償権保証の保護の必要性 根保証契約の保証人が個人である場合には，上記の諸規定が適用されるため，保証人の主債務者に対する求償権について保証契約（求償権保証契約）を締結した求償権の保証人は，保証の金額と期間が限定された予測可能な範囲内での責任を負うことになり，間接的に保護されることになる。これに対し，保証人が法人である根保証契約（法人根保証契約）では，上記の諸規定の適用がないため，法人である保証人の求償権について個人が保証するときには，その個人は，予想を超える過大な保証責任を負担するおそれが生じる。また実際にも，企業向けの融資について信用保証協会などの法人が根保証をした上で，その法人の求償権について経営者その他の個人が保証することがしばしば行われているので，このような個人を保護するための措置を講じる必要がある。

(b) 個人を保証人とする求償権保証契約の無効 まず，①法人根保証契約において，465条の2第1項が規定する極度額の定めがないときは，求償権保証契約は効力を生じない（465条の5第1項）。次に，②主債務の範囲に貸

---

35) 潮見・概要136頁以下，中舎・491頁。

金等債務が含まれる法人根保証契約において，元本確定期日の定めがないとき，または元本確定期日の定めもしくはその変更が465条の3第1項もしくは第3項を適用すれば効力を生じないときは，求償権保証契約は効力を生じない（同条2項前段）。さらに，③主債務の範囲に求償権債務が含まれる根保証契約（求償権根保証契約）も同様とされる（同項後段）。なお，上記①と②の求償権保証契約または③の求償権根保証契約の保証人が法人である場合には，465条の5第1項・第2項は適用されない（同条3項）。

(3) 事業債務の個人保証の特則

事業のために負担した貸金債務等の保証契約や主債務の範囲に事業のために負担する貸金等債務が含まれる根保証契約が個人保証である場合には，特に保証人を保護する必要性が高いことから，改正民法において，次のような制約が新たに設けられた[36]。なお，法人保証には適用がない（465条の6第3項・465条の8第2項）。

(ア) 個人保証の制限

以下の規定によれば，事業債務の個人保証は，公正証書による場合と経営者保証の場合にのみ認められる。事業とは，一定の目的でなされる同種の行為の反復的・継続的な遂行をいい，営利を必要としない。

①保証契約の締結に先立ち，締結の日より1か月以内に作成された公正証書で保証人になろうとする者が保証債務を履行する意思を表示していなければ，保証契約は効力を生じない（465条の6第1項）。

②この公正証書は，公正証書遺言をする場合（969条・969条の2）と同様の方式を備えたものでなければならない（465条の6第2項・465条の7）。

③以上の規定は，求償権保証契約や求償権根保証契約についても準用される（465条の8第1項）

④個人保証人が一定の範囲に属する者である場合（経営者保証）には，公正証書の作成を必要としない（465条の9）。一定範囲に属する者とは，ⓐ主債務者が法人である場合のその理事・取締役・執行役など，ⓑ主債務者が法人である場合の総株主の議決権の過半数を有する者など，ⓒ法人でない主債務

---

36) 以下の叙述は，中舎・492頁以下による。

者と共同事業を行う者または法人でない主債務者が行う事業に従事している
その配偶者などである（同条1号〜3号）。

(イ) **契約締結時の主債務者の情報提供義務**　主債務者が事業のために負
担する債務の保証または根保証の委託をするときは，保証人となる者に対
し，次の情報を提供しなければならない（465条の10第1項）。①主債務者の
財産と収支の状況，②主債務以外に負担している債務の有無・額・履行状
況，③主債務の担保として他に提供しまたは提供しようとするものとその内
容。

　主債務者がこれらの情報を提供せず，または事実と異なる情報を提供した
ために保証人となる者がその事項を誤認し，それによって保証契約の申込み
または承諾をした場合，主債務者が情報を提供せずまたは異なる情報を提供
したことについて債権者が悪意または有過失であれば，保証人は，保証契約
を取り消すことができる（同条2項）。債権者が善意・無過失であれば取り消
すことができないというのは，第三者による詐欺の場合（96条2項）と同様
に，債権者の利益を考慮したからである。

(4) **賃貸保証**

(ア) **担保される債務の範囲と保証限度額**　賃借人の保証人は，不動産賃
貸借契約によって賃借人が賃貸人に対して将来継続的に負う債務を保証す
る。賃貸保証は，不特定の債務を保証する点で根保証に属する。特に賃料債
務についてのみ保証責任を負う旨の制限がなされない限り，賃貸借上の一切
の賃借人の債務について責任を負うものと解される。一般に，保証人は，賃
借人の賃料債務，賃借物保管義務，用法遵守義務，賃借物返還義務について
責任を負わなければならない。

　借地借家関係については，適法な賃料増額請求（借地借家11条・32条）によ
る増額がなされた場合や，事情変更により賃料増額の合意がなされた場合に
は，増額金額が客観的にみて相当なものであれば，保証契約の締結当時それ
は予想できた事情といえるので，保証人は保証責任を負わねばならない。

　賃貸人の承諾のある賃借権の譲渡や転貸の場合（612条参照）については，
次のように考えられている。すなわち，①賃貸人の承諾のある賃借権の譲渡
が行われた場合は，保証人は，譲渡人の賃貸借上の債務を保証するものであ

るので，譲受人の債務については保証債務を負わない。また，②賃貸人の承諾のある転貸の場合も，転貸人の保証人は，転借人の債務について保証債務を負わない。借地借家法 19 条により借地権の譲渡または転貸が裁判所に許可された場合も，同様に解すべきであろう。

　保証限度額については，個人根保証の極度額に関する規定（465 条の 2）の適用を受ける。

　(ｲ)　**保証期間**　　保証期間については，期間の定めのある賃貸借における賃借人の保証と期間の定めのない賃貸借におけるそれとに分けて，考察する必要がある。

　(a)　**期間の定めのある賃貸借**　　最初の賃貸借期間が満了し更新されたとき，保証人は，その承諾がない限り，更新後の賃貸借上の債務について保証責任を負わない。しかし，借地借家関係のように，特別法によって期間の更新が原則的に認められている場合には，特段の事情がない限り，更新後の賃貸借上の債務についても保証責任を負わなければならないとするのが判例である（最判平 9・11・13 判時 1633 号 81 頁―建物賃貸借のケース）。

　(b)　**期間の定めのない賃貸借**　　相当期間の経過という理由だけで保証契約を解約することはできない。判例によれば，次のような場合には，保証契約の解約が認められる（大判昭 14・4・12 民集 18 巻 350 頁）。すなわち，①保証契約後相当の期間が経過し，かつ賃借人が継続して賃料の支払いを怠り，将来も誠実に履行する見込みがない場合，②賃借人の資産状況が著しく悪化し，これ以後保証しても保証人の求償権の実現がおぼつかない場合，③賃借人が継続して賃料を延滞しているのにそのことを保証人に告知せず，賃貸人が突如として一時に多額の延滞賃料を保証人に請求した場合である。

　(ｳ)　**保証債務の相続**　　保証人が死亡した場合，これによって確定した元本の保証債務が相続人に承継される（465 条の 4 第 1 項 3 号）。死亡した保証人に代わって相続人を保証人にしたいのであれば，相続人との間で新たに保証契約を結ばなければならない。

　(5)　**身元保証**

　(ｱ)　**意　義**　　**身元保証**（広義）とは，被用者に関して使用者が受けた損害を賠償することを約した，身元引受人と使用者との契約をいう。これに

は，①被用者が使用者に対して負う損害賠償債務を身元引受人が保証するもの（本来の意味の身元保証—保証に当たる）と，②被用者の病気その他の事由のために使用者に損害を負担させないことを身元引受人が約束するもの（身元引受——種の損害担保契約）とがある（通説）。

　身元保証契約が結ばれた場合，身元引受人の責任は極めて広範かつ巨額のものとなるおそれがある。そこで，判例・学説は，身元保証人の責任を制限するための種々の法理（解約権・非相続性など）を確立してきたが，1933（昭8）年に「身元保証ニ関スル法律」（身元保証法）が制定され，身元保証人の保護が強化された。

　(ｲ)　**身元保証法の概要**　　身元保証法の概要は，次のとおりである。

　(a)　**適用範囲**　　引受，保証その他名称の如何を問わず，被用者の行為によって使用者が受けた損害の賠償を約する契約であれば，すべて身元保証法が適用される（身元保証1条）。

　(b)　**保証期間**　　身元保証契約の存続期間は，期間の定めがなかったときには，原則として3年であるが，商工業見習者については5年である（身元保証1条）。期間を定めるときは，5年を超えてはならない。5年を超えて定めたときは，5年に短縮される（身元保証2条1項）。契約の更新は可能であるが，その期間は更新の時より5年を超えることができない（同2項）。

　(c)　**使用者の通知義務**　　使用者は，被用者に業務上不適任または不誠実な事跡があって，身元保証人の責任を惹起するおそれがあることを知ったとき，および被用者の任務または任地を変更したために，身元保証人の責任を加重しまたは監督を困難にしたときは，遅滞なく身元保証人に通知しなければならない（身元保証3条）。

　(d)　**保証人の解約権**　　身元保証人が3条の通知を受けたとき，および3条の事実を知ったときは，将来に向けて契約を解除することができる（身元保証4条）。

　(e)　**保証責任の限定**　　裁判所は，身元保証人の損害賠償責任およびその金額を定めるについて，被用者の監督に関する使用者の過失の有無，身元保証人が身元保証をするに至った事由および身元保証をする際に用いた注意の程度，被用者の任務または身上の変化その他一切の事情を斟酌する（身元保

証5条)。使用者による3条の通知義務違反も，身元保証人の損害賠償責任と金額を定めるに際して斟酌すべき事情とされる（大判昭17・8・6民集21巻788頁—通知が遅れた事案)。

　(f)　**片面的強行規定**　　身元保証法の規定に反する特約で身元保証人に不利なものはすべて無効とされる（身元保証6条)。

事項索引

判例索引

[著者紹介]

松井 宏興（まつい　ひろおき）

1970年　大阪市立大学法学部卒業
1976年　同大学大学院法学研究科博士課程単位取得満期退学，
　　　　甲南大学法学部講師，助教授，教授
　　　　関西学院大学法学部教授，法科大学院教授を経て，
2016年　関西学院大学停年退職
現　在　甲南大学名誉教授

[主要著作]

『抵当制度の基礎理論』（法律文化社，1997年）
『民法の世界2　物権法』（編著，信山社，2002年）
『プリメール民法2　物権・担保物権法〔第3版〕』（共著，法律文化社，2005年）
『導入対話による民法講義（債権総論）』（共著，不磨書房，2002年）
『導入対話による民法講義（物権法）〔第2版〕』（共著，不磨書房，2005年）
『導入対話による民法講義（総則）〔第4版〕』（共著，不磨書房，2007年）
『物権法』（成文堂，2017年）
『担保物権法〔第2版〕』（成文堂，2019年）

債権総論〔第2版〕　　　　　　　　　［民法講義4］

2013年10月1日　初　版第1刷発行
2020年2月20日　第2版第1刷発行
2021年2月1日　第2版第2刷発行

著　者　　松 井 宏 興

発 行 者　　阿 部 成 一

〒162-0041　東京都新宿区早稲田鶴巻町514

発 行 所　株式会社　成 文 堂

電話 03(3203)9201(代)　Fax 03(3203)9206
http://www.seibundoh.co.jp

製版・印刷　シナノ印刷　　　　　　　　製本　弘伸製本
☆乱丁・落丁本はおとりかえいたします☆
©2020　H. Matsui　　　　　　　Printed in Japan
ISBN978-4-7923-2748-4　C3032

定価(本体3000円＋税)